路桥百姓源流

管彦达 主编

中国书籍出版社

图书在版编目（CIP）数据

路桥百姓源流 / 管彦达主编. --北京：中国书籍出版社，2023.12
ISBN 978-7-5068-9680-1

Ⅰ.①路… Ⅱ.①管… Ⅲ.①地方文化-台州-文集 Ⅳ.①G127.553-53

中国国家版本馆CIP数据核字（2023）第230951号

路桥百姓源流

管彦达　主编

图书策划	许甜甜　成晓春
责任编辑	张　娟　成晓春
装帧设计	雪鲸文化
责任印制	孙马飞　马　芝
出版发行	中国书籍出版社
地　　址	北京市丰台区三路居路97号（邮编：100073）
电　　话	（010）52257143（总编室）（010）52257140（发行部）
电子邮箱	eo@chinabp.com.cn
经　　销	全国新华书店
印　　刷	四川科德彩色数码科技有限公司
开　　本	787毫米×1092毫米　1/16
字　　数	288千字
印　　张	16.75
版　　次	2023年12月第1版
印　　次	2023年12月第1次印刷
书　　号	ISBN 978-7-5068-9680-1
定　　价	68.00元

版权所有　翻印必究

前　言

　　国有史，方有志，家有谱，宗亲关系是在中国传统农耕社会里延续了数千年之久的十分重要的社会关系。自古以来，家谱承载着伦理规范，塑造着人格精神，维系着社会秩序等重要责任。各姓氏居民，其家学渊源，文章科第，人品伟迹，绳绳不绝。

　　路桥历史悠久，从出土的文物考察，境内在新石器晚期就有人居住。地方志书记载，西周时期，徐偃王或其子孙臣民曾来到境内，留下墓、庙、祭坛等遗迹。但由于古时路桥地处一隅，史籍记载有限，资料缺失，对历史上境内居民情况了解尽微；"文革"期间，各姓氏的宗谱又大多毁损，造成不可估量的损失。改革开放后，各姓氏陆续重新修谱，查漏补缺。

　　路桥区档案馆作为本地历史和文化的守护者，一直以来承担着记录和传承当地文化传统的重任。近年来，区档案馆通过民间走访、官方征集等多种途径，对现存的路桥家谱进行调查、搜集、整理、保管和研究，付出了极大的心血，取得了可喜的成绩，为本书的编纂打下了基础。

　　《路桥百姓源流》由具有丰富文史研究经验的管彦达先生主编，历经数年方成的殚心竭虑之作。本书搜集整理路桥区境内百姓渊源及事迹，对每一个姓氏家族从迁入到家训、谱、重要人物等详尽编写，这是路桥区首次对本地姓氏源流作全面梳理研究，形成了宝贵的历史资料，对于研究地方历史文化、社会经济、人物等方面都具有重要的参考价值。

浙江省台州市路桥区档案馆
2023年10月

目录
CONTENTS

第一编　唐代迁入

　　郑姓 / 002

第二编　五代时期迁入

　　盛姓 / 008　李姓 / 011　於姓 / 016　童姓 / 019　赵姓 / 021
　　王姓 / 027　叶姓 / 031　阮姓 / 038

第三编　北宋时期迁入

　　蔡姓 / 042　任姓 / 049　张姓 / 054　朱姓 / 058　陈姓 / 061
　　陶姓 / 070　解姓 / 076　洪姓 / 077　蒋姓 / 078　范姓 / 080
　　余姓 / 082

第四编　南宋时期迁入

　　林姓 / 092　周姓 / 096　夏姓 / 098　梁姓 / 100　沈姓 / 107
　　罗姓 / 113　徐姓 / 121　汪姓 / 126　杨姓 / 127　姚姓 / 132
　　江姓 / 133　黄姓 / 135　刘姓 / 140　金姓 / 143　戴姓 / 145
　　胡姓 / 148　尚姓 / 150　曹姓 / 152　何姓 / 155　郭姓 / 157
　　郑姓 / 159　程姓 / 162　翁姓 / 163　许姓 / 164　应姓 / 169
　　秦姓 / 172　方姓 / 173　尤姓 / 183　吴姓 / 185　陆姓 / 191

001

第五编　元代迁入

茅姓 / 194　韩姓 / 195　丁姓 / 197　董姓 / 199　杜姓 / 201

池姓 / 203　唐姓 / 205　管姓 / 206　缪姓 / 217

第六编　明代迁入

包姓 / 220　官姓 / 221　龚姓 / 223　章姓 / 225　屠姓 / 228

卢姓 / 229　鲍姓 / 231　施姓 / 232　葛姓 / 236　谢姓 / 239

苏姓 / 241　潘姓 / 243　孙姓 / 245

第七编　清代迁入

顺治年间松门迁入路桥十八姓 / 248

符姓 / 249　柯姓 / 250　季姓 / 253　卓姓 / 254　毛姓 / 255

【附录：其他姓氏】/ 257

后　记 / 258

第一编 唐代迁入

郑姓

【始迁：唐代】

郑　姓

姓氏源流

郑氏出姬姓，周宣王封弟桓为郑国于荥阳而得姓。

传五十世至郑虔，以诗书画得唐玄宗御署"郑虔三绝"，封广文馆博士、著作郎。"安史之乱"后贬谪台州司户参军，唐至德二年（757）从河南荥阳迁居台州府城。杜甫赠诗曰："台州地阔海冥冥，云水长和岛屿青。"郑虔在台州办学兴教，悉心培育人才，深得台州民众敬仰，被尊为"台州文教之祖"。

黄岩郑氏宗谱有五派：一为北乡派，一为双关庙派，一为五部派，一为上郑派，一为下浦派。

迁入及分布

民国《黄岩县新志稿·氏族》记载："唐宪宗元和年间（806~820）郑无谦慕丹崖山水之胜，迁居罗洋后郑。"又载："浃头郑氏：郑诗文任温郡同知，解组归田，择居罗洋。其七世孙转迁浃头，为浃头郑氏始迁祖。分居上郑、蜈蚣桥、下郑、七甲、三荡、路桥、塘岸、下曹等处。"《螺洋郑氏氏宗谱》载："郑氏系出河南。唐时郑无谦为温州郡同知，解组下任后'偶游黄邑名山，经螺洋，遂卜居于此'，明嘉靖年间迁居沙岗横河。"

大广桥郑氏　郑虔后裔郑正叔，被黄岩周洋港陶尚贤招婿，南宋景炎丙子年（1276）造大广桥，以济行人，遂称大广桥郑氏（其地为新桥镇郑际村）。（《大广桥郑氏宗谱》）

下浦—路桥郑氏　郑虔第十六世良弼（《下浦郑氏宗谱·续修宗谱序》载十六世；民国《黄岩县新志稿》载十八世，误）由章安迁黄岩高桥下浦，时间约宋代；良弼第十五世孙耕本，生6子，其后三房有迁居南乡螺屿、泉井、白枫桥、安容、山坑等处，四房有迁居洋屿、塘下、白枫桥、浦口、新市、南山等处，六房有迁居路桥的。根据《下浦郑氏宗谱》中《洋屿、塘下郑氏宗谱序》载，洋屿、塘下郑氏，由庆崇公入赘长浦曹氏，生有二子，次光郁就近塘下而家，洋屿、塘下奉光郁为始祖。

竹山—水渚郑氏 郑清之（原名郑德源）以勤王有功，封卫国公加少师、右丞相之职，传七世至郑永春，元末避乱至水渚（其地在新桥镇东蓬林村），得金银数万助明军，以功封仓官。

正鉴郑氏 正鉴郑氏为丹崖竹山郑氏分支，约在明万历年间（1573~1620）竹山第十世郑洪渚迁居正监（金清汝泉一带），为本支系之始迁祖。

存疑待考

按：郑虔，字无谦。安史之乱被平定后，郑虔因陷伪而贬为台州司户参军；至德二年（757）寒冬腊月，郑虔达到台州。乾元二年（759），郑虔病逝于台州官舍。

但《螺洋郑氏氏宗谱》所载"郑无谦"任温州同知，迁入时间元和年间（806~820），应不是至德二年（757）任台州司户参军郑虔。可能是同名另人。

祠堂

正鉴郑氏祠堂清道光十年庚寅（1830）始建，位于绝倭沥祖坟旁，"大跃进"时拆除。新祠堂于改革开放后的80年代移址重建，迁址绝倭沥西北角，主殿五间，厨房四间，土地三亩八分；2008年1月（农历丁亥年十二月）落成祠堂9间，主奉南宋郑瀛（丹崖郑氏始迁祖）、明朝郑天骥等贤人名人。

宗谱

《罗洋郑氏宗谱》创修于宋庆元二年（1196），由郑定乡主持。明隆庆六年（1572）十六世郑英，清乾隆三十二年（1767）二十一世郑仁熙、道光十二年（1832）二十三世郑贤澄、郑福贤、郑贤起、郑贤思，二十四世郑良志、郑良高均续修。现在谱为清光绪二十一年（1895）郑仲南、郑棘生、郑柳渠续修。

《浃头郑氏宗谱》始修于明崇祯年间。再修于清康熙二十年（1681），三修于乾隆六年（1741），四修于嘉庆十六年（1811），至光绪元年（1875）为六修（郑芷汀主修）。七修于光绪三十二年（1906），八修于民国三十一年（1942）。

《下浦郑氏宗谱》于明万历三十二年（1604）由郑成创修，清康熙二十四年（1685）由三十九世郑世径、世城、世殷续修，道光九年（1829）由四十四世郑其昌、郑承行续修，同治十一年（1872）由四十五世郑焘续修，光绪三十四年（1908）谱四册由四十六世孙郑愈续修。现有谱三册系民国三十六年（1947）重修。

《正鉴（正监）郑氏宗谱》乾隆四十三年戊戌（1778）、道光二十三年癸卯（1843）、光绪元年乙亥（1875）、民国十年辛酉（1921）均有修谱；续修于2006~2010年春，刊印成册。

家训族训

《郑氏家训》（摘录）：

○毋徇私以妨大义，毋怠惰怡荒厥事，毋纵侈以干天刑，毋以横非而扰门庭，毋耽曲蘖以乱厥性。

○子孙如有"无赖及一应违于礼法之事，家长度其不可容，会众罚拜以愧之"。

○亲姻馈送，一年一度，非常吊庆不拘。切不可过奢。

○即仕，需奉公勤政，毋蹈贪黩以忝家法。

○子孙不得从事交结，以保助闾里为名而恣行己意，遂致轻冒刑宪。

○子孙不得惑于邪说，溺于淫祀，以邀福于鬼神。

《正鉴郑氏族训》：（一）孝父母；（二）敬长上；（三）正伦理；（四）习诗书；（五）务生理；（六）勤耕作；（七）修祀典；（八）慎交游。

正鉴郑石渠行为："性俭勤，衣服器皿喜朴素，曰：'器朴则坚，服素则久，二者俱以洁为要。今使以朱漆几安尘埃遍满，当不如新拭白板桌之为佳；绫罗锦缎鲜丽时色，数月半年后油污墨沾，以新浣蓝青布较之，孰美、孰恶？'见他人子弟新奇美服，目不之顾，引以戒己子弟。家居孜孜终日不少息，未明即起，既昏未尝食。与人相处岩岩难犯，聆其言柔声下气，虽老妪不若也。"

重要人物及地方建树

郑正叔，郑虔后裔，被黄岩周洋港陶尚贤招婿，南宋景炎丙子年（1276）造大广桥，以济行人。这是境内有明确记载较早造桥者。（《郑际郑氏宗谱》）

郑永春，明初水渚（其地在新桥镇东蓬林村）人，以金银数万助明军，以功封仓官。（《竹山—水渚郑氏宗谱》）

郑洪渚，明嘉靖年间（1522~1566）庠生（秀才），正监郑氏始迁祖。（《正监郑氏宗谱》）

郑天骥，字崇选，明代正鉴（范围在金清镇汝泉、林家、双升一带）人。嘉靖三十七年（1558），倭寇大至，郑天骥组织郑氏义军，与梁述、梁生、梁健一道抗倭。嘉靖三十八年（1559），戚家军组织梁氏、郑氏义军在正鉴盐仓东面海沥沟，设伏大败倭寇。继而梁氏义军、郑氏义军又随官兵转战箸横等地，血战盘马山时，梁氏三兄弟不幸牺牲，官军溃走松门。郑天骥聚集义军再战，英勇捐躯。

《正监郑氏宗谱》载临海王晚霞撰《明抗倭名将天骥公传》："明嘉靖年间，我国沿海闽浙诸省备受倭寇日本浪人登陆抢劫财物，杀人之祸害，国家令抗倭名将戚继光将军驻防在温黄太邑等地，组织义军，配合官军捍卫家乡，打击倭寇，时天骥公英俊力壮，在灵山乡结朋多人，有梁氏三兄弟，讳述、生、健者，共参义军，听令戚军帐下，御寇海上。屡建奇功，天骥升千户，嘉靖三十七年初，在正鉴乡盐仓东面海沥沟，设伏大败倭寇，碎尸万段，咸坑解愤，遂名其地为灭碎墩绝倭沥，继而又随官兵转战箸横等地，血战盘马山时，梁氏三兄弟不幸壮烈牺牲，官军溃走松门。天骥公斗志顽强，又聚集官兵再战，致又英勇捐躯，令全村人悲痛欲绝。礼葬于绝倭沥万豪基高坟墩。土改被平，见《太平古志·兵寇》，沈明臣著《平倭记略》，陈风章著《倭寇纪略》及《梁氏宗谱》。"

郑一贵，约乾、嘉间正监仓（今金清镇汝泉一带）人，独修仓官桥，又平治道路。（《正监郑氏宗谱》）

郑寿椿（1749~1850），字章全，龙头王人，清道光二十六年（1846）建坊河西竹桥头，道光三十年（1850）卒，年一百零二岁。

郑正选，路桥人，迎太平军，侍王授之为总制。（光绪《黄岩县志》《路桥志略》）

郑显文，抗战时任竞存乡乡长。（《黄岩历代人名录》）

郑仙球（1907~1941），新桥郑际人。1938年初，经林泗斋介绍加入共产党，任支部书记。7月，任横街区委书记，由组织安插在新民乡公所守望班，任班长，掩护台属特委在上陶村召开的扩大会议。次年2月，中共黄岩县委发动青年志愿参军抗日，郑动员部分党员带头，推动32人报名。四五月间，县委书记林泗斋被迫隐蔽西乡，郑仙球主动抚养林的不满周岁孩子。1940年2月，兼任县委武装委员。1941年3月，县委遭到破坏，豪绅联名控告郑仙球。于 10 月 9 日被捕，当夜特务动用灌辣椒水、坐老虎凳等酷刑，郑仙球几次昏死，只字不吐；次日，转解临海监狱，又遭残酷刑审。11 月，在解经浙东行署途中，在天台境内杀害，年 35 岁。(《路桥区志·人物·传略》)

郑咏南，民国三十二年（1943）任横街区署区长。(《黄岩历代人名录》)

郑元友，民国三十二年捐田给私立路桥初级中学。(《黄岩历代人名录》)

郑抱天，原名朝元，字念北，联洋乡双庙人，浙江公立法政专校毕业，民国三十三年（1944）任县参议员，黄岩师范校长。(《黄岩历代人名录》)

郑皥，字重和，路桥中桥人，暨南大学毕业，路桥亨利化学工厂、启中制碱厂负责人。(《黄岩历代人名录》)

郑禄彬，联洋乡双庙人，民国时清华大学化学系毕业。(《黄岩历代人名录》)

第二编 五代时期迁入

盛姓 李姓 於姓 童姓 赵姓 王姓 叶姓 阮姓

【始迁：唐末后梁初】

盛 姓

姓氏源流

盛氏始于轩辕氏姬姓之后，周初武王封七弟郕叔于郕（今山东泰安）建立郕国，公元前408年为齐国所灭，其子孙后裔以国为氏，凡郕叔后裔改姓为盛，此后盛氏蔓延于四方。

迁入及分布

圣水—三溪盛氏 唐末盛彭年任黄岩州令，朱温篡唐（907）后，盛彭年弃官隐居于州之东南乡圣水山。《三溪盛氏宗谱》载："（第一世）豪公之子，字彭年，号雨田，福建闽县人也。父讳豪，字守杰，祖居广陵，自广师公迁居汝南，其祖从宦公又迁于闽，传公甫至三世公由闽登第，初任颖州判官，升授台州黄岩州令，唐末朱全忠（朱温）弑逆僭乱，百官解散，得袭荫从兄秉纲公出奔淮甸，书遂感激弃职不食梁禄，隐居东南乡圣水山后，建有古佛寺今之圣水寺其遗址也。栋题云'治黄岩州事盛彭年董建'。天禧（北宋真宗年号，1017~1021）前其栋虽坏，而石碑犹存焉。公天性聪敏，姿学过人，而处乡邻之间，德行端方，恩惠广布。故其时之尊公者，仍以州令事之。传至七世祖德超复卜居于灵伏山之阳是焉三溪合祀之祖矣。"

传七世至盛如云，嫌地隘，卜宅于三溪（即三坑、山坑），成三溪盛氏始迁。（《三溪盛氏宗谱》）

水洋三山盛氏、章岙（樟岙）盛氏为三溪盛氏分支。盛全庆、盛全用于明万历间迁入章岙北。盛嘉乾迁入水洋（北藕池）时间约在清顺治年间。

宗谱

《三溪盛氏宗谱》有八修。

《三溪盛氏宗谱》道光十年（1830）修谱，北藕池盛氏分支由锡玉、锡林、福侯、满侯参与。

家训族训

三溪盛氏族训：（一）尽孝悌；（二）睦宗族；（三）教子孙；（四）各安生理；（五）毋作非为；（六）亲师友；（七）正闺阃。另要注意：子孙器识可以出仕者，合族应倾助之；既仕，亦须奉公勤政，毋蹈贪墨，有愧圣贤有违祖训。子弟饮食起居必后于长者，言有论次，至于应对宾客，务宜低声和气，不得浮躁喧哗，为士君子所讥。

重要人物及地方建树

盛彭年，号雨田，原籍福建闽县，由闽登第，初任颍州判官，升授黄岩州令，唐末朱温灭唐建立后梁，彭年辞官隐居古佛寺（即后来圣水寺）西南，为圣水盛氏始迁祖，之后重建古佛寺（即后来圣水寺），题栋云"治黄岩州事盛彭年重建"。

《三溪盛氏宗谱》载《盛氏圣水旧址记》："黄岩南四十里有圣水山，东接白峰，北近鹤水，旧有寺名曰'古佛'，其题栋字有本州州令盛讳彭年重建。"

盛彭年后梁时重建古佛寺（宋初改称圣水寺），20世纪末重建。

盛象翁及盛贞一 圣水盛氏后裔，盛象翁，生于宋季，与车玉峰（车若水）、黄寿云有渊源。曾为峰江《元真道院》碑记作书。

户部郎中海峰叶良佩撰《圣泉太祖行状并贞女太姑婆事实》："圣泉先生讳象翁字景则，吾乡之三溪盛氏人也。生于宋季，与车玉峰、黄寿云二先生及得渊源之学，士游其门者踵相接，因其所居与圣水山近，遂尊其号曰'圣泉先生'。"元祐间由荐辟官庆元路儒学教授，温州路将仕郎，汀州路儒学教授转任徽州税务提举领从事郎，庆元路昌国州判官。延祐间特聘江浙行省文衡同考贡举，如江阴陆文奎在所，独选能识高古之文士，论多之。仕终昌国判官。先生究心易学，与诸生讲圣人作万物睹有如舜之辟四门、明四目、达四听，而天下大通之时也，大通则足以尽天下之利而行无不正矣。此飞龙在天之作用也。天下岂有一物之不睹者乎？闻者韪之。所著有《易学直指》《易不本源》二书，又有《周易会通》及《圣泉文集》行世。平生善楷书，嗜古图籍。自昌国归后，则谢绝交游，惟杜门以恬静养性为事。尝有诗曰：'忽见残花泪满巾，红桃白李昨如新。凄凉风雨千村路，羁绊烟霞七尽身。谁解作文驱五鬼，岂怀投笔到三辰。东君缘尽山头树，不染茅签白发人。'年七十二无疾而终，口占一诗以决诸生曰：'六十年来运已周，一丝难挽大江流。水流丝断如明月，皎魄孤悬照素秋。'"

盛贞一，象翁堂妹，贞女。

《三溪盛氏宗谱》载二十七世灵山（即圣水山）氏撰："又先生之堂叔号素庵公生女名贞一。甫十岁，通教经、鲁论、孟轲氏书。后嫁东山马氏讳祀，生一子一女而祀死。盛氏年二十八矣。家贫，藉十指以养其姑，夜则无油，尝从暗中导其女纺织，无一丝紊乱，计日成丈尺。男琰仅能言，口授书句以熟，尝屈其手指引渍麻水作点画几上，以代笔札，夜则抱置辟耳，画诸胸腹，寝授书句，旦出画册证之。其善训如此。尤善自诗自述云：'家缘澹薄历艰辛，侨寓南州背市尘。竹屋梅花怜晚节，藜羹粝饭耐清贫。一灯教子丹心苦，半世绅针白发新。世态纷华从过眼，白云深处老吾身。'又有《梅花诗十首》以自贶，今仅存一云：'古枝点点数璃瑰，不假天工为剪裁。月夜孤标怜晚景，冰肌瘦骨绝尘埃。寒香泣雨魂难返，贞节凌霄意莫回。桃李未曾争艳冶，半窗疏影自徘徊。'"

【始迁：唐末五代】

李　姓

姓氏源流

先祖为皋陶，皋陶被舜任命为大理（掌管刑法的官），遂以官命族为理氏（"理""李"古字相通），先为理氏，后为李氏。得姓始祖为李利。李耳（老子）为十一世。

李姓皇帝多，特别是延续近 300 年的唐朝，皇子皇孙多，秉承着多子多福的理念，李姓人口呈现几何级数增长。

迁入及分布

李家洋李氏　《（民国）黄岩县新志·氏族》载："李家洋李氏，李氏于唐玄宗时平安禄山之乱，率兵至台州，遂家焉。子孙分迁温岭螺屿、沈桥、楚门、牧屿、青石桥、洪洋、埭头等处。"不知道李氏第几世何时迁入洪洋？或于唐末五代。

《（民国）黄岩县新志·氏族》载："唐武德时李姓从甘肃南迁，其子孙转徙县前，至十七世文则于宋咸淳四年（1268）入赘洋屿厉姓，卜居中樟之东。"

李牟吉，南宋年间从临安迁居横街；又五传至李远达迁居李薈埭。

李文则，宋咸淳四年（1268）入赘洋屿厉姓，卜居中漳之东，遂为洋屿李氏始迁祖。

横街李氏　横街始迁祖为李君清（1267~?），字光润，仕江东信州路太守。（《凤山天皇里李氏宗谱》）

新桥李氏　奉李彦登（宋郎官）为始祖，居长屿。第三世李为材为明威将军、标骑校尉福建道金都元帅，镇守西应，居西应；第六世李福寿于洪武七年（1374）为方氏兵哨，充任军籍，移居新桥。（《新桥李氏宗谱》）

天皇—凤山李姓　李逢新（1523~1600），字家业，东沼长子，明代由太平天皇河头迁居霓岙沙门阙凤凰山下，因名天皇李，为始迁祖，子一孙四，因分四房。（《天皇—凤山李氏宗谱》）

长浦李姓　出自岭下李氏，岭下李氏尊钱塘李矗为始祖，至十三世永弘迁岭下（约在元末），二十世福祐（字保雷）迁长浦。

徐家洋李氏　李氏于清初自临海大汾迁居本邑徐家洋。（民国《黄岩县新志·氏族》）

存疑待考

民国《黄岩县新志·氏族》载："李家洋李氏，李氏于唐玄宗时平安禄山之乱，率兵至台州，遂家焉。子孙分迁温岭螺屿、沈桥、楚门、牧屿、青石桥、洪洋、埭头等处。"

台州与安禄山乱没多大关系，李氏平安禄山乱率兵至台州，理由不充分。

宗谱

县前—中漳李氏宗谱由李懋修于明万历十八年（1590）创修，清乾隆三十二年（1767）、嘉庆二十一年（1816）、同治十二年（1873）、宣统二年（1910）、民国三十五年（1946）均有续修。

道光九年（1829），李诚父去世，回家守丧，修《李氏宗谱》20卷。

家训族训

《新桥李氏族训》

○敬祖先。祖先是人的根本，根本固枝叶荣。根本不培，难荣枝叶。祖有远近之分，近代祖先，近代人则敬之，远代则不知敬，岂知无远代之祖，近代祖从何而出！

○孝父母。人子为父母所生养，教育其恩如天地。粉身难报，孝父母为天经地义，切不可失养失敬有违天伦。凡我族人，奉行孝道，铭记于心。

○和兄弟。至亲莫如兄弟，兄弟乃同胞共乳之人。同室而长，如手如足。人每每重朋友，恋妻室，而于兄弟间反至参商，而不知手足难得，凡我族人，切不可因争产争财而伤其手足。

○教子孙。子孙不必都聪明俊秀才让读书，虽愚也不可不读，聪明的固然可望成才，愚者读书不至属于下流，如尽到义务完全一定的学业也不能继读，亦应令其学艺耕耘经商，尤戒侈淫。才不愧教子有方。

○睦宗族。宗族，吾身之亲，千支同本，万脉同源，始出一祖，不睦宗族，不敬宗祖，则近如禽兽。凡我族人切不可相残相欺，以伤元气。

○和亲邻。凡新旧亲戚，无论贫富，皆当往为有礼，相亲相爱不可遗忘。至于邻里同居共处，和气一团多少益处，损多少烦恼，切不可彼此生角而成后患。

○守国法。国家法律尊严，无非禁民为非，导民为善，合乎天理人情，道德常规之至。人能准情度理，自不作奸犯科。凡我族人应遵纪守法做安分之民。

○勤力作。人生衣食岂从天降？全凭人力营作中来，男女勤劳，各当尽力。虽一岁所入，公私输用而外，剩余无几，而日积月累，自至身家丰裕，子孙世守，利赖无穷。一有游惰则贫乏继之。凡执艺行业俱以勤力为本，才无饥寒。

○务农业。国以家为本，民以食为天，无农不稳。农为衣食之必资，上可以供父母，下可以养子孙，所以为生存之本。如不勤耕力作，必致荒芜田畴。凡我族人切不可偷安懒惰，以致终身饥寒。

○去奢侈。淫侈之费甚至天灾。一家度支甚繁，当用固不能辞，不当用务须俭约，才有盈余。徒尚奢华，不知节缩，须知一岁之终，所入有限，所出无穷，务须谨慎。

○禁赌博、禁吸毒。赌博者，倾家之源。赌博害人深，家产既尽，借贷无门，非劫夺以为生，即偷窃以乞活。故好赌实盗贼即好赌这归宿。即令不为盗贼，饥寒交迫，滋事生非常违国法。族中有产者，务重惩其窝家，则歪风自止。毒品害生命，倾家荡产。凡我族人切不可贩毒吸毒，以害人害己。

○重敬贤。敬贤，乃我族人之重望也。贤者为人之师，其学有所传，礼有所学，不重贤是人之愚昧，不得为人也。凡我族人，务必尊长敬贤以示文明之族风。

重要人物及地方建树

李禹鼎，字德新，号知白，以诗名（万历《黄岩县志》）。元末人，有《壬辰三月二十六日海寇再作七哀诗二首》载于《路桥志略》。

李楠（1196~1262），字取材，贡元。（《凤山天皇里李氏宗谱》）

李匡（1400~1465），字存翼，号肃斋，世居长山（今长屿），生于路桥南栅（《新河镇志》），再迁黄岩城西街。明宣德二年（1427）登进士第，授太常博士。正统三年（1438）任江西按察御史。时首辅杨士奇庇纵恶子杨稷犯法杀人，李微服出访，收集取证百余条罪行，于五年逮杨稷入京，廷议处死。升四川按察副使，平反数十件冤案。景泰元年（1450）巡抚四川。叙州少数民族起事，焚劫9城，全蜀骚动，匡带兵平乱，招募民丁9000多人，教练操习，与明军合编，号令严明，次年平定叙州。旋又告播州蛮连贵州瑶人作乱，复讨之，孤军深入，被围困草塘5日，坚守营寨，偃旗息鼓，养精蓄锐，一战而捷，名震西塞。天顺六年（1462）北境告急，匡以暮年带病奔赴国难，巡抚宣府，增修寨堡，收复被占之地。

《路桥区志·卷一叙地》：“叙地”：“李匡故居，在南栅。《太平志》云：'李都宪匡，长屿人，尝居路桥南栅，后徙黄岩西街。'按匡，字肃斋，宣德丁未进士，巡按江右，首揆杨士奇子稷，倚势横暴，匡按其不法事治如律。擢四川巡抚，叙州蛮叛，讨平之。再起巡视宣大，增置墩堡，复行屯田，寇不敢近边。致仕归。其故址今无考。”

李纲，字德举，罗洋人，成化十九年（1483）举人，成化二十三年丁未（1487）进士。

万历《黄岩县志·科第》："成化十九年癸卯科（举人），李纲，德举，罗洋人，丁未费宏榜进士，广西参政，原姓林，后复今姓，迁府城。"

李彩生，康熙年间三十都一图沙门阙下李家庄人，乡贤。

《凤山李氏宗谱》载知县胡具瞻撰《赠乡宾李彩生匾并》："予奉命爱纂抚兹土，情殷耆老，輶轩所至，类皆车辙马迹焉。比往三十都一图沙门阙下李家庄时，适晚，扈从迷津。忽一翁状貌魁梧、发皤如而须皓如，长揖车前，曰：'昔卫文省方问俗，命馆人而星宿桑田，民咸怩其秉心塞渊也，而楚邱之诗以作。今君驾莅，止民之幸，亦民之福也。其忍让古人以独步哉?! 日云暮矣，往将安之夫？亦念蔽芾甘棠召伯所憩乎？'予闻而快之盖自采风来久，未获中心好而中心觊焉如若翁者。遽下车造其庐。登其堂，雍容晋接则郁郁彬彬礼仪卒度也，挥麈清言则风风雅雅有典有则也。异而叩其姓氏，则生员李文韬之父庠生李天溉之祖李彩生也，名重乡邑，年逾花甲，矍铄自如，芝兰玉树，攘攘盈庭。虽行事不少概见，殆靖节所谓"葛天氏之民、无怀氏之民"是耶、非耶？然诗不又云乎？人之好我示我周行，珠玉在前而竟交臂失之，不几虚此数晨夕哉！于是中心藏之，复颜其堂曰'示我周行'。"

李天溉，彩生子，庠生。(《凤山李氏宗谱》)

李文韬（1666～1706），明福长子，邑庠生。

《凤山李氏宗谱》载岁进士金元声撰《外祖文韬公行传》："弱冠游庠，辄试高等，名振乡学。"

李天溉（1703～1745），字钦亮，号灌园，邑庠生。

《凤山李氏宗谱·世系》:"第二十四世天溉,字钦亮,号灌园,学名宽,邑庠生。生康熙癸未年,卒乾隆乙丑年。"

李天甫(1702~1770),字钦岳,号嵩斋,邑庠生。

《凤山李氏宗谱·世系》:"第二十四世天甫,字钦岳,号嵩斋,学名廷实,邑庠生。生康熙壬午年,卒乾隆庚寅年。"

李华璧,字政铨,李家洋人,乾隆三十六年(1770)武举人。

李光周,嘉庆十二年丁卯(1807)捐建下梁卷洞桥。(《黄岩历代人名录》)

李诚(1778~1844),字师林,号静轩,石曲人。清嘉庆十八年(1813)考上二等拔贡,分发云南,嘉庆二十四年(1819)任云南昭通府鲁甸通判。道光元年(1821)其母去世,回家服丧。丧满第二年署新平知县。李静勤断案,严缉捕,盗皆逃散。道光六年(1826)修理"桂香书院"。新平的民众感谢他的德政,把他立生祠于文昌宫。李诚还在余暇,编纂《新平县志》8卷。道光七年(1827)其父去世,回家守丧。道光十年(1830)四月,阮元把李诚调去分纂《云南通志》。道光十三年(1833)巡抚伊里布接任云贵总督,任命李诚继承总纂。道光十四年(1834)十月《云南通志》成。李诚居通志馆5年,稿出其手者十之七八。道光十五年(1835)二月任顺宁知县。有川匪沿山搭棚,聚众抢劫商旅,李静设法收买捕缉,获20余人法办,盗风始息。美政毕举,修桥铺路,改建育贤、汇英、乐育书院。道光十九年(1839),辞职回乡,在石曲建了敦说楼,藏书数千卷,为两浙藏书家之一。著作极丰,编有《十三经集解》二百六十卷,《水道提纲补订》二十八卷,《万山纲目》六十卷等。入《清史稿·列传二百六十八·儒林二》:"李诚,字静轩,黄岩人。嘉庆十八年拔贡生,官云南姚州州判,终顺宁知县。撰《十三经集解》二百六十卷,首胪汉、魏诸家之说,次采近人精确之语,而唐、宋诸儒之徵实者亦不废焉。尝谓'记水之书,自郦道元下,代不乏人,而言山者无成编',乃作《万山纲目》六十卷。又《水道提纲补订》二十八卷,《宦游日记》一卷,《微言管窥》三十六卷,《医家指迷》一卷。"

李光周,嘉庆十二年(1807)与众等捐建下梁卷洞桥,方便路桥至金清乡路通行。(《黄岩历代人名录》)

李益钧,路桥人,道光六年(1826)设立石曲长生会。(《黄岩历代人名录》)

李旭东,石曲人,道光六年(1826)设石曲长生会,同治十年(1871)捐田路桥宾兴。(《黄岩历代人名录》)

李凤飞,花园李人,同治四年(1865)武举人。(《黄岩历代名人录》)

【始迁：五代初】

於 姓

姓氏源流

根据《世本》记载，黄帝的臣子中有於则，开始发明和制作鞋子。於则被封于内乡，有一个於村，与商地近，就是史记上的楚、商於地，后代以於为氏，望族出于广陵、京兆。於氏始祖於则最初封于内乡，所在地在现在的河南省境内。而根据《世本》的记载，这个家族的子孙主要繁衍于广陵。望族居广陵郡，就是现在的江苏省扬州市江都区一带。於氏后人尊於则为於姓的得姓始祖。

迁入及分布

桐屿於氏 其先蜀人，五代初於同冈从於潜迁居桐屿，为桐屿於氏始迁祖。(民国《黄岩县新志稿·氏族》)

路桥於氏 为桐屿於氏分支，宋代从桐屿迁入。南宋咸淳元年，於泰登咸淳元年乙丑（1265）阮登炳榜进士，为瑞安尉，权知县事，调昆山，其族始兴。元末方国璋娶於泰裔孙松友之女为妻，方国璋做了大官后，松友也授以将仕郎，其族始大，与蔡、刘并称路桥巨族。

宗谱

《同屿於氏宗谱》创建于宋帝昺二年，由於道亨创修。续修于元至正二十一年（1361），明嘉靖二十六年（1547），清康熙五十九年（1720）、雍正八年（1730）、咸丰十一年（1861），中华民国七年（1918）。

重要人物

於相（於光相），桐屿人，南宋儒士。(《路桥志略》)

於泰，字亨甫，号复庵，路桥街河西人，南宋咸淳元年（1265）进士。（《路桥志略》）

　　於松友，於泰裔孙，为方国璋岳父，为方便河西居民进入河东，建松友桥于山水泾口。

　　於俊英，於泰族裔，知府。《路桥志略》载："於俊英，河西人，台州路总管府治中，入明，知琼州府。"

　　於俊昂，於泰族裔。《路桥志略》载："於俊昂，河西人，海道防御千户。"

　　於廷询，路桥河西后於人，清雍正二年甲辰（1724）举人。

　　於永庆，号德先，河西人，乾隆中在河西建路桥於氏书院，旧址无考。太平林之松为之记，后毁于火。（《路桥志略》）

　　於精和，清乾、嘉年间河西人。"清嘉庆元年洪潮淹没，沿海居民逃死无算，精和载米往赈，积尸皆掩埋之。子斯年，号祜堂，嘉庆二十三年戊寅举人，大挑一等，补直隶元城知县，署开州知州，著有《百祥草堂诗》，今未见。次万年，号锦龄，乾隆五十七年壬子武举。孙恒吉，号叔方（斯年子），直隶县丞，治漕有功，保举署曲周怀来知县，在曲周，平奸民之抗赋者而赈恤之，保升知府，迁居梅关。"（《路桥志略》）

　　於万年，河西人，字为焕，号锦龄，斯年族兄，乾隆五十七年（1792）武举人。

　　於斯年，河西人，精和子，嘉庆二十三年举人。（《路桥志略》）

　　於为勉，道光年间河西人，捐款在河西建於氏宾兴，岁收租息分给应试者。

　　於旌扬，路桥河西后於人，同治年间（1862~1874）武举人。

　　於鸣凤，清代国学生，年仅40而卒。妻王氏，王彦威（同治九年举人）之女。

　　於达望（1886~1956），路桥街后於人，鸣凤长子。日本东京帝国大学早稻田医学院药科毕业，浙江大学医学院药科教授，曾任中华药学会（现中国药学会）会长，监事。《中国药典》编纂人之一，是我国现代药学界先驱和奠基人之一，是我国第一号药剂师证书的取得者，著有《制药化学》《国药提要》等书，合撰有《中国药典》《药学名词命名原则》。

　　於达准（1892~1956），路桥街后於人，达望次弟。日本东京帝国大学早稻田医学院药科毕业。毕业后在日本工作。东京大地震时回国，在卫生部任职。新中国成立后在中央卫生研究所（现中国医科院）药用植物研究所任研究员，1956年因脑血管并发症去世。

於达（1893~1987），字平远，路桥街后於人。1916年毕业于保定陆军军官学校第三期，1938年9月授国民党政府陆军中将。

於达衷（1894~1991），路桥街后於人，达望三弟。日本东京帝国大学早稻田医学院药科毕业。回国后在上海等地医院任职，不幸和其子遭遇车祸亡故。夫人郑企因（1894~1988）毕业于日本东京女子医专，是全国三八红旗手，省1至3届政协委员，台州医院有名的妇产科医生。

於瀛荪，达望子，达望子。上海东南大学医科毕业，瀛荪医院院长。

於燕荪（1919~1984），达望次子。毕业于浙江省立医专，高级工程师。先后在广东几家药厂任药师及研究室主任。后来任广州医药工业研究所副总工。

於光庭（1919~2009），路桥街人，浙江省美术家协会、书法家协会会员。早年就读于上海美专，是潘天寿学生。新中国成立初在温州工作，曾任温州美协主席。善画小鸡和鹰，常作山水，书法以楷书见长，兼长金石，是书画界多面手。《於光庭画选》，安徽美术出版社出版，由王伯敏题签。

於东旋（1923~1976），达准次子。毕业于国立英士大学药学系。先后在上海仁济医药、上海五洲药房任药剂师，新中国成立后在五洲药厂、信谊药厂、天丰药厂等处任车间主任、技术厂长等职。20世纪70年代曾协助解放军医疗部门在乌鲁木齐及无锡等地筹建药厂。

於毓文（1933~1987），路桥蔡於西洋村人。1956年上海第一医学院毕业，入中国医学科学院，为药理学副博士研究生。1960年毕业，留院药物研究所药理系工作。1979年9月，得到世界卫生组织奖学金，赴英国伦敦大学进修临床药理学。次年回国任研究员，协助建立临床药理研究室，培养进修生和研究生。对临床药理与药物代谢有专长，在国内外专业刊物发表30多篇科研论文，参加编写《临床药理学》《治疗药理学》，申请日本、联邦德国新药专利各1项。论述男性避孕药棉酚研究的学术论文《棉酚的监试药代动力学和药效学研究》，在国际棉酚学术讨论会上宣读，受到专家一致好评，获国家计划生育委员会荣誉证。（《台州人物志》）

於澄建（1934~2005），达准三子。毕业于上海复旦大学新闻系。新华社湖北分社摄影部主任，资深的高级摄影记者。

【始迁：约五代】

童　姓

姓氏源流

据《通志·氏族略》所载，春秋时晋国有大夫胥童，其后有童氏。

又《元和姓纂》云，上古颛顼氏生考童，其后为童氏。

迁入及分布

上岙—上山童童氏　出自上岙童氏。其先桐庐人，唐乾符六年（879）童希闵官太常，避黄巢乱，徙台州。第三世童世康由郡城迁黄岩城西上岙。嗣有迁城中者，有迁上山稠开者。杰出重要人物有：童复，宋淳熙甲子（甲午，1174）举人；童应麟，咸淳丁未（丁卯，1267）进士；童尚义，明洪武二十年（1387）进士；童以思，尚义子，明永乐十八年（1420）进士；童以平，明永乐十八年（1420）举人；童谟，明癸卯（1423）举人，由学正荐升广西布政使。（民国《黄岩县新志》）

境内童姓还分布在竹场前，下包等地。

宗谱

《上岙—上山童童氏宗谱》，童良英创修于宋嘉定三年（1210），续修于元至元元年（1264），明成化十六年（1480）、万历三十三年（1605），清嘉庆二十年（1815）、同治五年（1866），民国二年（1913）。

重要人物及地方建树

法照大师，俗姓童，字晦岩，台州黄岩上岙人。年十三，礼圣水（螺洋）蒙庵宣出家，后师北峰宗印、浙翁如琰。年三十三，出住阳淡，历住天台大慈、黄岩圣水、云间延庆、凤山褒亲、四明延庆。有海、顺二人自日本来听讲，请所撰《读教记》，绘其像归国。高丽崔丞相亦致书问佛法大旨，乞《九祖图》。理宗闻其名，勅住下天竺，淳祐三年（1243），迁上天竺。补右街鉴义，特赐佛光法师。进左街僧录，赐金襕袈裟。他多次受到理宗召见，为其讲经说法，并受到宠赐。度宗咸淳六年（1270），再住上天竺寺。咸淳九年八月十五日示寂，享年八十九，僧腊七十四。次年赐谥普通法师，塔曰慈应。事见《续佛祖统纪》卷一、明释广宾撰《上天竺山志》卷三、卷四、宋释志磐《佛祖统纪》卷四十八、民国喻谦《新续高僧传四集》卷三等。他著有《读教记》二十卷，今存。他是南宋天台宗名僧，被列为天台宗第二十三祖。《路桥志略》载有法照《游洞霄宫》诗及林表明《寄圣水老法照》诗。

（咸丰）辛酉殉难上山童人有：童恭河妻，童子玉女，童汝照女。（民国《黄岩县新志》）

童希唐，民国十八年（1929）与徐文友共同创立上童初级小学。（《黄岩历代人名录》）

童崇金，民国三十一年（1942）任竞存乡积谷仓管委会委员。（《黄岩历代人名录》）

童作贤，字仲虞，民国时上山童人，浙江公立法政专校毕业。（《黄岩历代人名录》）

【始迁：后周】

赵 姓

姓氏源流

赵得姓始祖为造父。传说造父在华山得八匹千里马，献给周穆王。穆王乘着这八匹马拉的车子西巡狩猎，到了昆仑山上，西王母在瑶池设宴招待。这时东南边的徐偃王造反，造父驾车日行千里，及时赶回帝都，带兵打败了徐偃王。由于造父平叛有功，穆王赐他以赵城（今山西省洪洞县北）。成为赵姓。秦始皇家族为赵氏，宋朝皇室为赵，是国姓，放在"百家姓"第一姓。

赵匡胤第二子德昭五世孙子英自南宋绍兴五年（1135）为黄岩丞，秩满留居西桥，而为西桥赵氏始祖。（《西桥赵氏宗谱》）

迁入及分布

洪洋赵氏 五代后周（951~960）时，赵仁晖封为银青光禄大夫，子孙自越迁台，居石曲洪洋。南宋宝庆二年（1226）赵亥右榜进士登第三名。其兄赵处温建洪洋义庄，县令王华甫为其撰《洪洋义庄田记》。（《光绪黄岩县志》《路桥志略》）

周洋赵氏 根据《北闸赵氏宗谱》记载：宋太祖赵匡胤第四子德芳，德芳次子惟宪，惟宪生从郁，从郁生世将，世将生令譮，令譮生子偁。子偁有八子，长伯圭。伯圭赐宅湖州，生十子。三子师垂。师垂子希永。希永子与訔。与訔生十子：次孟颁，四孟頫。四子孟頫事元，累官翰林学士承旨、荣禄大夫。赠江浙中书省平章政事、魏国公。是一代书画大家。次子孟颁隐居湖州乡下，传至伯述，于嘉靖年间（1522~1566）由湖州经商迁黄岩，再从黄岩迁周洋，后裔于万历年间定居北闸。

下岭赵氏 自邑城桥亭头迁居下岭，始迁为逢葆，时间约为明代。

祠堂

洪洋—官屿赵氏祠堂在官屿祖墓（有大夫赵允济、武翼大夫赵亥、保义郎赵桂孙墓在）。为明代赵氏十九世赵维石所创，祀先祖赵仁晖，祠堂三间。

周洋—北闸赵氏祠堂在温岭市新河镇北闸自然村。

北闸赵氏祠堂

族谱

周洋—北闸赵氏支谱始修于赵五河，续修于赵宜圣，三修于赵宪易，增辑于清道光同治年间赵蘅洲，清末五修于赵兰丞（名佩莊，字兰成，以字行，号梅隐，太平县城小南门人，清光绪二十九年癸卯（1902）正科举人，是县内晚清最后一科举人）。

家训族训

周洋—北闸赵氏属宋宗室一支，其族训遵循圣祖仁皇帝御制广训十六条（现存十条）：（一）敦孝悌；（二）睦宗族；（三）力本业；（四）慎交游；（五）和兄弟；（六）训子弟；（七）尚勤俭；（八）戒争讼；（九）遵法律；（十）禁非为。

重要人物及地方建树

赵仁晖，洪洋始迁祖，五代后周大夫。《路桥志略》载："赵氏祖墓，在石曲街外。石刻'后周银青光禄大夫仁晖赵公乔梓之墓'。"

《赤城集、赤城后集》载明·叶蘦《赵氏祠堂记》："赵氏为士族，其先居越之蛟井，到后周银青光禄大夫讳仁晖者始迁黄岩之洪洋。"

《冠山赵氏宗谱》："洪洋赵氏出自越之蛟井，五代时银青公避寇徙台黄岩。"

赵拱，处温曾祖。

赵显，处温祖。

赵允济，处温父，赠武功郎。

赵处温（1191~1265），字和卿，号月溪，洪洋人，以孝弟称。初，赵氏有田在义役，处温弟亥既登第，众以其田归还。亥与处温议不取，别籍而衍之，积田二百。淳熙九年（1182），王华甫知黄岩，令处温督义役。处温又增置田百亩充役费，而以旧所舁田还之役家，置义庄，储粟千石散放之，贫者瘗丧嫁女皆取焉。谷口郑大惠叙为歌诗，车若水、王华甫为之记。处温素谨畏，里有质成，处温温颜晓譬，无不平。环百里无贵贱贤愚，皆推曰"善人"。《光绪黄岩县志》《民国黄岩县新志》有录。

宋·车若水《月溪隐君赵公墓铭》：曩陈公经仲有善于乡，乡人至今善之。善之者，不必人人煦嘘而善之也；善于乡而他乡有兴起焉，善于今而他日有兴起焉，其善多矣，后之人非不知陈公之可为也。近名者楞中，锐进者倦常，浅才者懦，求福者回，而卒不能与之匹休者，有由也。今环黄岩百里，无贵贱贤愚，共推善人曰"赵公"。公讳处温，字和仲，其行本于孝悌，而和顺达于乡间，上裕其盉，下训其仁，家庭之内，雍雍如也。义庄社仓，今日生民之大计也。五十年前，县令陈公汶首劝义役，尚少有应者；至王公华甫允之，王公建仓于市，未及诸村，而赵公景纬迨行之，人皆归德二公。然公与其季滕州使君，自积私田三百亩置庄，役家共倚为用，就储粟千石散敛之，且贫人瘗丧嫁女取焉。二事皆在王、赵先也，规模宏密，根本完固，上下依籍以乐其生。谷口郑隐君大惠，叙为歌诗，众请王公为记，且谋绘像于庄，以寿公，公不可，乃免。他乡役事，或有违言，人曰："汝，洪洋赵宣义耶！"则相顾而定。县家整税、浚河大役与诸利便宜，皆不能舍公。里有质成，或不之官府而之公，其之官府者，亦多檄公。公素谨畏，不愿闻人长短事，至不辞，温颜晓譬，其不平之气皆为消沮，无理者折之不怨。噫，此岂一时修为所能致哉。咸淳乙丑，年七十五矣，痰疾作，医来，公曰："无益。"俄索纸疾书"大海纤尘，红炉片雪"数语而终。仲冬三日也。夫心定则神清，释氏有临行偈颂："彼自私其身，无以役其心者，吾道酬酢，万变而定，常存始可言定。"先儒俯仰天地，浩然无愧者，启手启足之余言，苟一念不纯，则日月常行不得其所，况于死生之际。公幼通九经大义，潜心《中庸》《大学》诸书，天资既厚，辅以方册，胸次和融，无私欲以害之，用心必真，作事必实，人口洋洋，至死尽证。陈公之后善人，可谁与居乎！曾祖拱，祖世显，皆不仕，父允济，赠武功郎。其先仁晖，仕后周，为银青光禄大夫，子孙自越徙台，居吾邑之洪洋，逮公九世，娶戴氏，子三人，福孙，乡贡进士，次祺孙、禧孙，女二人，孙男五人，孙女四人。公营幽兆于方岩乡潭头月溪之原，于是自号月溪，死之明年腊月戊寅，福孙等谨襄其事，予尝与公同会，见其貌言动作，有淳熙向上之风，与今人绝不类，夙有敬心，恨不从之游。亲友於表圣与请为铭，遽授之。铭曰："不尽书也，在人口者，且不尽书，有在人之心者，有在公之心者，有在他乡他日之心者。"

赵亥，又名处良，字遂卿，号西村，洪洋人，处温弟，武举。南宋宝庆二年（1226）右榜进士登第三名，由殿前司同副将，积功以武翼大夫改文资，知滕州及贺州、广德州。性恬退，杜范任右相时累书促他赴京，未赴，归里。多行义事，支持其兄赵处温兴建义庄，乡人德之。

清光绪《黄岩县志》："（武科）宝庆二年丙戌科：赵亥，滕州守，附见一行。旧志：在乾道二年，案：赵处温《义庄田后序》言：仲氏登丙戌筹备第，其序作于淳祐九年，王华甫为令时，去乾道丙戌已八十四年，其误明矣，今正。"

（达按：旧志指明万历《黄岩县志》，其载"乾道二年（1166）"武举有误，此时赵亥未出生。乾道二年武举赵亥另有其人。）

赵郡守，宋郡守，洪洋人，或为赵次山，宋抚州郡守。

《（嘉庆）太平县志·旧家》："宋时，黄岩洪氏之盛，自洪洋至洋屿，西界鱼沉，南抵湖亭，北连沙港，方数十里，田庐相望，当时有'北洪南戴，侯王可赛'之语。有官大理司直曰杞者，三女，长适南塘戴大监，次适同里赵郡守，三适瓯窑姚通判。"

刘埙《赵抚州传》：宋抚州使君姓赵氏，字次山。使君蚤慧，善属文。咸淳十年（1274）也，贾似道窃柄误国，长江失守，朝廷急择江浙守臣，擢使君知抚州，措置守御。德祐元年（1275）至郡，政绩著闻。时，江西湖南已罹踩践，警报日夜急，剽寇纵横。使君诛赏惬当，抚人德之。江西制置使黄万石弃隆兴，退驻抚，名勤王，实为遁降计，颇嫉使君修守备，数媒孽于朝，使君不自安，累丐罢。明年八月，制订兵次南丰，遇敌而溃，使君遣其属以兵攻赣，距城六十里与北兵战，破之，俘其千户，乘胜逐北，至城下。城中大兵出，我师失利引退，丧失良多。明年春，知汀州黄去疾以城降，使君解兵隐迹出舍中，发病卒，就殡焉。（节选自《江西文笔精华·传记卷》）

戴复古《石屏诗集》有《鹧鸪天·题次山鱼乐堂》："围围洋洋各自由，或行或舞或沉浮。观鱼未必知鱼乐，政恐清波照白头。休结网，莫垂钩，机心一露使鱼愁。终知不是池中物，掉尾江湖汗漫游。"

赵福孙，处温长子，举人。

赵祺孙，处温次子。

赵禧孙，处温三子。

赵德贞（1303？～1346），陶煜妻，陶宗仪母。故宋宗室女（宋太祖赵匡胤次子燕王德昭第十一代孙孟本之女）。结婚时约十五岁，赵氏死于1346年，约四十四岁。

郑元祐《侨吴集·白云漫士陶君墓碣》："配赵氏讳德真，故宋宗室孟本女也，有淑德，先君十二年卒，葬黄岩州灵山乡道奥之原，今侍讲张公翥为应奉时铭其墓。"

赵岩，字维石，洪洋赵亥之后，生活在明代，与弟捐资筑闸。（光绪《黄岩县志》）

赵峄，字维扬，赵岩弟，与兄捐资筑闸。（光绪《黄岩县志》）

赵崇贤，太平人，祖籍路桥洪洋，赵亥后裔，明代太守。

《路桥志略》："赵氏祖墓，在石曲街外。石刻'后周银青光禄大夫仁晖赵公乔梓之墓'。《太平志》云：'赵太守崇贤，父未庵，尝拜洪洋祖墓，于石曲西池内拾古砖，文曰：'若欲赵氏重整门台，直待金水人来。'已而，生太守，辛癸年月适符金水之谶。'"

（达按：历史上有两个赵崇贤，一生活南宋，为林鼐长女婿；一生活在明代，温岭大溪人，赵亥后裔。）

赵达忠，路桥镇人，少尉排长，在宝山抗日战斗中阵亡。（《黄岩县志历代人名录》）

赵彩珠，民国二十五年（1936）创立竞存乡第四保国民学校。（《黄岩县志历代人名录》）

遗迹

赵王坟，在圣水寺。为黄岩西桥始迁祖赵子英之墓，赵子英为宋太祖赵匡胤次子德照五世孙，南宋绍兴年间，来任黄岩县丞，遂家于县衙之西桥，为西桥赵氏始迁祖。子英去世后，下辈当时以车路田三百亩换寺山三垅，又给寺僧香灯田九十余亩为子孙岁扫墓斋宿之需。经朝代更换，寺僧据为己有。民国时赵氏诉讼该寺，后经重新商定。1958年秋冬开工，螺洋乡用三年时间，建成圣水寺水库，赵王坟没入库中。（《西桥赵氏宗谱》《路桥年鉴》）

洪洋义庄。由赵处温在南宋淳熙年间建立，置田百亩充役费，储粟千石以供贫者瘗丧嫁女之用。太守王华甫为之记。

《路桥志略》卷六《叙文（上）·外编》载宋·黄岩知县王华甫《洪洋义庄田记》："黄岩洪洋赵氏，当滕州使君未第时，其都先有义役事，无纪生生耗亡，赵氏故有田在役。既登第，众谓必当弃还。滕州与其兄处士议，不取，别籍而衍之，积田贰百亩。淳祐九年，余在黄岩，尽劝诸村义役，其都衰田贰百叁拾亩，并委处士督之。居无何，增置田百亩，通其旧为私三百亩，足充役费，而所衰还之役家矣。噫，世之所谓无好人者，真不即人心之论也。夫户各有役，岁月月均之，大小无盈缩焉，旧也；因其大小而量其岁月，义矣。其间有幸有不幸，又合大小之力而彼己一家，又义矣。贵者既去役，役者自义，未望贵者之我义也。不义者方觊回旧田，义者弗觊而已，谁能劳勚积累，使乡里尽用吾田以为役，而役家之田则散而归之者哉。观其定盟制规，无甚苛密，有古人相与真意。处士且捐基创庄，燕间庑涵尽具，不止为金谷司存，而四时序拜乡饮集焉，识见又远也。朝廷立正长之法，专主烟火盗贼，不许以岁累之，顽民细户或无承税，不得已而付里正，已非诏旨。比年遭令，不肖岁晚锢承符出大檄无催而白征里正，力不能支取之义庄，明载于籍。余尝阅群籍，必有贵人在其间，而后其都不受其害，洪洋其一也。然则横政之不及于其里者，畏耶？愧耶？谓其畏也，士大夫何惜不为乡之借重耶；谓其愧耶，则豺狼能使不噬世道。"

【始迁：五代后唐同光之后】

王　姓

姓氏源流

源自姬姓，"王"为至尊之位，周文王第十五子毕公高之后，东周时期姬晋为王姓始祖。

源自妫姓，据《通志·氏族略》记载，齐国被灭后，部分田氏后人以王族身份改姓为"王"。

王姓强项是门阀。自汉代以来，王姓产生了20多人个门阀，著名有"旧时王谢堂前燕"的琅琊王氏，出了王导、王羲之等优秀代表，还有太原王氏，是唐初七大门阀之一。

王从德，唐咸通进士，官临海县丞，从太原迁居宁溪。

迁入及分布

五代后唐同光元年（923），王姓从钱塘迁入，分支居花门（蓬街）、徐山（马铺）等地。（民国《黄岩县新志》）

逍岙王氏　宋天圣二年（1024），逍岙王琥、王珏兄弟联袂登进士第。明嘉靖年间从逍岙迁居黄岩柔桥，与宁溪王氏不同谱，学者王棻为其后裔。

明万历《黄岩县志》载："天圣二年（1024）宋郊榜，王珏，琥弟，屯田郎中，旧志云，二王居邑之逍岙。郡志书临海，误。"

《台州编年史·五代北宋卷》（108页）："按：黄岩根据《赤城志》，把王珏列为'西桥王氏'，在宋至和年间（1054～1056），从临海黄甲巷迁居黄岩西桥，存疑。

王舟瑶案："《嘉定赤城志》卷二《坊市》，黄甲巷在州东西三百四十步，天圣中以丞厅小吏王珏发愤读书，同兄琥登科故名。是二人居临海，然吾家谱以珏为始迁祖，则后或迁黄岩也。旧志作'临海'不误。"据此，可能王琥、王珏从临海迁入。

长浦坦田王氏　坦田王是黄岩宁溪王氏分支，始祖王从德为唐咸通（860~874）进士、大理寺少卿，唐末梁初，从杭州迁居宁溪。十三世登祖、登来二兄弟从宁溪迁居长浦坦田，为坦田始迁祖，子孙分居水门、高田等。行第辈分与"宁溪王"一致。（民国《黄岩县新志》）

花门王氏与坦田王氏同为王从德后，十五世信德赘中漳（中庄），其子东皋卜居塘篱街，结草为庐，庐安花门，因名其地为花门，支分长大、坦头、汇头三派。（民国《黄岩县新志》）

横街王氏、洋宅西王氏，与坦田王氏同为王从德后。

花厅王氏　宋南渡后，王裕为台州教谕，自鄞县迁黄岩，支分沙巷、江亭、花园、横街、大埭、草行巷、东涧、仓头、西岙、路桥等处。

浃头王氏　宋咸淳时，观文殿大学士王爚之子国瑛避元兵南下，自新昌长潭徙居，元至大间占籍长浦，隶鲍浦十八甲，是为始祖。嗣有分居上塘、横塘、长大、后岸、新场、二荡、四甲、草坦宫，以及西乡之牛路、沈岙及温岭、乐清等处。其族王嗣伯以文显，王保艾以武显。（民国《黄岩县新志》）

霓岙王氏　宋大理评事王益自绍兴迁居黄岩，为柏山王氏始祖，其玄孙佑迁居下梁霓岙，孙环初分居下梁南洋，琏初分居下梁沙门。

萧岙—柔桥王氏　萧岙王氏始居时间不详，约为宋代。第二十一世世补于明中叶由萧岙迁柔桥。著名学者王棻为其后裔，清同治六年（1867）举人。

洋宅、下百步沙、三条桥、正监仓、新市、洋屿、火烧王、卖鸡王等王氏不少为渡首王王氏分支。

九僧桥王氏　明代从黄岩城关桥亭迁至九僧桥（在新桥镇长洋村）。

十七份王氏　始祖王无烈，自黄岩西塔院迁入，民国时已二十一世。亦有称（份水）十七份王氏为花门王氏分支。

上寺前王氏　源自椒江洪家大路王王氏。

罗家池王氏　清乾隆年间王敦龙从王桥迁入罗家池。三槐王（包括王桥）系黄岩柏山王氏。明刑部侍郎王启为该族显祖。（录自《三槐王氏宗谱》）

前王厂王氏　清乾隆期间王姓从温岭六闸下前王迁居黄礁岛，搭棚居住捕鱼，故名前王厂。（《黄岩县地名志》）

宗谱

《花门王氏宗谱》创修于明洪武二十三年（1390）十七世王则志，二修于明嘉靖九年（1530）二十世王世伦，三修于万历十二年（1584）二十一世王一本，四修于万历二十四年（1596）王巽所，五修于清康熙二十八年

（1689）南门派王瑞，六修乾隆二十二年（1757）王燮，七修于道光六年（1826）干浃头王嗣伯（丁卯副贡），八修于光绪三十四年（1908）王佑清，九修于民国二十九年（1940）二十八世王坤。以王嗣伯七修最详备。

《坦田王氏宗谱》，清光绪四年（1878）王子屏，民国十三年（1924）王达人均有修辑。

《柏山王氏宗谱》创修于明进士王钦，续修于弘治间王启，厥后各派均自修驾。清光绪四年王子屏，民国十三年王达人均有修辑。分支谱有霓山王氏、罗家池王氏等。

《花厅王氏宗谱》明洪武四年（1371）王德亨创修，明成化十一年（1475）王文祥、弘治十七年（1504）王永径、清康熙二十六年（1687）王翮、乾隆十二年（1747）王谯、嘉庆六年（1801）王搢、咸丰八年（1858）王旭东、光绪十六年（1890）王乐胥皆续修。

《浃头王氏宗谱》，始修无考，可考者清乾隆二十五年（1760）十六世庠生王腾九始据三房小谱重修，嘉庆二十三年（1818）十七世副贡王嗣伯、庠生梅庵重修，同治九年（1870）十八世庠生铭斋，光绪二十六年（1900）十九世庠生王范九，民国二十九年（1940）二十一世王玉笙均加修辑。

《花门王氏家谱》清道光六年王嗣伯七修。（《黄岩历代人名录》）

家训族训

《王阳明家训》又称《示宪儿》三字诗："幼儿曹，听教诲：勤读书，要孝悌；学谦恭，循礼义；节饮食，戒游戏；毋说谎，毋贪利；毋任情，毋斗气；毋责人，但自治。能下人，是有志；能容人，是大器。凡做人，在心地；心地好，是良士；心地恶，是凶类。譬树果，心是蒂；蒂若坏，果必坠。吾教汝，全在是。汝谛听，勿轻弃。"

王吉，西汉著名经学家。辞官时毫无积蓄，仅携带自己行装离开官府，回乡后衣食与平民百姓毫无区别。临终时将"言宜慢，心宜善"六字作为家训传给子孙后代，培养出三十六个皇后。

重要人物及地方建树

王琥、王珏兄弟，逍岙人，宋天圣二年，兄弟联袂登进士第。

明万历《黄岩县志》载："天圣二年（1024）宋郊榜，王珏，琥弟，屯田郎中，旧志云，二王居邑之逍岙。郡志书临海，误。"

王毓兰，字茂香，九星桥人，嘉庆五年（1800）武举人。（光绪《黄岩县志》）

王玉龄，字丕祥，杨府庙人，嘉庆二十三年武举人，镇海把总。（光绪《黄岩县志》）

王玉贞，字秀娥，培槐女，归蔡涛，能诗，有《尔宜斋诗》。（《路桥志略》）

王承弼，原名心简，字云卿，号莘农，洣头王人，迁居路桥南栅，道光二十年副贡，受业门人有刘金河、蔡箎、王咏霓等，著有《兰桂斋芳轩稿》《黄岩山水记》。

王保艾（1890~1951），字阜轩（浮仙），启明乡上塘人。保定陆军军官学校步兵科毕业，转入陆军大学校毕业。历任陆军第十一师上校副旅长，陆军第七十九师少将参谋长（师长陈安宝），二十五集团军总司令部少将高级参谋。民国三十一年，与徐乐尧一道提议新修黄岩新县志，得到采用。民国三十三年任县参议员。

王志千，1938年任河南省政府邓县垦荒办事处代处长，亲自管理农林、水利、教育、文化、畜牧、警卫、卫生诸事，夜以继日，劳怨不辞，建屋4000幢，垦田22000余亩，流亡他乡的邓县灾民接踵回来耕种，新村鳞比，攘攘熙熙，难民欢腾四野，邓县垦荒区成为全国垦政的榜样。1940年8月因辛劳致疾病逝于湖北省老河口市。

王公遐（1903~1969），名芳，字公遐，路桥街南栅人，黄埔二期毕业。1934年任宪兵第七团团长，1938年6月至10月，宪七团参加抗日战争武汉会战，殉国官兵百余人。后任淞沪警备司令部副官处处长、九十三师师长，1941年任重庆卫戍第十五补训处少将处长，1942年任暂编第二师少将师长。1948年免职。中华人民共和国成立后，为江苏省苏州市政协委员。

王显谟，字效文，塘下王人，北大商学士，温岭县长，上海商科大学教授，著有《公司法》《商法》《中华民国保险法》等。

王氏在民国时期创办大量国民学校。有王复初、王楚、王益三、王少甫、王儒商、王宣传、王摩民、王浮仙、王云法、王伯骏、王秀等十数位人士，对境内教育事业起到积极推动作用。

王氏有十多位黄埔军校学员，有王公遐（南栅人）、王福生（路桥街人）、王立渐（路桥徐山人）、王昭晖（十七份人）、王亚平（下洋殿人）、王志良（路桥街人）、王理泉（峰江人）、王统汉（启明上塘王人）、王徽元（路桥徐山人）、王天福（长浦人）、王石山（杨府庙人）、王国章（灵山人）、王学素（灵山塘下王人）。为中国革命作出贡献。

王宝珩，峰江蒋僧桥罗家里人，1927年9月，与林泗斋、金毅成一起组成中共黄岩县第一个党支部。

【始迁：五代】

叶 姓

姓氏源流

叶出自芈姓沈氏，为帝颛顼的后裔。传说，帝颛顼的后裔陆终娶鬼方氏女为妻，生下六个儿子，其中第六个儿子叫季连，赐姓芈。季连的后裔鬻熊做过周文王的老师。后来周成王封鬻熊的曾孙熊绎在荆州山（今湖北省西部）一带建立荆国，定都丹阳（今湖北省秭归），后迁都子郢（今湖北省江陵），改国号为楚。春秋时，楚庄王的曾孙戌，在楚平王时任沈县（今安徽省临泉县）尹，又称沈尹戌。他的后代中有人以沈为姓。楚昭王封沈尹戌的儿子沈诸梁（字子高）于叶（今河南省叶县南旧城），称为叶公。叶公曾平定白云胜的叛乱以复惠王，有功于楚，得封南阳，获赐爵为公，后退休于叶。其后人便以邑为姓，称叶氏。其得姓始祖为叶公叶诸梁。

《玉露叶氏·万历壬寅谱序》载："其始周成王封熊绎于楚，相延三十余世，递至沈诸梁，字子高，为楚令尹，食采于叶，遂改沈为叶，而叶之姓始定，此亦古者以国为姓之始也。"

据三门纤岸（上叶）《叶氏宗谱》叶梦鼎《序》称："吾祖太安府君，自唐宣宗年间（847~859），客寓府城巾山之下。"

迁入及分布

前屿龟山叶氏 《宁海东苍叶氏宗谱》载："台州叶氏始祖叶太安曾孙叶景全，唐检校，国子祭酒，迁崇正府校授，有功升工部尚书，以忠称。夫人周氏，合葬黄岩岙。"《三门纤岸叶氏宗谱》载，叶景全有四子，"长温儒、三温稜、四温崇，迁居黄岩前屿龟山（龟山之北、新安之下）"。温稜后裔居路桥松塘，温崇后裔居路桥上洋叶，温瑜后裔在椒江东埭。

（据叶维军与笔者讨论，"前屿龟山"即螺洋圣水山，亦称灵龟山，即路桥基本区域"灵山乡"来历。）

上洋叶叶氏　叶太安曾孙温崇有五子：仁保、仁泽、仁爱、仁迪。三子仁爱之子承恩，为路桥上洋叶氏始祖。(《三门纤岸叶氏宗谱》)

长浦叶氏　《三门纤岸叶氏宗谱》载，叶太安曾孙景庄长子叶预（谱名温裕）后裔，迁入长浦，时间约为宋代。《(民国)黄岩县志·氏族》载，元理学名儒叶伯道于元仁宗延祐三年（1316）自宁海东沧阜里迁居长浦，子孙分居螺洋、古宅、水陡门、下塘角及玉环后湾等地。

峰江梅屿叶氏　南宋绍兴初（1131）迁入，分居徐岙（马铺）、长浦等地。(《民国黄岩县志·氏族》)

玉露叶氏　叶梦得裔孙叶平世，家居太平新湫，宋江西南康府都昌县尹，因乱不仕，退守家园，因家频遭水患，与子呈奉从新湫迁居枫江玉露，为玉露叶氏始迁祖，时间为咸淳三年丁卯（1267）之前。曾孙妙洁生三子，长景先，次景贤，三景坪，分为三房，分居汇头、梅家、下大澄（下大陈?）等处。厥后子孙迁长泾、田洋、桥头叶，太邑，玉环等地。(《玉露叶氏宗谱》)

松塘叶氏　叶承泽于南宋景炎二年（1277）八月由宁海东仓迁居松塘，子孙析为七房。或说叶承泽上代为南宋名臣叶梦鼎（咸淳三年，1267年，右丞相），待考。(《松塘叶氏宗谱》)

（根据《三门纤岸叶氏宗谱》记载，松塘叶氏为叶景全子温稜后裔。）

石岭—路桥叶氏　宋叶立避权奸辞官自绍兴迁居黄岩杨彭岭北，为石岭叶氏始迁祖。九世叶希广、叶希望分居徐岙。十六世以下分居白露洋（玉露洋?）、葛村、南门罗家汇、上倪、岩前、小坑、白湖塘、徐家洋、中岙、大澧、余家屿、上寥、仙浦喻、洋下、茅畬等处。

境内叶姓还分布在石䂥，埠头堂，打网桥，长泾岸，东蓬林等地。

祠堂、宗谱

玉露叶氏宗祠始创于明万历间，在白浃白连塘前缘；康熙初年换地改创老鹰池西，至嘉庆初年建成廿八间。分正宇、翼东西厢、前厅楼阁、石柱戏台，中庭甬道，台门外左右甲午石墩。

《玉露叶氏宗谱》，有宋宣和乙巳谱（内容涉及"玉露"怀疑后人所加），咸淳三年（1267）丁卯谱，明万历十一年（1583）癸未谱，万历三十年（1602）壬寅谱，崇祯十一年（1638）戊寅谱，清康熙二十九年（1690）庚午谱，康熙四十三年（1704）甲申谱，乾隆三十七年（1772）壬辰谱，嘉庆二十三年（1818）戊寅谱，光绪四年（1878）戊寅谱，光绪三十四年（1908）戊申十一修谱，民国二十四年（1935）乙亥十二修谱等。1995年重修。

祝家洋叶为玉露叶分支，有明万历十九年（1591）谱序。

桐屿西洋叶为玉露叶分支，有嘉庆二十三年戊寅谱序。

新桥长泾岸叶为玉露叶分支，《玉露叶氏宗谱》载有谱序。

田洋洋叶为玉露叶分支，有光绪三十四年戊申谱序。

《长浦叶氏宗谱》清乾隆六年聘赤山陶文炳纂修，嘉庆五年、道光十八年（1838）、同治十年（1871）、光绪二十六年（1900）、民国二十四年（1935）均有续修。《玉露叶氏宗谱》收录有长浦叶氏光绪三十四戊申谱。

族训

玉露叶氏族训：（一）孝父母以端本行；（二）和兄弟以慰亲心；（三）敬长上以广恩爱；（四）教子弟以树人才；（五）习勤俭以修职业；（六）睦乡里以守贞良；（七）守正典以保身家；（八）屏左道以端心术。

重要人物及地方建树

叶温崇，叶景泰弟叶景全次子，娶永宁周进士女，宅龟山之阳、新安之下，北宋时期人。子仁爱之子承恩迁上洋，为上洋叶氏始祖。

叶应辅，黄岩城关梯云坊（即后来的草行巷）人（一说靖化乡朱雾人），嘉定十年（1217）进士，官右司谏，明州知府，终敷文阁待制，书法家（《嘉定赤城志》）。《大岙应氏宗谱》载：大岙始迁祖应伊训之妻为叶待制女。根据叶维军研究，叶待制即叶应辅。或以为一度居大岙一带。

叶明卿（1214~？），元至元十八年（1281）庠生，元大德二年（1298）赵孟俯撰《明卿叶先生传》载《玉露叶氏宗谱》。

叶尊芳，玉露叶氏十四世，明崇祯年间郡廪生。（《玉露叶氏宗谱》）

叶臣遇，清顺治十四年潜江知县，康熙六年直隶郴州知州。（《玉露叶氏宗谱》）

叶方升，字世奇，小稠人，雍正岁贡，乐清训导。（《黄岩历代人名录》）

叶高求，名天培，字高求，号双峰，玉露洋人，贡生。乾隆十五年（1750）庚午岁荒，捐助救急，活命无算。二十年至二十二年（1755~1757），知县刘世宁立社仓、建白枫闸，委以首事。（《玉露叶氏宗谱》）

叶学琳，字思悌，嘉庆年间玉露洋人，兆通第三子，嘉庆十七年（1812）蝗灾，首创庙捐、平籴。

《玉露叶氏宗谱·学琳公行传》:"嘉庆十七年间,蝗食苗殆尽,次年米贵如珠,炊烟望断。公触目伤情,首创庙议捐、买平籴,自二月至六月,赈济调停,各庙各乡闻风慕义,藉以养全身命者不知凡几。"

叶芝山,嘉、道年间玉露洋人,名向仁,号芝山,庠生,庠名秀春,捐田建宾兴;联保禁匪;调停陈黄戴李丁争端,使之平息。(《玉露叶氏宗谱》)

叶汝封,字德嘉,号桐斋,玉露洋人,嘉庆间庠生。设帐乡里,受业门生有王兆周(嘉庆邑庠)等,道光二年壬午科(1822)举人。

《路桥志略》:"叶汝封,字德嘉,号桐斋,白枫桥人,道光二年壬午科举人。"

《山后许氏宗谱》中《重修许氏宗谱序》署名"壬午科举人上虞学教谕桐斋叶汝封拜撰"。

《正监郑氏宗谱》中《祠堂记》署名"壬午科举人候选知县桐斋叶汝封拜撰"。

叶绍书,白峰桥人,道光初捐设白峰宾兴,用于本地士子乡会试旅费。

《路桥志略》:"白枫宾兴,道光初里人许鼎成、叶绍书等捐设,分给本地士子乡会试旅费。"

叶向葵,白峰桥人,道光八年创文昌阁,建厫贮谷。

《路桥志略》:"道光……八年七月潘佈、叶向葵等创文昌阁,并建厫贮谷。(则田一百三十七亩八分五厘,租谷二百七十五石七斗一升,连佃田二十四亩四分二厘九毛,租谷六十四石七斗七升。)近改充文明小学经费"。

叶澄川,字仲涛,号秋浦,路桥松塘人,附贡,署东阳、龙泉训导。(《黄岩历代人名录》)

叶曹赠,字承进,道光年间玉露人,精医术多仁心。

《玉露叶氏宗谱·曹赠公行略》:"状貌魁梧,心术则浑厚,精于岐黄,每诊伤药,不论其家之有无,不计其值之多寡,以救人为急。古之仁人义士庶乎近焉。"

叶敬重,道、咸年间玉露洋人,名兆能,字敬重,热衷公举。

《玉露叶氏宗谱·敬重公行略》:"一切公举,若社庙、祠堂,徒扛砌路之类,极意勷成,半途不废。今修谱牒,不敢畏难,惟君所命。"

叶天浦,号金应,玉露洋人,同治、光绪年间,水旱无常,时有因饥饿而死于道途者。天浦置圹地,收葬死者。

《玉露叶氏宗谱·天浦金应兄行略》:"同治、光绪两朝,水旱无常,一时道殣相望，公尝慨然曰：'人我一也，彼僵而仆，而我独饱食可乎？'虽资产不广，吾酌量其余与人之多寡，按月给发，如是者前后二十余次，活甚众。每季科修败冢，置圹地，遂使贫者死无暴骨于野，生有充饥之望。"

叶辅廷，同治十年（1871）武生。光绪三十年（1904），襄筑金清水闸，出任艰巨，出力居多，群众戴德。（《玉露叶氏宗谱》）

叶旭东，太邑北乡人，玉露叶氏后裔，清末以洋屿汛驻下塘港，缉捕寇匪升外委加五品。集军事民事一身，日夜辛勤，与士卒同甘共苦，号令严整，革除花会、娼赌，上下肃然；复带东乡团勇，追捕剑峰坑、红沙岗、雪山寺诸匪，获渠魁、烧巢穴，安一方民众。有贫妇赴水自尽，旭东救起，赠以鹰洋一块，铜线一缗，大米一斗，送至家归。卒后葬白峰岙后溪。（《玉露叶氏宗谱》）

叶郎峰（？~1905），字时照，号郎峰，光绪间玉露洋人，年青时代父经营路桥葆泰、葆孚衣庄。父去世后，与兄分析，另设葆泰和记衣庄。表兄卒后，郎峰每岁济寡妇孤儿谷十五石，至其子成人；每岁冬雇工掩埋浮棺暴骨，遇修筑塌道危桥，必出资补助；遇灾年赠给粮食。（《玉露叶氏宗谱》）

叶陈氏（1867~1932），玉露洋叶郎峰妻。孝翁姑、敬丈夫、睦妯娌、勤内务。公公禄斋病，其祖母亦病，陈安人奔走两病榻十阅月，侍候汤药，衣不解带，睡不安席，夏不知暑，求医问卜，无所不用其极。两长辈去世后，收拾后事，退夥雇佣，亲操井臼，组紃织纴，朝夕勤劳，一切家用极其节俭。惟善事不辞。

《玉露叶氏宗谱》载："惟公所遗未竟之善事，抚孤寡恤掩埋浮棺暴骨，悉继续举行。遇善捐亦乐助，遇穷苦宁节食以布施，戚中有春耕乏牛者，有经商缺本者，均资助之。清宣统间，有饼师籴米制饼贩卖养家，米被窃，跳河图尽。安人闻知，遣人劝之，与以谷。其处常薄己而厚人，乡里称贤。其教子以义方，实有熊丸画荻之苦心。人以叶氏一门良善，其子孙必昌，惜其次男不禄，女亦早世，惟长男三男，服务国家。每当其子出门，安人必诫以'忠信勤慎'，曰：'此汝父遗言也！我所谆谆者，恐汝忘也。'如安人者，可谓良妻贤母矣。"

叶嵩甫，名世恩，号嵩甫，玉露叶氏裔孙，清末民初人，知医理，尤工于针砭。学医于外祖张祖梅外科，就诊者迹不绝户，富者取药金而贫者不取分文。（《玉露叶氏宗谱》）

叶竹山，辅廷长子，光绪年间人，于上海捐立浙台会馆，并建梓宫。（《玉露叶氏宗谱》）

叶柳堂（1857~1936），名葆初，号柳堂，玉露洋人，业师。民国九年六月海溢，沿海居民死亡枕藉，柳堂纠合同志向汤县长面谈，允以白枫乡附入灾区之末，获得救济。蕻草蔓延、江河蔽塞，水道难行，柳堂团结丁、陈、胡、时、孙、潘、任等七姓，醵资雇工呈县立约，严撩禁绝，红台门坝一带水道通行无滞焉。编辑宗谱，改欧就苏。（《玉露叶氏宗谱》）

叶斋静，名康泰，号斋静，清末民初玉露人，中年馆海门。民国成立后回乡，被选为村长，后又被选白枫桥乡副乡长。民国初，临黄温三县蕻草蔓延，大港小潴均皆蔽塞，斋静与丁、陈诸姓呈请县长严撩禁绝，使红台门坝一带水道通行无滞。民国九年洪水为灾，华洋公会拨拯济银四百万元以济贫乏，本乡赖斋静出力获济居多。（《玉露叶氏宗谱》）

叶逸韶（1878~1959），原名揖乔，长浦村人，清光绪间补诸生，任教于文昌阁，课余研习岐黄，后开业行医，专事内科。（《黄岩县卫生志》）

遗址

在凉溪。有叶彦晖于南宋乾道三年丁亥（1167）于凉溪摩崖石刻，落款乾道丁亥社首叶彦晖敬立。

南无观世音菩萨
南无阿弥陀佛
南无大势至菩萨
上元乾道三年丁亥社首叶彦晖敬立

玉露叶氏《发族记》载："吾族去邑城数十里而遥为峰江东胜地。地多池水，水自太湖山发源迤东北而南过路桥至峰江山前后，分二小支皆环抱其里，中间开十余池始皆联络，今则淤塞，小者数丈，大者数十余丈，又祠前有池俗名为"七星池",池水澄清,竹木丛茂,左右掩荫,虽秋夏交,天气甚酷,暑不至暴烈,至夜间,天降甘露,常月光映照垂露如珠,世所称玉露洋者是也。"

考异

《大岙应氏宗谱》载:"大岙始祖登显公长子。讳伊训,字光谕,号卑斋,生于南宋宝庆二年(1226)丙戌二月初二日辰时,卒于南宋景炎三年(1278)戊寅九月十七日寅时。公于南宋咸淳(1265~1274)擢湖广道在京史御,廉慎端严,为大为都御史康公天锡所器重。帝嘉其忠梗,诏封三代以奖之,转江右南康大守,所至有政声,人皆服其德焉。时胡元猖獗,解印南旋,有不仕元之志。赘居大岙,开创鸿基,葺奉先庵,以祀祖先,建绮春阁以延社友,设馆以课子,著述为事,徜徉风月以终其身,大岙之有应,断以公为始迁焉。夫人叶公待制女,讳淑娘,有淑德,生卒失考,合葬在大坟山之麓。"《大岙应氏宗谱·古迹》载:"本岙庙主姓叶讳适,系宋室名贤,官衔待制,被奸臣陷害,上知其屈迫,封叶大侯王。宋宝庆二年,朱令日新建祀,后传梦伊训公,要来管外孙儿,故肖像千秋缯祀。应氏称外公祖。"

叶维军(原路桥区委副书记)认为:"叶适出生于1150年,28岁1177年娶永嘉高氏为妻,29岁中进士,1223年正月去世,享年七十四岁。应伊训出生于叶适去世后三年的1226年。"所以应伊训的妻子叶淑娘不可能是叶适之女。那么叶淑娘是谁的女儿?叶维军从叶待制入手,从《嘉定赤城志》《民国黄岩县志》《镜川叶氏宗谱》等记载:叶应辅,字子仪,嘉定十年进士第,历校书郎,右司谏,知明州,终敷文阁待制。推导出叶淑娘应该是叶应辅待制女儿,这是重要发现。

"我读到《九龙·九峰九老文集》(山东文化音像出版社,2021年12月第一版)中夏吟文章《黄岩姓氏源流叶姓》,其中一节《朱雾叶氏(镜川叶氏)》中一段话:"据叶氏《世泽记》载,应辅,字子仪,其先闽人,在唐乾符年间,有个叫振的兄弟三人,为避黄巢乱,从福建迁徙浙江,大哥迁居宁海,二哥迁居仙居,三弟徙居黄岩靖化乡朱雾。传至三弟的裔孙叶应辅,生有异质。讲话时,母卢氏口授以书即成诵不忘,稍长即从王居安游,后又师从族父水心(叶适)先生,德业益进,宋嘉定十年登进士第,历校书郎升右司谏,知明州终敷文阁待制。"

从这段话来看,可以把两者统一起来。即大岙始迁祖应伊训的妻子叶淑娘是叶应辅的女儿,叶应辅曾师从族父叶水心,则叶淑娘可认为是叶水心的族孙女。

【始迁：后周、北宋间】

阮　姓

姓氏源流

主要源出古帝王皋陶之后，以国为氏。据《姓谱》及《通志·氏族略》记载，阮氏，为商代诸侯小国，在岐山，渭水之间（山西泾川县）。著于陈留，有阮瑀、阮籍、阮咸等。

西晋时有名裕、字思旷者，官临海太守、东阳太守。后唐长兴间，阮应先由江山尉迁黄岩从事郎，爱黄岩山水，卜居九峰之麓，聚族繁盛，号阮家庄。

迁入及分布

谷岙阮氏　《谷岙阮氏宗谱·实录上》载："千十一府君，子二，今雄、今杰。""万一府君，讳今雄，字绍圣，号方崖，卜迁于容山岭下，大发族。是即为容山阮氏之始祖也。"按：今雄之父阮应先（生于892年）约40岁时（后唐长兴年间）迁入黄岩九峰，今雄迁入谷岙时间约在后周与北宋之间。

南墩阮氏　民国《黄岩县新志·氏族》载："南墩阮氏。阮应先，后唐长兴间由江山尉迁黄岩从事，遂家于黄，卜居九峰之麓号阮家庄，至十一世名起仁者入赘墩头陈氏，生五子：长思定，其子孙分居官墩、六分、四分、余家、十九分；次思逸，其子孙分居两爿墩、塘里、官墩、南岸、石柱殿；三思复，其子孙分居官路、洪辅塘下至海滨南阳一带；四思宜，其子孙分居滩头、塘下王、屏下；五思简，子孙分居茅林、三条桥、地蚕等处。"

长浦茅林阮氏　应是南墩阮氏分支。

族谱

《谷岙阮氏宗谱》有民国二十四年（1935）重修版本。

《南墩阮氏宗谱》：谱牒创修于清乾隆六年（1741），由阮钟朋主其事。乾隆五十七年（1792）阮笃庵、道光四年（1824）阮宝林、同治五年（1866）阮听六、光绪二十四年（1900）阮谱咸（琴友）等续修。民国二十八年（1939）阮德九、阮振远（振达）续修本二十五本毁于"文革"。现存谱：二修乾隆谱一卷、四修同治谱八卷、五修光绪谱二十卷（共二十五卷，缺失五卷）。

家训族训

《谷岙阮氏宗谱·实录上》载《族训》：（一）孝父母；（二）敬长上；（三）正伦理；（四）务生业；（五）修礼典；（六）习诗书；（七）勤耕作；（八）慎交游。

重要人物及地方建树

阮今雄，字绍圣，号方崖，阮应先长子，约在后周至北宋期间从黄岩九峰迁入容山（安容），为容山阮氏始迁祖。

阮起仁，为黄岩九峰阮家庄第十一世，约为元末明初入赘墩头陈氏，为墩头阮氏始居者。著有《天文纪略》《地舆详考》等。（《南墩阮氏宗谱》）

阮贞吉，号介石，墩头人，清康熙年间附贡生，建印山书院，县令张思齐〔康熙十四年至十七年（1675~1678）在任〕征修《县志》。（《黄岩历代人名录》）

清光绪《黄岩县志·忠义》载："阮贞吉，字介石，墩头人，清康熙年间附贡生，性醇厚，善承亲志，与昆弟友爱，雅志好修，建印山书院，延师集友，文人咸乐就焉。乙卯（康熙十四年，1675）冠变，民苦徭役，白于当事乡城无扰。张令思齐（康熙十四年至十七年在任，1675~1678，筑张塘）征修邑志。子明昇，附贡，授州同知。"

阮谱咸，字琴友，墩头人，光绪八年壬午科举人，江苏候补直隶州同知。（《新桥管氏宗谱》《黄岩历代人名录》）

阮怀清（1869~1928），字秉文，峰江谷岙人。幼年读儒家书，又通医学，刻意钻研；并求学于温岭名医翰履石，于是医名渐著，登门求诊者甚众。怀清对孤寡贫困者，必先拯救治疗。乡里皆重其医术，尤重其医德。精于内科，尤擅长儿科、痘科。急症漏夜敲门，怀清即提灯前往；雪夜着草鞋，置踝际出血起泡不顾。有人劝其坐轿，推辞曰："山乡贫瘠，舆往（轿去）徒耗其费，吾足虽苦，心则乐也。"为人治病，根据病情，灵活运用古方，服后多有应效。生平临症笔录，汇集成书；晚年加以校核，分门别类，编成《阮氏医案》4卷。后友人借阅，不幸失火被焚，仅原稿存于家，后由家属赠给浙江省中医研究所。（《台州市路桥区卫生志·人物》）

王伯敏（1924~2014），生父阮仙全，长浦茅林人，阮仙全务农，家境困难，伯敏一岁时，卖给温岭城里王姓人家，六岁入塾，起名伯敏。王伯敏是中国著名美术史论家、画家。历任浙江美术学院教授、杭州画院院长、杭州大学兼职教授、中国美术学院教授，美术学博士生导师，敦煌研究院兼职研究员，杭州画院名誉院长，杭州市美术家协会名誉主席。1988年主编《中国美术通史》，获得中国出版工作者协会颁发的"中国图书奖"，在庆祝国庆五十周年之际，又获文化部首届文化艺术学科优秀成果奖。1992年国务院授予他"有突出贡献的专家学者"荣誉称号。1973年走访出生地长浦茅林，写下《长浦吟》八首。

《柏闽诗选》：《悼父诗》："一生汗透千层土，半世双肩血染衣。头白翻身霜降日，可怜无奈九泉归。（自注：父阮仙全，雇农，1953年霜降病故。）"

《颂母诗》："一丈细纱五齿机，三更灯暗苦梭飞。萧萧木落催刀尺，依旧家人荷翟衣。（自注：母王三梅，现年八十六。早岁织布，昼夜不息，一家仍不得温饱。）"

第三编 北宋时期迁入

蔡姓 任姓 张姓 朱姓 陈姓 陶姓 解姓 洪姓
蒋姓 范姓 余姓

【始迁：北宋】

蔡 姓

姓氏源流

蔡姓出自姬姓，为周文王姬昌后裔。《史记·管蔡世家》载，周武王姬发封其五弟叔度于蔡，让他与管叔、霍叔一起监管殷商后裔，称为"三监"。武王死后，成王年小，姬发四弟周公旦临朝摄政，管叔、蔡叔、霍叔等嫉妒周公摄政，联合武庚反叛，周公奉命讨伐，处死管叔，放逐蔡叔。后成王改封蔡叔度的儿子胡于上蔡，称蔡仲。

迁入及分布

路桥蔡氏 出于济阳蔡一支。蔡鼎，号济川，五代十国时为吴越国节度使，路桥蔡氏奉为第一世祖。二世蔡元和，以文学谒见吴越王，吴越王许配以女，在台州从事，家焉。五世蔡子修，字伯厚，北宋时迁居路桥，为路桥蔡氏实际始祖。支分洪洋、涧洋、横河头、蔡洋、平田、平桥、塔地岸等处。明抗倭义士蔡德懋，清道光二十五年（1845）武进士、象山守备蔡捷三，咸丰间拔贡蔡宝森，同治六年（1867）举人蔡篪、九年举人蔡燕甃，皆族人。（民国《黄岩县志·氏族》）

方家埭蔡氏 北宋天禧年间（1017~1021）就存在，期间康壕张氏始祖张国灏娶方家埭蔡氏为妻。

灵山（新桥）蔡氏 南宋淳祐年间（1241~1252），蔡寅避乱至黄岩灵山乡塘岙里（塘下里）下蔡洋居住，为下林桥蔡氏第一世。派分下蔡、石道地、洋屿山西、苏楼、上蔡前岸、长浦西夏、里洋、新桥李、太湖毛坦、龙皇宫、雨伞庙、大溪沙岸、玉环下凡、北闸头、大溪西山、大溪冠城、山市等派系。（《灵山蔡氏宗谱》）

平桥蔡氏 明永乐二年（1404）蔡兴绪自黄岩西乡平田迁入东南乡平桥。

蔡兴绪，字嗣隆，为太学上舍，有声京都，父病归。年三十九，卜居平桥，为平桥始迁祖。(《平桥蔡氏宗谱》)

宗谱

《路桥蔡氏宗谱》，于宋宣和年间（1119~1125），由朝议大夫大夫蔡俌创修，为所知路桥最早宗谱之一。明正统后历经再修，年份失考。其可考者明万历十四年（1586）蔡大练，清乾隆五十五年（1790）蔡希襄、道光二十三年（1843）、同治间蔡涛，民国四年（1915）蔡昕皆重修。

平桥蔡氏于明成化己亥（1479）首次立谱成。

家训族训

《平桥蔡氏宗谱·族训》三世祖、邑庠硕生春垞所著立。

〇孝亲。孝岂易言，只是人子所当尽所能尽者，尽之抑可矣。饮食衣服，皆所必需，奚独父母。但存一父母，宜先宜厚之心，一声暴吼，父母胆寒，毋宁冻死饿死，岂尚欲求衣问食？亦思他日己亦有子，若亦如我，何以堪。

〇敬长。孩提少长无不知敬其兄，岂至成人之后反或忘之。大都为私欲锢蔽，或因货财之争，甚至同室操戈，伤残骨肉。其始总起于不敬之心。惟敬则爱，必思斯人与我同气，彼即我，我即彼，岂容异视。凡家庭相处诸事务宜敬重，好恶相同，谋为相约，疾病相扶持，即语言间亦必有体。我敬兄，兄亦敬我，即弟亦必敬我。况敬长慈幼，同出一心，岂有事长不敬而能友爱诸弟者。至于家产不拘厚薄，皆不宜分异人家。长幼交相敬爱，则必交相勉励。

〇尊祖。万物本乎天，人本乎祖，祖岂敢不尊！但欲尊祖，务宜虔修祀事。先王之礼、四时之祭毋忘。尊祖方能蕃衍。

〇读书。父兄固宜送子弟读书，子弟尤宜自用心读书。人生功名虽有命，顾自可得可不得，而有时得之者观之，似乎有命要之。此类甚少。其可得则必得，可不得则必不得者实多，则又可知命为轻、读书为重，命为虚，读书为实。

〇立品。俗语云"人品关系"，吾人处世，不患无才，最要有品。人知无才之难治生，不知无品之尤难治生。夫人苟略知礼义廉耻，何至窃人财、匿重要人物，至为盗贼之事；或偶与人交财，机变百出，得利肥己；或他人有事适经我手，即于其中设计得财，极力弥缝，便两皆不知，一至败露，面目何存？己虽不以为意，人既知之，自必轻我，纵遇仁人君子不忍面指人非，而此后亦必谨防不与同事，又旁观知者未必默默乡间，闻之俱恶之。所谓人穷非是穷，路穷才是穷。大抵后世，人品尤重，交财财帛分明，大丈夫凡己所不应得之财，不论多寡，不可设计求得。至于败露无可见人。生平作事，无大无小，总要光明正大，便是真人品。

〇习勤。衣食岂能从天而降？全凭全家勤劳所得。虽一岁所入，公私输用而外，剩余无几，而日积月累，自至身家丰裕，子孙世守，利赖无穷。一有游惰则贫乏继之。凡执艺行业俱以勤力为本，才无饥寒。

〇崇俭。俭，美德也。晏婴一狐裘，三十年豚肩不掩豆，浣衣濯冠而朝；汉公孙宏为丞相布被，——后世皆议之。然以卿相为此，是诚太过。若吾辈氓隶，正宜如此，且虑无可得此。凡家常日用，食粗粝，衣布素，固不待言，若冠婚丧祭等费，虽不得过吝，亦不必分外过奢。且果事事略节积之，自多余溢。语云"得寸则寸，得尺则尺"，则尺寸不已，遂成丈匹。倘必求如吾意，欲用即用，缺而求人，殊为难事。昔有一显官，罢官至乏食乞粮于邻寺，其僧出干饭数十斛与之。问："奚有此？"僧曰："此相公上宅沟中物，老僧痛惜常以笊篱收濯曝干，久之，遂得此数。"其人恚恨曰："吾暴殄，至此宜有今日。"遂自经。人生不知俭约，至于奢侈狠戾，未有不为造物所恶者。

〇惩匪。为匪者不一其事，或赌或嫖，或酗酒，或奸盗诈伪，或强梁亡命、无赖作横，苦乡里。族而有此，亟宜严惩，族长正请宗子诣祠，启告先灵，擒匪至阶前，痛切训诲，令自猛省。不变至再，至三不变，挞之；终不变，然后擒送有司。此惩一警百、保族安邻之道。

重要人物及地方建树

官河（主要是南官河、东官河），为钱镠统治吴越国时期开凿。蔡氏参与。路桥蔡氏二世蔡元和，谒见吴越王，吴越王许配以女，派他到台州从事，参与官河开凿事务。他的裔孙蔡子修，五代末宋初因管理官河事务移居路桥，为路桥蔡氏实际始迁祖。

福星桥原称蔡家桥，为路桥蔡氏所建（光绪《黄岩县志》）。始建于明洪武元年，清雍正十年重修，民国二十五年蔡仲玉、蔡宝珩、蔡保莲等又重修，举人任重题栏（《黄岩金石录》）。

蔡庆映，号恒庵，明代路桥邮亭人，德性宽厚，家素饶，邻戚以缓急告，立应之。贫而负者，焚其券。邑令虚大宾席以待，奉例赐帛给冠带。娶王古

直从女，营生圹于三坑圣水寺旁，自谓乐邱。陈金都世良为之记。卒年九十六。(光绪)《黄岩县志》、(民国)《黄岩县新志稿》

蔡德懋。明嘉靖三十一年（1552）四月，倭寇自海门登陆侵犯路桥。蔡德懋聚集乡民组成义军，奋勇抵抗，擒斩倭首领8人，保卫了家乡免受侵扰。

民国杨晨《路桥志略》："蔡德懋，字贵立，邮亭人，富而好义，明嘉靖辛丑大水，民饥，乙巳又饥，出粟赈恤，赖以存活者无算，有司表其门。壬子夏，倭寇入海门，德懋聚兵斩获贼首，郡守重其义，立碑台州城隍庙，里人建祠福星亭南，王侍郎宗沐颜曰'慨安'。"（《谱》云，获首八人，送县，反加以罪而纵之，贼焚杀其家。按《谱》言如此，《志》言如彼，两不相伴，想当日获首反罪事亦非虚，追事后追思，乃为立碑，生今之世而欲求古人之事于数百载上，未知合否。——兆章附注）。

蔡宗儒（1518~1548），字席珍，号聘夫，明代路桥邮亭人，有《师友渊源录》。(明王铃《蔡席珍墓志铭》、清光绪《黄岩县志》)

蔡道规，庆映五世孙，父没，与兄道赠结庐墓侧，席藁三年，受业师为寇所得，匍匐奔救，冒白刃负归。

民国杨晨《路桥志略》："蔡道规，字邦绳，号禹宪，邮亭人，庆映五世孙，性耿直尚气节，见人谈忠孝事，即激昂感奋，家贫嗜学，父没，与兄道赠结庐墓侧，席藁三年，受业师为寇所得，匍匐奔救，冒白刃负归。甲申后晦迹逍岙，自颜其斋曰'尚志'，有《指石吟》九章，情词哀婉，识者悲其志云。著有《尚志斋日钞》，取古人言行，分孝悌、忠信、礼义、廉耻四编，附外集，共六卷。子克勤笃行敦伦，郡邑旌表。"

蔡克谨，字君实，路桥邮亭人，蔡庆映裔孙，富甲一郡，家产遍临、天、黄、太，以孝友称于乡。顺治三年丙戌（1646）岁大祲，为饘粥以活饥者。尝捐赀葺东岳庙、广福寺，知县赵晒［顺治九年至十年（1652~1653）在任］优奖之，侍郎冯甦志其墓。(《光绪黄岩县志》)

民国杨晨《路桥志略》："蔡克谨，字君实，路桥邮亭人，蔡庆映裔孙，富甲一郡，家产遍临、天、黄、太，以孝友称于乡。顺治三年丙戌（1646）岁大祲，为饘粥以活饥者。尝捐赀葺东岳庙、广福寺，知县赵晒优奖之，侍郎冯甦志其墓。"

蔡元升，字旭庵，以子兆龙、梦龙贡，授州同，尝刻《方正学集》，冯侍郎《台考》以矜式乡里。(《路桥志略》)

蔡元镕，字季迪，号陶山，路桥邮亭人。康熙南巡，献赋获缎。寻以选贡生入太学。有诗载《绘雪斋集》。(《民国黄岩县志》)

民国杨晨《路桥志略》:"蔡元镕,字季迪,号陶山,邮亭人。意度清旷,工诗及画。康熙南巡,尝献赋,获赐缎。又以岁贡生入太学,留京师数年,终以山野姿性,不习趋走,无所遇而卒。有诗载《绘雪斋集》。"

蔡允琦、蔡允璜,路桥邮亭人,蔡克谨子。清康熙十三年（1674）八月,"三藩"耿精忠都督曾养性领10万大军进入浙江,黄岩县参将武灏开城纳降,一年后退出黄岩。蔡允琦、允璜兄弟于方山下出资购地,建普同塔,收葬死于耿精忠之变者,知府旌表。

蔡启宗,字正宣,号佑咸,路桥邮亭人,例贡生。性孝友,亲没哀毁骨立,与弟显宗、耀宗相友爱,显宗先卒,子四人皆幼,启宗抚之成名；族人以耀宗无子,议以启宗次子为后,启宗叹曰:"我二子四侄析产为三,则侄等益薄矣。"以墓侧田四亩与次子承弟祀,余与侄均。自奉俭约,恤灾赈困,慷慨乐施。知府张坦熊旌其好义。子睟焰毓坤皆诸生。（《光绪黄岩县志》）

蔡显宗,字正瞻,号次谟,邑诸生,性淳厚笃实,居家孝友,事父晨昏定省饮食,寒燠不离左右,有疾躬汤药废眠食。母病笃,祈以身代,及殁,朝夕悲号,不饮酒食肉三年。既葬,筑室墓旁,期而后归,事继母如母,事兄如父,未尝一日废书,遇义举,倾囊无吝,李汪度旌以"孝友端方,亦尚义不吝"云。子连芳诸生。（《光绪黄岩县志》）

蔡涛（1782～1837）,原名人麟,字少海,路桥街人。少年熟读内典通史,为台州秀才之冠,受浙江学使阮元、刘凤诰赏识。清嘉庆十八年（1813）,因伯兄犯事,为其诉讼,革去功名。次年五月,被诬入狱,释后家道败落。道光十四年（1834）,又为诸生抱不平,被豪绅诬陷入狱,流放陕西,年已过50岁。至陕西,草骈文数千言,详述冤情。巡抚见文辞出众,允其教书授徒为业。蓝田知县得知,延请为幕僚。3年后病逝。著有《天香楼诗存》《燃藜阁诗钞》《山海经汇编》《戍秦纪程集》。

蔡捷三（？～1858）,字启圣,路桥后蔡人。清道光二十五年（1845）武进士,以（浙江提标右营）卫守备用,改授象山协千总,转抚标守备,以蓝翎升用游击。咸丰三年（1853）,粤军扰江南,调赴镇江大营,累立战功,八年（1858）粤军入衢州,调防江山,三月朔遇于五里亭,与部下崔思林、马镇海等皆力战而死。恤赠云骑尉,世袭恩骑尉。

蔡篪,字仲吹,一字竹孙,邮亭墙前人。工诗、古文,主讲东湖、广文、樊川各书院,从者多知名士。清咸丰十一年（1861）拔贡,是年秋,蔡篪与杨友声、王咏霓、王翰屏、蔡燕綦、徐梦丹等结为"月河吟社",月凡一集,拈题斗韵,刻有《月河吟草》。同治六年(1867)举人,授教谕,未仕卒,年三十八。著有《写经堂文》一卷,骈文二卷,诗四卷,词一卷,善篆刻草隶,参与分纂《黄岩县志》(咸丰至光绪部分)。

蔡尧,石曲人,咸丰年间营建"是亦园",颇具规模,有《是亦园倡和集》存世。

蔡燕蓁,蔡尧子,举人。

蔡祯,字硕夫,路桥邮亭前蔡人,洪杨乱后,重建文昌阁、关帝庙。(《黄岩历代人名录》)

洪洋敦本义塾,由蔡鲁封、蔡凤岐等于同治初期捐田设置。

创设"石曲宾兴"。同治十一年蔡鲁封、季馨一等捐设。有田八十余亩,以为本地士子乡会试路费。

创办新安乙种蚕业学校。民国十二年(1923)八月蔡蔚创办,设邮亭蔡氏宗祠。

蔡母陈孺人,路桥街人。光绪六年(1880)醵金于岳庙前购老屋壹间半,积薪煮苦茗,设甄当路,免费供行人解渴。十九年先出己资,复醵于人,将老屋改建三层楼,凡三楹下以储茶,上以奉佛斋、寝庖湢诸所,时人称"广惠茶堂",县令唐济给谕示众。(《石曲方氏宗谱》)

蔡恺,月河诗钟社社员。

蔡骧,字杰生,清末贡生,有《通俗词林》《土物小识》等。(民国《黄岩县新志》)

蔡自然(1869~1952),名理向,字行,路桥人,擅长针灸、外科、眼科。(《黄岩县卫生志》)

蔡仲初(1882~1951),曾用名蔡德彪,蔡捷三孙,路桥后洋殿人,参加辛亥革命,浙江讲武堂毕业。(《黄岩历代人名录》)

蔡国光,字再熙,光复时官湖北陆军营长。(《黄岩历代人名录》)

蔡次臣,民国二年(1913)创立峰江乡第二保国民学校。(《黄岩历代人名录》)

蔡保勋,民国四年(1915)续修《路桥蔡氏宗谱》。(《黄岩历代人名录》)

蔡蔚,路桥人,民国十二年创办新安蚕业学校。(《黄岩历代人名录》)

蔡兼谷,民国二十年(1931)任邮亭镇镇长。(《黄岩历代人名录》)

蔡乐卿,民国二十年任联洋乡乡长,创立新桥第二、三、四保联立国民学校。(《黄岩历代人名录》)

蔡振河，民国二十五年（1936）任路桥镇镇长，县参议员，蔡醇和酱坊主。（《黄岩历代人名录》）

蔡梅如，路桥人，民国二十六年（1937）与丈夫沈永生在石曲新路街开设夫妇医院，新中国成立后公私合营，后被安排在新桥公社诊所为医师，深得新桥人民信任和爱戴。

《台州市路桥区卫生志·大事记》："民国二十一年（1932）11月，余杭人沈永生携妻蔡梅如（路桥人）在石曲新路街开设'夫妇医院'。"（注：根据沈的家属考证，应为民国二十六年。）

蔡臻，抗战时期任路桥镇镇长。（《黄岩历代人名录》）

蔡季平，抗战时期任石曲镇镇长。民国三十六年（1947）任石曲镇食盐公卖店经理。（《黄岩历代人名录》）

蔡福昌糕饼店老板蔡永河妻子，是一位心地善良、乐于助人的好心人。当年穷百姓家中有上顿没下顿，贫穷人家哺乳小孩常因缺乳而夜啼。老板娘知道后，就把自家做糕饼剩下的粉料加上茯苓、米仁等磨成"米糊粉"，送给缺乳婴孩家，帮助她们解决困难。左右邻居对她评价很好。（《路桥十里长街》）

蔡嘉禄，民国二十九年（1940）创立殿马乡第五、六保联立国民学校。（《黄岩历代人名录》）

蔡镕，民国三十年任保全乡合作社监事主席，民国三十一年（1942）任保全积谷仓管委会委员，县参议员。（《黄岩历代人名录》）

蔡侠，原名振中，字仲侠，石曲人，浙江公立法政专门学校、上海法学院毕业，民国三十一年分立西山乡第一保国民学校。（《路桥志略》《黄岩历代人名录》）

蔡敏章，民国三十二年（1943）创立路桥第十八、四十七、四十八国民学校，任校长。（《黄岩历代人名录》）

蔡芬，民国三十六年任路桥第十八、十九国民学校校长。（《黄岩历代人名录》）

蔡振甫，民国三十六年任金清镇公兴仁记鱼行行主。（《黄岩历代人名录》）

蔡良池，民国三十六年任金清镇大同裕记鱼行行主。（《黄岩历代人名录》）

蔡绍中，白枫桥邮政代办所负责人。（《黄岩历代人名录》）

蔡和梅，白枫桥电报所负责人。（《黄岩历代人名录》）

【始迁：北宋】

任 姓

姓氏源流

任姓是黄帝赐封的 12 个基本姓氏（姬、酉、祁、己、滕、箴、任、荀、僖、姞、儇、依）之一。

黄帝有二十五子，其中少子禺阳封为任，即任姓来历。

迁入

璜山—稠开任氏 任誉（字闻道），于北宋太宗淳化年间（990~994）从湖州雪川迁居黄岩璜山（包括稠开）（《璜山任氏宗谱》）。清武进士任秉钺、清举人任重、现代书法家任政即其后人。

分布

路桥任氏 十四世从秩（名友保）从璜山迁居。

双庙任氏 十四世从美从璜山迁居螺洋双庙。子四等俱迁。

小稠任氏 明永乐年间十五世宗炯从璜山迁居，子九人。

杜岙任氏 十六世嗣琰从小稠六房迁居。

蔡於任氏 二十世千里从金清迁居。

红台门任氏 二十世立轩迁居。

丁岙任氏 二十三世良荣从双庙迁居路桥丁岙（上洋余）。

上山童任氏 二十三世良珍、良富从璜山迁居。

坐应任氏 二十三世良保从小稠七房迁居。

东明任氏 二十三世良范从小稠七房迁居凉溪东明。

南山村上任氏 二十四世学美从双庙迁居南山上村。

埠头堂任氏 二十五世师茂迁居。

岭下周任氏　二十五世师锡迁居。
南山任氏　二十六世孔梅迁居。
樟岙任氏　二十七世孟增从双庙迁居。
南山下村任氏　二十七世孟增从双庙迁居。
南山江家任氏　二十七世孟荣、孟寿从双庙迁居。
上洋余（丁岙）任氏　二十七世孟富从小稠迁居。

安溶任氏从路桥蔡於迁入，东明任氏从小稠迁入，又有任氏从双庙迁入丁岙，坐应任氏从小稠迁入。

祠堂

璜山任氏大祠堂位于黄岩南城璜山头村。始建于元代，经历数次维修，最后一次是清道光五年（1825）重建。1998年璜山大祠堂首事用一万四千元买回重建；2004年上梁重建完成，原为五间，现为三间古建。

宗谱

《璜山任氏宗谱》一修为南宋理宗宝祐三年乙卯（1255），任同孙撰《一修璜山任氏宗谱序》。明代有礼部尚书兼翰林学士黄绾序，民国十三年（1924）江苏候补巡政厅任尚岐序等。重修已经有七次。

家训庭训

任氏祖训十戒：一戒赌博，二戒淫欲，三戒争讼，四戒贿赂，五戒奢侈，六戒贪懒，七戒口角，八戒殴斗，九戒骄傲，十戒刻薄。

《璜山任氏宗谱·家训》：

○敬祖先，人有祖先，犹之木有本水有源，墓为祖宗形骸所藏，庙为祖宗灵魂所凭，传热遵大典，依古制。

○孝父母，孝为百行之先、万善之源。

○和兄弟，盖兄弟同禀父母之气以生，如羽翼、如手足，世间最难得者也。兄当友弟，弟当敬兄，甘苦与共，患难相顾。

○睦宗族，尧亲九族，周笃宗盟，族谊之重自古维昭。凡我同宗支派，同逢喜相庆，逢忧相恤，方不失一本九族之谊。孟子曰：人人亲其长而天下平。

○尊师友，士人所恃以进德修业得于师者半，得于友者亦半，受业解惑赖乎师，劝善规过资乎友，是二者不可不知所尊也。

○和乡党，群居杂处虽多同族，不无异姓，究之谊属同乡，彼此朝夕相见，即当出入相友，守望相肋，疾病相扶持自成仁里。俗云"百万买屋，千万买邻"，非虚语也。

○重农事，谋生莫重于耕，最苦莫过于农，古者百亩之田，时令不违。唐太宗教太子曰："汝知稼穑之艰难，则常有斯饭矣！"

○遵德行，诸恶莫作，众善奉行。书曰："作善降之百祥，作不善降之百殃。"吾愿同族多佳子弟，曷谨之于始乎。

○重节义，节义所在，即在天地正气所在，临大节不可夺，仗大义不可屈。守身不失为节制，行相宜为义。所谓时穷节义乃见。

○存廉耻，人异禽兽，惟廉与耻。寡廉鲜耻之辈，所谓俭可养廉，不耻不若人，何若人有未之知耶。

○昭忠信，忠者尽己之谓，信者以实之谓也。忠则寸衷无一念，或欺主则践无一息或伪，盖忠为信本，信即忠所发也。有是忠而后有是信。《论语》云：主忠信，圣人教世。吾人：谁不当本此教蒙乎。

○兴礼让，礼所以范围人心也，上下有秩然，人难犯之。孟子言：礼之实，节文斯。礼云：君子恭敬，撙节退让以明礼，无他道也。

○尚勤俭，传曰：民生在勤；又曰：戒奢以俭；合而观之，所以谓勤能补拙，俭可养廉也。

○恤贫穷。大丈夫不受人怜，既或贫穷，箪食豆羹设尔而与行道弗受，嘑而与，乞人不屑，奚用恤为。究之振困鳌乏，后世播为美谈，救灾恤邻，无非君子周急之意也。教子弟者惜此言以发其汎爱之心，不亦善乎。

重要人物及地方建树

任誉，字闻道，北宋太宗淳化年间（990~994）从湖州雪川迁居黄岩璜山（稠开），为璜山任氏始迁祖。（《璜山任氏宗谱》）

任允躬，字叔因，黄山头（稠开）人，举明经，授牧马监驭良。（《（万历）黄岩县志》）

任同孙，字君旸，任玸曾孙，以明经登童科，免（发）解进士，为庆元路迪功即司户参军。（万历）《黄岩县志》宋理宗宝祐三年乙卯（1255）撰《一修璜山任氏宗谱序》。

任荣，明代人，捐田置稠开义塾。（《黄岩历代人名录》）

任绍恂，捐田置稠开义塾。（《黄岩历代人名录》）

任思宽，小稠石笋头人，乾隆三十三年（1768）间捐置长生会。（《黄岩历代人名录》）

任思略，小稠石笋头人，乾隆三十三年间捐置长生会（《黄岩历代人名录》）

任秉心，同治四年（1865）重修任学师祠。（《黄岩历代人名录》）

任廑熊，同治四年重修任学师祠。（《黄岩历代人名录》）

任秉钺，河西后於人，同治十年（1871）武进士，蓝翎侍卫。（《黄岩历代人名录》）

民国喻长霖《台州府志》："同治六年丁卯科并补壬戌恩科、甲子正科：黄岩任秉钺，辛未进士。"

民国杨晨《路桥志略》卷四："武进士：任秉钺，号子麐，河西后於人，同治十年辛未，蓝翎侍卫。"

任重（1876~1951），号心尹，路桥蔡於人。清光绪二十九年（1903）癸卯科举人，继入北京大学师范科毕业。奖给内阁中书，任广东临高知县、山西岢岚知事、浙江永康县长。挂官归里后，购得二十四史一部，与同好者陈謇、张高恩、徐兆章、应祖耀、蔡恺、蔡燕蓁、徐梦丹、杨绍翰等组织"月河诗钟社"，被推举为祭酒（社长）。"月河诗钟社"是继"月河吟社"之后，在本地最具影响力的诗人团体，由任重任祭酒（社长），会员有陈謇、张高恩、徐兆章、应祖耀、蔡恺、蔡燕蓁、徐梦丹、杨绍翰等，都是本地社会精英。任重精于柳体，现存邮亭"福星桥"三字，黄岩九峰桃花潭亭柱上刻有"胜境九峰两文笔，仙源千古一桃花"联。

任行素，字舜臣，后於人，清附生，北京高等实业学堂，奖给举人出身，民国元年县议员。（《黄岩历代人名录》）

任迺彬，民国二年（1913）改稠开义塾为学堂。（《黄岩历代人名录》）

任尚岐（1861~1938），字绩懋，号植生，清附贡生，曾任江苏候补巡政厅，民国十三年（1924）甲子十月为《璜山任氏宗谱》作《重修璜山任氏谱序》。

任彬，民国十七年（1928）任土地清丈案东南乡士绅代表。（《黄岩历代人名录》）

任一诚，民国二十二年（1933）创立竞存乡第十保国民学校，抗战期间任竞存乡乡长，县参议员。（《黄岩历代人名录》）

任裕甫，民国二十二年创立竞存乡第十保国民学校。（《黄岩历代人名录》）

任渭夫，民国三十一年（1942）任竞存乡积谷仓管委会委员。(《黄岩历代人名录》)

任喜福，后於人，少尉排长，抗日烈士。(《黄岩历代人名录》)

任海增，民国三十六年（1947）任竞存乡第八保国民学校校长。(《黄岩历代人名录》)

任玉宇，任重子，南京金陵大学政治经济科毕业。(《路桥志略》)

任政（1916~1999），字伊喜，号兰斋，蔡於西洋楼任家人，当代著名书法家。少时受叔祖任重启蒙书法教育，1937年靠一手好书法考入上海邮局工作。后定居上海50多年，是上海文史研究馆馆员，中国书协上海分会主席团成员、顾问，复旦大学国际文化交流学院艺术顾问、上海外国语学院艺术顾问。擅各体，为曾为邓小平题名的"淮海战役纪念碑"书写碑字；他的作品多次作为外交礼品，日本首相田中、佐藤、太平、中曾根等都得到过他的手迹。有《楷书基础知识》《书法教学》《隶书概论》《少年书法》《祖国书法艺术》《谈王羲之书法》《兰斋唐诗宋词行书帖》等20多种。(《璜山任氏宗谱》《黄岩历代人名录》)

任思宽、任思略，小稠石笋头人，乾隆三十三年间（1768）捐置长生会。(《黄岩历代人名录》)

任荣，清代人，捐田置稠开义塾。(《黄岩历代人名录》)

【始迁：北宋】

张 姓

姓氏源流

黄帝第五子青阳，生子挥，承祖业，官弓正，赐姓曰张于青阳（河北清河）。路桥各张姓奉唐张九龄为鼻祖。

张姓没有皇帝，也没有大的门阀，但张姓盛产宰相。仅唐朝289年间就产生了十余位张姓宰相，其他朝代也有不少张姓宰相。每一个宰相背后都是一个大家族，繁衍开来，人口众多也是必然的。

迁入及分布

康壕张氏 张国灏，字古泉，为吏部侍郎张文玉次子，于北宋真宗天禧年间（1017~1021）赴京应试，途中以拜奠先祖张璘夫妻墓（张璘，号守忠，封端国公），停留就读于委羽书院和丹崖书院，娶方家垷蔡氏，卜居泉井，移居郭屿岙（下郭岙），发展到康壕张，即为康壕张张氏始祖。（《康壕张氏宗谱》）

青阳张氏 奉唐张九龄为鼻祖。南宋绍兴初，张直（字九成，号兰窗）游黄岩，拜先祖张璘墓，道经灵山乡清洋，见有大蛇盘踞其地，喜，便从永嘉楠溪迁居黄岩清洋，改清洋为青阳［张姓源出自黄帝之子少昊青阳氏之孙挥，挥任弓矢之长，赐姓张于青阳（河北清河）］，为黄岩青阳（今属路桥区）张氏始祖。其后子孙繁衍，派分十族世，分居七份（为青阳张始祖居地）、八份（包括沧前）、十份（包括亭屿）、白峰桥、浦口（浮排、白露洋）、安容（包括路西塘）、麻车桥（包括新屋张、新郎桥）、逍岙、石曲等地，有"十里青阳张"之称，遂成巨族。青阳张氏有进士三人（元进士仁荣、元志，明永乐进士张邰），文武举人各一。（《青阳张氏宗谱》）

青阳张氏分十房：九世育材居白枫桥，九世育槃居麻东，九世育兴居七份，九世育进分居浮排，十世寿南由七份迁八份，十世寿暄由七份分居亭屿，十世寿象由麻车分居沈郎桥，十一世从礼由浦口迁居十份，十二世咏便由八份迁居庄前，十二世旋盘由沈郎桥创建新屋张。(《青阳张氏宗谱》)

琅岙张氏 张怀盛，南宋开禧年间（1205~1207）进士，以惠安司庚不俟命而发粟赈饥，为大吏所劾，失职隐居，从山阴迁居琅岙（其地在今横街镇九龙村至金清镇沙头一带）。

前洋方张氏 明季倭寇之乱，有张世榜者，避居前洋方，为前洋方张氏。

祠堂、宗谱

青阳张氏祠堂在白峰闸西，建于明代，原有前、中、后三进。至清末仅存后进七间，光绪二十一年（1895），在子珍倡议下，在子琛、枫桥、苑春、高恩等参与下，于宣统元年落成。

《青阳张氏宗谱》，明永乐二十一年癸卯（1423）续修，由九世孙张邰主修；明重修有：宣德元年丙午（1426），天顺六年壬午（1462），正德四年己巳（1509），万历二十年壬辰（1592）。清代重修有：乾隆十二年丁卯（1747），嘉庆十二年丁卯（1807），道光三十年庚戌（1850），光绪十三年丁亥（1887）。民国二十六年丁丑重修。1995年重修。

《琅岙张氏宗谱》创始于第五世张拙隐，二修于清光绪戊子（1888），葛咏裳为之序。再修于清末，赵佩茌为序。

家训庭训

大儒张载"六有""十戒"。

六有：言有教，动有法，昼有为，宵有得，息有养，瞬有存。

十戒：戒爱淫朋队伍，戒好鲜衣美食，戒驰马试剑斗鸡走狗，戒滥饮狂歌，戒早眠晏起，戒倚父兄势轻动打骂，戒喜行尖戳事，戒近昵婢子，戒气质高傲不循足让，戒多诳言习市语。

重要人物及地方建树

张育才，青阳张氏九世，于明嘉靖间迁居白峰，创闸坦，建桥梁、道路，又建大宗祠，草创街市，初称张家街，民国后改称白峰桥街。(《青阳张氏宗谱》)

张理进，嘉庆十四年（1809）捐银置田五亩多，以其收租积储用于张氏宾兴之助。

《青阳张氏宗谱》录张梦禹撰《张氏宾兴田记》:"十九世理进公仗义疏财,乐善不倦,岁戊辰(嘉庆十三年1808)冬,来拜祠下,……语次及之,慨然以斯举为己任。明年春独捐银若干,共置田五亩几分有零,收租积储,择殷实绅矜管其出入,专为我族宾兴之助。"

张廷国,字纯忠,白峰人,道光二年(1822)武举人。

《路桥志略》:"张廷国,字纯忠,白峰人,道光二年壬子(1822)科武举人。"

张梦禹,字桂芳,号舜卿,白枫桥人,道光十七年丁酉(1837)科举人,有《逍遥集》。(《黄岩历代人名录》)

《路桥志略》:"张梦禹,号舜卿,白枫桥人,道光十七年丁酉(1837)科举人。"

《青阳张氏宗谱》录张梦禹撰《张氏宾兴田记》下署:"道光丁酉科举国子监正甲辰钦挑一等改就教谕裔孙梦禹拜撰。"

《玉露叶氏宗谱·叶上舍柳堂八十寿序》:"继以张舜卿先生以名孝廉出授教职,沼铎之化及于远方。"

张屏,号翰谷,南栅人,光绪二十八年(1902)举人。

《路桥志略》:"张屏,号翰谷,南栅人,光绪二十八年壬寅(1902)辛丑恩正并科举人。"

张善元(1887~1965),路桥人,民国十三年(1924)创立石曲济急堂,民国二十一年(1932)创立路桥育婴堂,民国三十六年任育婴所路桥分所主任。(《路桥志略》《民国黄岩县志》)

张倬云,名宪别、汉文,白枫桥人。在国民党中央军委会党政处受训,毕业后任国民党中央党部录事宪兵特别党部干事、宪兵教导团政训指导员等职,历十余年。全面抗战时期,任东南战区军政部政训指导员,沪杭苏锡相继失陷,奉命退回南京,改任南京卫戍司令部机要组织科上校科长,参赞戎机,驻守南京。1937年12月13日,日军进入南京,张倬云没有立即离开,多方帮助难友撤离,直至日军占领三天后才奉令离开。这三天,张倬云看到:南京城里与长江遍尸满目,惟状之惨,中国自有史以来所未见也(八十七军军长刘邦锐《倬云张先生行谊序》语)。张倬云在敌机机枪扫射之下,挟木浮水以渡长江,得以脱险。1938年因病请假回里。倬云的两个儿子张铭、张铨均参加抗战。

《青阳张氏宗谱》载《张君倬云仁兄家传及记事》:"张君倬云,名宪别、汉文，累居浙江黄岩白峰桥……（1937）旬日间卢沟桥事起，波及沪杭，遂至战争弥漫全国，群以军政部特务政训之任，出入东南战场，安置前方抗敌负伤将士。沪杭失守，苏锡相继，大军退驻金陵，君升任南京卫戍司令部机要组织科主任，顾问军事。君性方严，遇事无所假借。后值各军苦力不支，终于奉命退出，迨寇陷三天，君始离城，险不可当，长江涉水，天命是系。至戊寅（1938）元旦，始接铭、铨二侄来书，知君经霜犯雪，为国劳悴，同寅难友受君之福，未遭杀身者数百弟，喜从胸出，二侄亦由中宪专校中央军校先后受训毕业，志铭奉中令直趋潼关第二战区，任十四集团军营职，挥军作战，经临汾、曼乡、风陵渡各役，苦支数月，劳绩卓著；志铨仍驻武汉。"又《倬云张先生行谊序》："倬云仁兄，……转入中央军委会党政处受训，毕业后任中国国民党中央党部录事宪兵特别党部干事、宪兵教导团政训指导员等职，历十余年。……教子义方，能使二位贤侄伟中、惠中均十四龄而考入宪兵之学。……今者，二位贤侄复经一再毕业于中央宪警专校、中央军官学校。际二期抗战，国家存亡，命脉所依，即奉中军会令，派赴西陲，任第二战区十四集团军总部营职，挥军练兵潼关，至渭南雷家堡等处。此次国难严重时期，就职军政部任政训指导员之责，身列东南战区，沪杭苏锡相继失陷，奉退回京，改委南京卫戍司令部机要组织科上校科长，参赞戎机，驻守南京，为国勤劳，艰辛至巨。迨首都遭日寇占据后数日，不忍放弃，延及奉令，忍痛退出。时京城与长江遍尸满目，惟状之惨，中国自有史以来所未见也。兄占天命之佑，经敌机机枪扫射之下，挟木浮水以渡长江，实为万幸。力携难友，舍己救人，情出意外，口吻之留证诸同侪。"

张服先，路桥商会会员。1931年3月，路桥商会由张服先召集殷实富户，商定由王雅亭、吴春肪等20人筹备路炘电厂股份有限公司，筹集到股金国币1万元，购置40马力柴油机配以30千瓦发电机组一套，采用低压直配供电，架设沿十里长街商铺的输电线路2千米，厂址选定陶家原丰和栈房。（《台州市路桥区志·电力》）

《路桥志略》："路炘电灯公司　设陶家前集义社，民国二十年八月开办，由商会集股设立。灯数颇多，本可盈余，以经理不善，开支过大，亏蚀甚巨，若非急加整顿，不能持久。"

【始迁：北宋】

朱 姓

姓氏源流

朱姓起源主要有五大支系：朱襄氏之裔、曹姓、狸姓、子姓和外族的改姓。朱襄氏族是以蜘蛛为图腾，亦有认为是以赤心木（一种树心为红色的树）为图腾，活动于河南淮阳一带的部落，有5000多年的历史。

第二支出自曹姓。黄帝之裔高阳氏颛顼之后，祝融氏吴回之子陆终的第五子安，曹姓。曹部落中有一支朱氏族，居住在曹阳之西南的朱阳。

第三支系出自狸姓。帝尧之子丹朱之后，以名为氏。

第四支源自子姓。周成王封商纣王之庶兄微子启于宋，以奉商祀。

大理寺少卿朱琳唐明宗时以直谏见忤，偕孙应期自永嘉廊下隐居临海庙街。

迁入及分布

长浦朱氏 宋仁宗时（1023~1063）朱琳裔孙朱延灿（介良）从临海庙巷转迁长浦，后裔分居下里朱、当港桥、朱家浦、方家峴、白分、竿蓬、半洋朱、八分朱、泾口朱、高园、路桥、田济、白露洋、安容、龙潭坑、溪岸、张瓦屋、下洋山、稠溪、王大洋、大应山、宁溪前洋、大塘、上蒋峉、妙儿桥、杨郭朱、石板殿、塘角头、下大陈、塘头、溪头叶、六角坦等处。有名可考者有：苍四转迁东浦，启东分迁乌纱、浦口，仁盈迁涂下、家子，云直迁池头，一昌迁泮洋，稠溪、石笋、下洋山，显星迁路桥。另有第十三世道湊迁上宅平桥，为大房派。（《长浦朱氏宗谱》）

方家峴朱氏为长浦朱氏分支（《长浦朱氏宗谱》）。中漳林氏第五世允恭，字敬所，在南宋绍兴三十年庚辰（1160）迁回黄岩委羽，续赘长浦朱氏，乃卜宅中漳，为中漳始迁祖（《箕山林氏宗谱》）。

罗洋朱氏 朱熹曾孙朱纬，宋末任台州守，安家在黄岩山亭街，朱纬十三世孙朱时圣迁居螺洋，为螺洋始祖。

民国《黄岩县新志》："朱熹曾孙纬官台州守，元兵渡江时弃官避黄岩山亭，子二，伯辅、伯弼。伯辅后分8房，其第七房时圣迁螺洋。"

《长浦朱氏宗谱》："朱氏系出宗文公，居婺源，贾似道当国，曾孙纬，官台州守。传至贵巍，由天台迁松浦。元兵渡江时，纬弃官避黄岩山亭。子二：伯辅、伯弼，仍居松浦。伯辅后分八房，其第七房一派迁邑境罗洋，名时圣。时圣，纬十三世孙。"

《黄岩文史资料》："朱熹四世孙朱纬在宋末任台州知政，元灭宋后安家在黄岩山亭街，朱纬十三世孙朱时圣迁居螺洋，为螺洋始祖，今螺洋有朱熹后代'允、克、正'三辈分。"

朱姓居地还有同屿、后蔡、峰江（保全、后岸、泾口），新桥（田际、新桥李），泉井，启明（上塘、蒋家），下梁（戴家），金清（五塘、黄家），浪矶山等地。

祠堂、宗谱、族训

《长浦朱氏宗谱》，始修无考，或为明洪武八年（1375）。嘉靖二十七年（1548）、万历四年（1576）、万历三十八年（1610），清乾隆二十七年（1762）、光绪二十四年（1898），民国三十一年（1942）、民国三十六年（1947）均有续修，现存谱九卷，即三十一年朱文劭续修。

《罗洋—安营朱氏宗谱》，明万历元年有高邮李司训始修谱，清康熙三十五年（1696）、乾隆三十九年（1774）、道光十五年（1835）、光绪八年（1882）、民国三十四年（1945）重修，皆松浦人为之。

《朱熹家训》经典名句：

所贵者。君之所贵者，仁也；臣之所贵者，忠也；父之所贵者，慈也；子之所贵者，孝也；兄之所贵者，友也；弟之所贵者，恭也；夫之所贵者，和也；妇之所贵者，柔也。

事师长贵乎礼也，交朋友贵乎信也；见老者，敬之；见幼者，爱之；有德者，年虽不及我，我必尊之；不肖者，年虽高于我，必远之。

慎铁谈人之短，切莫矜己之长。

仇者以义解之，怨者以直报之，随所遇而安之。人有小过，含容而忍之；人有大过，以理而谕之。

勿以善小而不为，勿以恶小而为之。人有恶，则掩之；人有善，则扬之。处世无私仇，治家无私法。勿损人而利己，勿妒贤而嫉能。勿称忿而报横逆，勿非礼而害物命。见不义之财勿取，遇合理之事则从。

诗书不可不读，礼义不可不知。子孙不可不教，童仆不可不恤。斯文不可不敬，患难不可不扶。

守我之分者，礼也；听我之命者，天也。

重要人物及地方建树

朱延灿，字虞季，号介良，宋仁宗时（1023～1063）从临海庙巷转迁长浦选贡元，仕至江南苏州府通判。（《长浦朱氏宗谱》）

朱协远，长浦朱氏五世，字叔永，号玉霞，明洪武十八年乙丑（1385）进士，授江西吉安府太守，后升节度使。（《长浦朱氏宗谱》）

朱时圣，约为明代迁居螺洋，为螺洋朱氏始迁祖。（《黄岩文史资料》）

朱俸，长浦人，以孝友闻名。

万历《黄岩县志》："（皇明）朱俸，长浦人，性惇朴孝友，少业儒，不就，躬耕以养二亲，父殃，庐于墓三年，朝夕悲号，构疾而卒。"

朱湘亭，长浦人，光绪二十三年（1897）前太学生。承先业，以烛芯为生理，家产不及中人，遂典质田产以充贸易，其父每忧亏损，而湘亭胸有胜算，历贩绍兴、金华、处州各郡，一岁之中，半在客邸，如是数年，获利三倍，于是其父乃易忧为喜。黄邑之贩卖烛芯者不下数十百家，惟湘亭最为成功。十余年来田连阡陌，粟溢仓箱。（《长浦朱氏宗谱》）

朱文劭（1880～1955），字劼人，路桥长浦朱氏裔孙，黄岩城关司厅巷人，后迁双桂巷；民国三十四年（1945）总修《长浦朱氏宗谱》。清光绪二十八年（1902）举人，光绪三十年甲辰（1904）进士，翰林院庶吉士，留学日本法政大学。回国后授刑部主事，继调广西省提法司。辛亥革命后，任浙江省民政司长、国会议员、绍兴知事等。民国三十四年后任黄岩县参议会议长，之后总纂《民国黄岩县新志》。1949年为黄岩县和平解放作出突出贡献。（《黄岩文史资料》《长浦朱氏宗谱》）

【始迁：北宋】

陈　姓

姓氏源流

陈姓为古帝舜后裔。周武王灭商后，找到舜的后裔胡公满，把大女儿嫁给他，并将其封在陈（今河南淮阳），国号陈，其后子孙均以陈为姓。陈姓第12代孙陈完因避难逃到齐国，改姓田，齐国被秦国灭后，田轸逃到河南禹州、许昌一带，恢复陈姓。此后，陈姓在中原发展成为名门望族。

迁入及分布

长带屋陈氏　陈昌寅于宋庆历年间（1041~1048）自天台迁居长浦之滨，长子景仁生七子，筑一字形屋三十六间，其长如带，因名其地曰"长带屋"。子孙居石曲、屋基、园下横、沙园、后陈、百步沙、洪洋、度墩、炮台宫、廿六份、沧前、浃头王、后屋、后洋、池头张、天兴屋、上屋、唐山、三甲、殿和陈、八甲、官屋陈、西仙浦及温岭章袁、黄茅干、临海海门、东金。传今四十世。（《民国黄岩县志·氏族》）

云墩陈氏　峨山新城陈铭，字箴庵，宋代进士，致仕居里，窥沧海之胜，见洋屿之东、凤山之北，有墩高而广，尝有云气氤氲，意为川岳钟灵之所，北宋治平二年乙巳岁（1065），自峨山迁居云墩，成云墩陈氏一族。（《云墩陈氏宗谱》）

洪洋陈氏　从长带屋迁入。陈昌寅子教谕景德第三子元祉迁洪洋，时间为宋哲宗朝（1086~1100）。兄元禄迁百步沙。（《洪洋陈氏宗谱·同治辛未谱序》《光绪三十二年谱序》）

（存异：《洪洋陈氏宗谱·嘉庆乙亥谱序》："洪洋陈氏家谱载：赐赠尚书麟公始也，……十三传至进士洛函公从新城肇迁于南为洪洋始祖。"《乾隆庚辰谱序》也认定为十三世洛函公敬遵始迁。）

（达识：由于顺治年间宗谱毁失，洪洋陈氏始迁无法确定，同治谱由从《长带屋陈氏谱》考证来的，迁入时间又较早，比较可靠。）

百步沙陈氏 百步沙陈氏以陈麟为始祖，居福建长溪，唐僖宗、昭宗年间，闽匪作乱，避居新城峨山。至十五世陈希豹，宋端宗时（1276~1278在位）钦赐会元，一年后，宋亡元兴，避居百步沙，遂为百步沙陈氏始迁祖。（《百步沙陈氏宗谱》）

存异：陈昌寅孙教谕景德第二子元祉迁洪洋，时间为宋哲宗朝（1086~1100）。兄元禄迁百步沙（《洪洋陈氏宗谱》）。

寥洋（辽洋）陈氏 一世祖陈荣远任永嘉令，遂籍温。北宋元符三年（1100），第四世陈伟之始迁寥洋。（《寥洋陈氏宗谱》）

中庄陈氏 据《洋屿罗氏宗谱》载，罗仲祥子国卿，入赘中庄陈氏，喜邑南四十里许洋屿山明水秀，遂卜居。则陈氏居中庄时间约在宋庆元（1195~1200）之前。

钱山陈氏 元世祖至元间（1279~1294），陈汶（字邃庵）仕台州路提举，奉为钱山陈氏始祖；子玄，字望云，爱钱山（蟾屿）山水之胜，遂卜居焉。六代单传到陈徵，字崇恩，号与西，明弘治二年举人，南靖教谕。到第九代有四十二人，散处环钱山十余里，日后遂成巨族。浃里陈陈氏为钱山陈氏分支。（按：元至元年为1264年，但元军占据台州是在至元十六年，即1279年）（《钱山—浃里陈陈氏宗谱》《民国黄岩县志·氏族》）

存异：钱山陈氏 林允恭（1103~1160）第二子林桂之女适钱屿陈氏。按30年一代算，隔二代60年，林桂女婿陈氏应生活在宋末。（《中漳林氏宗谱》）

杏田（坦田）陈氏 陈司聪于元季自仙居迁居洋屿沙园，手植杏树，因名其地曰"杏田"，陈氏始祖。子孙分居杏田、杏西等处。（《杏田陈氏宗谱》《民国黄岩县志·氏族》）

花园、官庄、浦口等处陈氏，于明嘉靖倭寇扰乱期间，由黄岩城关四厅散居。

新桥陈氏 新桥陈氏属陆洋（打网桥）陈氏。其第十六世陈崇昌，生于清乾隆辛丑年（1782），他的曾祖父（陆洋第十三世）已迁往新桥，估计迁居新桥时间为明末。

陈为境内大姓，尤以横街镇为多。

祠堂

云墩陈氏祠堂在今云湖村。由云墩陈氏所建。

钱山浃里陈陈氏祠堂原有房屋一透，土改时做村部及小学；1990年修建祠堂三间，2006年新建祠堂。

云墩陈氏宗祠

百步沙陈氏祠堂位于九龙山村沙山。

百步沙陈氏祠堂

杏田陈氏大宗祠在本村巽方门西向。堂五楹，中三楹为座，列诸祖妣栗主始祖下五代，余不概入。清乾隆四十年乙未建。

坦田公庵坐沙园孙氏祠之南，于乾隆丁未之岁购置木石鸠工庀材重建祠宇。

宗谱

《长带屋陈氏宗谱》创修于宋景定年间，由七世陈学立主持。元至正八年（1271），明万历十三年（1585），清光绪元年（1875）、光绪三十一年（1905），均有续修。

《洪洋陈氏宗谱》创始于宋绍定年间，陈景温独辑。二修明永乐间（1403～1424），允迪、抚松、伯揆、维廪辑；三修于正统间，请林璧辑。清顺治十八年乱，谱失于泉井剃发家。四修于乾隆间，应铨、应文、岳增同辑；五修于嘉庆间，云轩、学锦、銮同辑；六修于同治十年。2006年重修。

《百步沙》《云墩》《园头》《杏田》陈氏族谱于清乾隆五十六年辛亥（1791）、道光二十六年丙午（1846）两次协修。

《杏田陈氏宗谱》宣统元年（1909）单修，由十六世附贡生颂三、监生士衔，十七世武生鸿宾、鸿年、鸿逵，监生秉钧、都俊，十八世监生肇祥等监正，十八世监生肇钧校字，十七世鸿盛采访。

浃里陈陈氏为钱山陈氏分支，立钱山浃里陈族谱。

家训族训

洪洋陈氏祖训八条：一孝悌以笃亲长，二诚敬以崇宗祖，三雍睦以联同宗，四耕读以安本业，五节俭以裕赀财，六婚嫁以免失时，七守分以避官刑，八周济以厚阴德。

杏田陈氏祖训八条：（一）孝父母以端本行；（二）和兄弟以慰亲心；（三）敬长上以广恩爱；（四）教子弟以树人才；（五）习勤俭以修职业；（六）睦乡里以守贞良；（七）守正典以保身家；（八）屏左道以端心术。

重要人物及地方建树

陈昌寅，宋庆历年间（1041～1048）自天台迁居长浦之滨。（《民国黄岩县志·氏族》）

昌寅长子陈景仁，生七子，筑一字形屋三十六间，其长如带，因名其地曰"长带屋"。（《民国黄岩县志·氏族》）

陈铭，进士，北宋治平乙巳岁（1065），自峨山迁居云墩。(《云墩陈氏宗谱》)

陈元禄，为陈昌寅孙，陈景德子，陈元祉兄，于宋哲宗朝（1086~1100）迁百步沙。(《洪洋陈氏宗谱·同治辛未谱序》《光绪三十二年谱序》)

陈元祉，为陈昌寅孙，陈景德第三子，于宋哲宗朝（1086~1100）迁洪洋。(《洪洋陈氏宗谱·同治辛未谱序》《光绪三十二年谱序》)

陈宜函（1182~1255），名洛函，字光望，号国宝，宋进士。生淳熙壬寅（1182），卒宝祐乙卯（1255），始迁洪洋。配洪氏，葬白峰大坛。(《洪洋陈氏宗谱·嘉庆谱·世系》)

陈志德，宋绍定间（1228~1233）武举人，授宿州干办，从大将军吴璘破金人有功，袭副将军。(《民国黄岩县志·氏族》)

陈希豹，以陈麟为始祖，陈希豹在南宋端宗年间（1276~1278）会元，从科举名次上看是境内最高的，没过两年，南宋亡。陈希豹从新城冠山迁到沙山，为沙山陈氏始迁，隐居不仕。(《百步沙陈氏宗谱》)

陈望云，名玄（高元），字克载，号望云，陈汶子，元初人。因其父厝（停柩）于钱山，建"望云院"于父墓侧，遂居焉。(《钱山陈氏宗谱》)

陈仲达，洋屿人，疑为方国珍姊夫。元末参与方国珍起义，为方国珍义军六首领之一，被方国珍派去与浙东元帅泰不华谈判，在王林洋战争发生前被泰不华杀害。

陈伯杰，字舜民，号桧屏，望云子，钱山陈氏第二世。元伯颜（丞相）以人材荐，授杭州录事，享寿八十二。(《钱山陈氏宗谱》)

陈龙孙，字公献，号景云，钱山陈氏第五世。元末为交川书院山长，明为博士员，享寿九十六。(《钱山陈氏宗谱》)

陈廷省，字元徵，中庄人，明永乐二十一年（1423）举人，南昌教谕。(万历《黄岩县志》)

陈徵，字崇恩，钱屿人，明弘治二年（1489）举人，荣府纪善。(《钱山陈氏宗谱》)

陈兴涛，路桥人，嘉庆元年创建洪洋茶亭。(《路桥志略》)

陈江魁，字冈南，路桥街人，清嘉庆二十四年（1819）武举人。(《路桥志略》)

陈镇邦，字纯林，百步沙人，道光十九年（1839）武举人。(《光绪黄岩县志》)

陈震辉，横街坦田人，杏田陈氏第十六世。孝义乐施，咸丰三年（1853），淫雨连旬，海潮被野，田禾尽没，道殣相连，开家庭谷仓，救济饥馑灾民，乡里咸感激之。同治元年，沿海十八党横行，"贩私盐，劫米船，霸一方"，震辉设团练局保护乡里，知府刘璈亲来视察，与他商量剿寇方法。同治三年，十八党平，当局举荐其功，准备重用，但震辉不愿离开乡里，缓言谢绝。同治四年（1863），震辉得中乙丑补行己未恩科、辛酉正科武举人。同治十一年，太平军陷台城，骚扰黄岩，当地一些不良人员乘机抢掠，震辉再次组织团练，与四周乡村相约共守，再次保护乡里安宁。太平军退出台州后，大家都以为震辉会得到迁升，他却热衷于田园，修建居楼过着平静生活。（《杏田陈氏宗谱》）

陈震辉旧居

陈朝祥，新桥下林桥石道地人，清同治六年（1865）丁卯补行壬戌（1862）恩科、甲子（1864）正科，武解元。（《光绪黄岩县志》）

陈殿元，新市街人，同治六年（1867）武举人。（《光绪黄岩县志》）

陈兆元，下新市人，清同治九年（1870）武举人。（《光绪黄岩县志》）

陈鸿宾，震辉长子，开办同兴院和余庆堂，为洋屿、横街的商业兴旺作出贡献。抽十一之财为一时善举，贫病者药之，商窘者扶持之，野死者安葬之。（《杏田陈氏宗谱》）

陈再陶，清光绪间庠生，学宗程朱，以躬行实践，甲午嘉定徐督学闻其学以优行征，以母病不赴试，越年病卒，邑令关钟衡往吊其庐，崇祀孝友祠，皆其显者也。（民国《黄岩县志·氏族》）

清光绪二十一年（1895）六月，台州遭旱灾和水灾，武举陈殿扬率众越级赴都察院吁请抚恤缓征，遭驳斥，经复核十二月蠲缓临海、黄岩等被灾地缓银米有差。（《台州编年史》）

光绪二十六年七月二十四日，海匪抢掠焚烧杨府庙，陈元国带领横街哨所士兵驰救，与新桥团练总局所派民团一道，斩匪首十，俘虏五，伤数十，海匪窜去，杨府庙得保。

陈春圃，光绪间泉井殿桥人，继父业开设茂春药铺于泉井西街。药品道地，贫窭之家有疾来告者辄以药饷之不取值，三十年如一日。夏令复施救丸散，口碑载道。药肆停止，榨油为业。（《洪洋陈氏宗谱》）

陈祖燕，字昭翌，号肖泉、少泉，杏田陈氏十七世，扶雅书院肄业，清末监生，民国十年任县议员，民国十七年任土地清丈案东南乡士绅代表，民国十九年任县水利委员会委员，抗战时期任横街镇镇长。（《黄岩历代人名录》）

陈安宝（1892~1939），字善夫，横街马院人，清宣统三年从军南京入伍生队，后入湖北陆军预备学校。民国五年（1916）毕业于保定军官学校步科第三期，历任浙军二师排、连、营长。1927年参加北伐，1930年升任三十三团团长。1931年升任十七旅旅长，1932年调任七十九师副师长。1935年升79师中将师长。抗战爆发后，率部参加淞沪会战。1938年夏调为第二十六军军长。1939年3月17日南昌会战打响，亲率七十九、二十六、预六师及江西保安十二团守卫鄱阳湖东西两岸和抚河东岸。5月5日赴莲塘指挥三个师主攻

陈安宝烈士陵园

南昌，6日下午四时许仅带数人冒炮火往前沿督战，途经姚庄时中弹牺牲，终年四十九岁。灵柩返乡，沿途群众自发设祭。1940年7月7日，国民政府发布命令褒扬，追晋陈安宝为陆军上将。8月15日，中共和延安各界人士一道，为抗日民族英雄张自忠、陈安宝、郑作民、钟毅诸将军举行公祭。1984年，民政部追认陈安宝为革命烈士。(《台州市路桥区志》)

陈叔亮（1901~1991），又名寿颐，峰江街道上陈头人，当代著名书画家、艺术教育家。1928年加入中国共产党。1929年考入上海美专。1931年"九一八事变"后回台州，任教于宗文中学、晓村小学、扶雅中学、东山中学等校，组织"怒吼化装宣传队"，每逢节假日，带领师生散发抗日宣传品，并自编抗日小调，以打花鼓、莲花落、唱道情等形式进行街头宣传。组织"爱国剧社"，演出《放下你的鞭子》《送郎上战场》等活报剧外，还演出了陈叔亮自己创作的《太阳旗下》《戚继光》《骂汉奸》等戏剧。创办《怒吼》三日刊，创作宣传画《送君上战场》等。1938年末赴延安，入鲁迅艺术学院学习，1939~1946年留校任教。1941年4月间，陈叔亮把画稿初步整理，称之为《西行漫画》（前半部），送请毛泽东主席审阅。不到半个多月，便收到毛主席交来的题签和题词两幅手迹。毛主席的题词是转录宋代画家李唐所作的题画绝句："雪里烟村雪里山，看时容易画时难。早知不入时人眼，多买朱砂画牡丹。"

中华人民共和国成立后，任上海文艺处美术工作室主任、华东文化部艺术处副处长。1953年筹建中央工艺美术学院，陈叔亮调到北京，担任中央文化部艺术局美术处长、艺术教育司副司长，兼任中央工艺美院副院长之职。中国美术家协会成立后，陈叔亮当选一至四届理事。十一届三中全会以后，为筹建中国书法家协会，付出了大量心血，中国书法家协会于1981年5月9日正式成立，陈叔亮被选为首届副主席，并被常务理事会推举为三人领导小组成员之一，主持日常工作。陈叔亮创作有大量书画艺术作品和艺术论文专著。(《路桥区志》)

陈庭槐（1916~2002），桐屿洋里人。1936年夏黄岩中学毕业后，担任小学教师。1938年4月加入中国共产党，入黄岩县战时政治工作队，8月建立桐屿第一个党支部，任书记。1938年12月由党组织输送至皖南新四军教导队，1939年8月渡江至皖北敌后游击区巡视部队，任巡视员干事，新四军江北指挥部军法机要秘书。1942年2月，任新四军三部二科科长。1943年1月至1945年8月任江苏阜宁县保安处长。在长江以北、淮河以南、津浦路东西坚持敌后斗争，参加反扫荡、反伪化、反摩擦，镇压地主武装暴动、剿匪，与日、伪、特务及土匪、恶霸、流氓、反动会道门作斗争。中华人民共和国成立后任苏北盐阜公安局局长。苏北地区行政公署公安局副局长，福建省公安厅副厅长。1955年3月~1957年3月任上海市公安局副局长，1978年后任上海市检察院党组副书记、副检察长。1984年9月离休，任上海市政协法制研究委员会副主任、上海市法学会副会长、上海市检察院咨询小组副组长、上海市法学会顾问。(《台州市路桥区志》)

【始迁：北宋皇祐年间】

陶 姓

姓氏源流

源于伊耆氏，出自远古时期尧帝衍居地陶，属于以居邑名为氏。据史籍《元和姓纂》和《姓苑》记载，远古时期的尧帝，生于伊，嗣后耆，故称伊耆氏。尧帝初居于陶（古济阴，今山东定陶），以制作陶器为业，官名"陶正"，其地被后世称为陶丘。后封于唐，为唐侯，故称陶唐氏。在尧帝的后裔子孙中，有以先祖原居地为姓氏者，称陶唐氏，后省文简化为单姓陶氏、唐氏，皆为非常古早的姓氏。陶氏族人大多尊奉唐尧为得姓始祖。

迁入及分布

清洋陶氏 奉陶渊明为祖上。先世由福建长溪迁永嘉陶山，再迁台之黄岩。黄岩之族有二，曰赤山，曰陶下（陶夏）。陶夏之族有叫泰和的，宋皇祐（1049~1054）间，任处州里溪都巡检，迁湫水，即清洋，为清洋陶氏始祖。泰和生四子，长曰植，迁石塘，次曰万里，仍居清洋，次曰昉，裔绝不传，次曰甄武，大夫，子三，其二迁武林。泰和八世孙若晦，始居之地乃以姓显，也就是有了"陶阳"之名。若晦子辰（九世），史馆校勘。辰子居安（十世），太常寺簿。居安子应雷（十一世），太学录，妻缪氏，元灭宋后不仕；应雷子煜（十二世），娶故宋宗室女赵德贞（宋太祖赵匡胤次子燕王德昭第十一代孙孟本之女）；陶煜子女六，依次是：宗仪、宗传、宗媛、宗端、宗儒、宗婉（十三世）。宗仪，元末明初文史学者；宗传（一书宗傅），元末代理临海尹；宗儒，明初仕秘书丞，为太子学书搜集法帖，曾修陶氏家乘，宋濂为之序。

清洋（上陶）陶氏 陶榎之兄陶自儒一直居临海长潭（白水洋），陶自儒和季弟陶榎一起从永嘉陶山迁居台州。传到十七世孙孟则，字德测，号读隐，岁进士（庠名冕），元代从临海长潭迁到清洋上陶（湫水上陶），其时下陶、上陶均有陶榎的裔孙居住。

赤山—墙下陶陶氏　墙下陶陶氏属赤山陶氏，始迁时间不详，约为清前期，由赤山迁墙下陶。赤山陶氏上溯到唐代柴桑侯守台，家于台，子孙世居长潭（白水洋）。宋嘉定初，由长潭迁黄邑赤山（今属椒江区），始迁祖为陶兰。墙下陶陶氏认定与清洋陶氏同宗，始迁时间比清洋陶氏晚。

境内陶姓还分布在峰江浦口，金清街，四塘等地。

祠堂、宗谱

明初，秘书监宗儒（宗仪弟）曾修《陶氏家乘》，宋濂为序。

清阳陶氏祠堂有二个：前祠堂、后祠堂。前祠堂为东房系，后祠堂为西房系。

墙下陶陶氏祠堂位于九龙山下。

墙下陶陶氏祠堂

家训族训

墙下陶陶氏祖训：一、重忠信，二、敦孝悌，三、崇勤俭，四、睦宗族，五、修谱牒，六、固坟墓，七、葺祖祠，八、谨居住，九、慎婚姻，十、教子弟，十一、戒争讼，十二、禁奸赌，十三、褒创新。

重要人物及地方建树

陶泰和，陶榎十一世孙，宋皇祐里溪都巡检，迁湫水（即清洋），为陶宗仪始祖。

徐一夔《始丰稿》卷五《陶阳图谱序》："陶阳在台之黄岩，陶氏世居焉。始陶氏自闽之长溪徙东瓯，又徙台之黄岩。至今吏部员外郎汉生氏（按，宗仪弟宗儒，字汉生）之十一世祖讳某者，当宋皇祐间，仕为都巡检，实迁陶阳，故汉生为陶阳陶氏。"

陶应雷，清洋陶人，陶宗仪祖父。

元·郑元祐《白云漫士陶君墓碣》："……居安生太学录讳应雷，至元丙子（1274），淮安忠武王统兵平宋，偏师至台，学录为乡里请命，将授以官，则曰：'吾欲全父母之邦，岂知有它。'已而筑室清阳溪上，药病者、槽死者、赈饥者，煦寒者；其配缪氏，静慈而克贤，故志得伸。"

陶煜（1286~1358），字明元，自号逍岙山人，又号白云漫士，应雷子，清洋陶人。少从周仁荣先生学。青年出游，馆授京师，学书于香岩寺高僧普光（雪庵）。壮年归来，家穷。出为兰溪吏，从轻发13个盗鸭穷人。补江阴州，减死判决因自卫急杀强奸犯的州民。调松江。至正四年（1344）六月，郑王脱脱手下差官领爪牙到松江府，与官吏勾结，陷害百姓捞财，许多人无辜被搒掠致死。陶煜出面，择其一二绳之以法，阻止了这场灾祸。调任为杭州东北隅录事司典史，阻止了省宣使维吾尔人拜布哈欲虐死正妻事件。至正壬辰（1352）秋，调任湖州归安县尹。丙申（1356）调绍兴上虞县典史，卒于绍兴府城都昌坊寓舍。著有《逍岙山人诗》。书法家。

元·杨维桢《白云漫士陶君墓碣铭》："获按遂昌郑元祐状，君姓陶氏，讳煜，字明元，自号逍岙山人，又更号白云漫士，从乡先生周公仁荣学。学成游京邑，王公贵人奇其状貌言议，倾下之。已而翩然来归，曰：'燕赵古称多奇士，今所见仍尔。'"家贫亲且老，遂屈身就禄，试吏兰溪州，升补江阴州。州民有刘铁者，欲犯屠人妻，屠人讼铁，铁抵罪，怒缚其妻，卒犯之，屠捉刀刺铁。君议奸杀非故比，屠免之，君平反，部使者审谳，一如君所言。又豪民朱、管坐戮死，籍没两家田归丞相府。相以无赖少年为爪牙，纵暴陷民财，民被搒掠，死者无算。有诉于府者，府从风指，莫孰何。君进白府，曰："朝廷命公尹是邦，忍坐视赤子殒命于饿虎之吭耶？"无赖者覆，诡文移省，为遣使至府，府赏以币。以年劳除杭州东北录事典史。有畏吾人与其妻生女已十岁，一朝为省行人，即别娶，抑贱正妻。且堇一室囚之。婢引女诉主母枉，录长不敢受词，君曰："此婢去三人俱死矣！"遂受词伸理，行人坐黜退，果。迁湖州归安。时湖州已陷贼。君从主兵者划计策遄复湖州，乏粮，君为檄文，走一介，召诸艘具至，无时刻违，录功中书，不报。调绍兴上虞县。叹曰："吾怀抱利器，不后于今之人，而浮沉六僚，不得与今之揽权力者比。年已暮，死期将至矣，尚何言哉。"遂卒于郡都昌坊之寓舍，享年七十有三，戊戌（1358）九月二十七日也。配赵氏，故宗室讳孟本女也。子三人，长宗仪，宗传、宗儒，女三人。铭曰："其貌魁如，其论魁如，考功千吏，秩乎不可，诬用不能大，卒老死簿书。噫嘻乎，自古才而仕，仕而漫者，岂惟是夫。"

赵德贞（1303？~1346），陶煜妻，陶宗仪母。故宋宗室女（宋太祖赵匡胤次子燕王德昭第十一代孙孟本之女）。结婚时年约十五年，赵氏死于1346年，约四十四岁。

《四库全书》本王逢《梧溪集》卷二《题天台陶宗仪母赵县主德真墓志铭后，赵系出汴宋，至今人犹以县主称云》："陶母赵宗室，贞静白云姿。明珰秋水佩，幼小比光辉。自通良人姓，三星天一涯。孔雀金绣褥，十年梦参差。手制丹霞帔，及嫁不称时。造次井臼间，跬步必中规。良人既禄仕，婉婉黄发期。落月鉴绮疏，春霜薄罗帷。生而贤且淑，焉用寿考为。铭旌书县号，琬琰塞华辞。念昔岐山鸾，其德未云衰。王风遽沦变，抚卷慨如斯。乌鹊桥银河，青鸟使瑶法。何如五采羽，来仪竹梧枝。梧竹日夜长，雨露深孝思。孝思人子慕，为述二南诗。"

陶复初，字明本，号介轩老人，又号读易居士，陶煜弟，清洋陶人。台州儒学教授。赠从事郎、温州乐清县尹。《书史会要》载："小篆师徐、张，古隶师钟、梁。"善画山水、花卉，尤擅画竹，有《翠竹图》《朱竹图》《墨竹图》《露梢拂云图》等著录于《绘画备考》。《水仙图》收藏于日本长崎美术馆。《秋林小隐》图轴，台北故宫博物院藏。

《书史会要》与清《黄岩县志》载："陶复初，字明本，号介轩老人，典史煜之弟，仕台州儒学教授，赠从事郎，温州乐清县尹。小篆师徐（铉）、张，古隶师钟、梁，画师李蓟邱父子。及着色竹甚佳，亦能山水。"陶复初列入《中国美术家人名辞典》，以画竹著称，有《翠竹图》《朱竹图》《露梢拂云图》，一幅《水仙图》藏日本川崎美术馆。陶复初子陶宗遐，一名文昭，任江浙儒学副提举，《书史会要》载："楷书学欧阳率更。"

陶宗仪（1322~1407后），字九成，号南村，清洋陶人，元末明初文史家。父陶煜任兰溪、江阴、松江、杭州、归安、上虞等吏，皆有善政。母亲赵德贞为故宋宗室赵孟本女。至正元年（1341）二十岁，赴杭州参加江浙行省乡试，因议论事政，为考官所忌，没有考中。出游浙东、西，师从著名的学者张翥、李孝光、杜本。至正十一年（1351）二月，泰不华迁任浙东道宣慰使都元帅，欲任命宗仪为行人，不就；南台御史丑闾又欲任命宗仪为校官，仍不就。至正十七年（1357）张士诚开府平江，其部将以军咨聘用宗仪，仍辞不就。定居松江，专心著述。至正二十一年（1361），编纂《说郛》60卷本成，九月十三日杨维桢为之作序。后续至100卷本，杨维桢仍为作序。此书汇集秦汉至宋元名家作品，包罗万象。二十六年（1366），完成《南村辍耕录》30卷，记载元代典章制度、艺文逸事、戏曲诗词、风俗民情、农民起义等史料。是一部历史笔记名著。明洪武四年与六年（1371、1373），朝廷诏徵儒士，知府两次荐举，陶宗仪均以病辞。洪武九年（1376）春，《书史会要》成，自序之，此书是中国第一部书学史传著作，八月二十二，宋濂作序。陶宗仪一生编著作品极丰，是台州编著书籍最多的一人，也是浙江省数一数二的编著大家。2007年在省社科院文化工程中列为"百名浙江文化名人"之一。（《台州市路桥区志》）

《明史·列传第一百七十三文苑·陶宗仪》："陶宗仪，字九成，黄岩人。父煜，元福建、江西行枢密院都事。宗仪少试有司，一不中即弃去，务古学，无所不窥。出游浙东、西，师事张翥、李孝光、杜本。为诗文，咸有程度，尤刻志字学，习舅氏赵雍篆法。浙帅泰不华、南台御史丑驴举为行人，又辟为教官，皆不就。张士诚据吴，署为军谘，亦不赴。洪武四年诏征天下儒士，六年命有司举人才，皆及宗仪，引疾不赴。晚岁，有司聘为教官，非其志也。二十九年率诸生赴礼部试，读《大诰》，赐钞归，久之卒。所著有《辍耕录》三十卷，又葺《说郛》《书史会要》《四书备遗》，并传于世。"

陶宗媛（1327~1367），女，宗仪之妹。十九岁嫁杜思纲为继室，生一女，三年后夫亡，守节十八年。上奉婆婆获其欢心，下待前室之子杜勤如亲生。元至正二十七（1368）九月，明兵攻陷府县，抢掠妇女。时逢婆婆亡故，宗媛护柩未逃被俘。宗媛说："我若畏死，岂留此耶！任汝杀我，以从姑于地下。"被刀刃颈而死，年四十一岁。妹宗婉（1346~1367）出阁仅1月，同日被乱兵逼迫，投河而亡，年二十二岁。弟陶宗儒之妻王淑（1340~1367）披发投河而死，年二十八岁。明初学者杨维桢和宋濂作《三节妇传》，载入《元史·烈女传》。

陶氏三烈女为陶宗仪的大妹宗媛、宗仪小弟宗儒之妻王淑、宗仪小妹宗婉，她们都是在元末吴军（朱元璋军）入台时刚烈死难的。

《元史·列传第八十八·烈女》："陶宗媛，台州人，儒士杜思纲妻也。归杜四载而夫亡，矢志守节。台州被兵，宗媛方居姑丧，忍死护柩，为游军所执，迫胁之，媛曰：'我若畏死，岂留此耶！任汝杀我，以从姑于地下尔！'遂遇害。其妹宗婉，弟妻王淑，亦皆赴水死。"

陶宗暹，复初从子，宗仪从弟，一名文昭，字晋生，石曲人，书法家。江浙等处儒学提举，楷书法欧阳率更。

《书史会要》："从弟宗暹，一名文昭，字晋生，江浙等处儒学副提举，楷书学欧阳率更。"

《御定佩文斋书画谱》："陶宗暹，一名文昭（原注：复初从子），字晋生，官江浙等处儒学提举。书画并擅一时。"

陶宗儒（约1337~?），字汉生，又名谊、宗谊，宗仪小弟。元至正十八年（1358）前后为选曹郎；至正二十三年任江浙行省枢密院管事，次年任行省检校官，升枢密院都事。明初任秘书丞（典籍）。

《台州府志》《台州书画识》："宗儒，字汉生，黄岩人（今隶太平）。宗仪弟。由江浙行枢密院管勾历行省检校官枢密院都事。洪武时官秘书丞，皇太子欲学书，命宗儒选晋人法书真迹以进。迁吏部员外郎，善属文。"

《明史·礼志四》载："洪武三年……遣秘书监丞陶谊（即宗儒）等往修祀礼，亲制视文遣之。"后任吏部员外郎等职（一说选曹郎）。与会稽唐肃、上虞谢肃等二十九人以诗扬名。

陶珽，字㻞圭，号不退，三宅子，万历三十八年进士。（光绪《黄岩县志》）

陶定国，路桥南栅人，乾隆五十四年（1789）己酉科武解元，善书。（光绪）《黄岩县志》清嘉庆五年浙江巡抚阮元治海防，留宿于陶氏际平堂，用八分书为题堂匾。后屋毁于火，陶氏犹世守此匾，《路桥志略》有载。

陶峻，下陶人，北京师范大学毕业，台州中学校长。（《黄岩历代人名录》）

陶梦松，民国二年（1913）创立路桥扶轮小学。（《黄岩历代人名录》）

陶仲高，民国十八年创立新民乡第七、八保联立国民学校，民国三十一年任新民积谷仓管委会委员，抗战时期任新民乡乡长。（《黄岩历代人名录》）

陶小泉，民国三十三年度路桥酱坊万昌源记、金清分号坊主。（《黄岩历代人名录》）

陶开富，民国三十六年任金清镇陶合顺鱼栈栈主。（《黄岩历代人名录》）

【始迁：北宋】

解 姓

姓氏源流

解氏源出于姬姓。上古周朝时周武王有个儿子叫作唐叔虞的，是周成王的弟弟，他的儿子中有一个叫良的受封于解地（今山西解县），称为解良。解良的后代在解地世代定居，以地名解为氏。

迁入及分布

南山善法寺内有碑，记载着自北宋元祐四年（1089）到明末，解元喜及后裔解忠义、解迁绪三次乐助重建佛寺的事迹。

共和解氏　解损在宋淳化年间（990~994）从湖广迁居黄岩西街。桐屿共和解姓大多分布在桐屿山头解、白墙等地。

族训

解氏祖训：仁义为本，以孝为先，男女平权，积德行善，耕读兴家。

重要人物及地方建树

解元喜、解忠义、解迁绪，自北宋元祐四年（1089）到明末，三次乐助重建南山善法寺。

解希圃，民国三十三年（1944）任殿马乡县参议员。

解若冰，澄江街人，大夏大学毕业，一利酿造厂厂长，路桥中学校长。

【始迁：宋代】

洪 姓

姓氏源流

为上古炎帝神农氏之后——共工的后代。共工本姓共氏，从黄帝时起就担任了治理天下水利的官职，被人们尊为水神。颛顼帝时，共工起兵争天下，失败一怒之下撞倒了西北方支撑天地的不周山。到大禹时，共工氏又起了不臣之心，大禹镇压了他们后，就把他们放逐到了江南蛮荒之地，共工氏的后人在江南定居后，为了让后世子孙记住他们的祖先做过水神，就给共字加上水旁，以此作为自己的姓氏，这样就形成了洪姓。

迁入及分布

洪洋洪氏 《嘉庆太平县志·旧家》载："宋时，黄岩洪氏之盛，自洪洋东至洋屿，西界鱼沉，南抵湖亭，北连沙港，方数十里，田庐相望，当时有'北洪南戴，侯王可赛'之语。有官大理司直曰杞者，三女，长适南塘戴大监，次适同里赵郡守，三适瓯窑姚通判。惟赵无嗣，乃以己孙后之，此洪继赵也。咸淳戊辰，元师南下，洪之宗族多死徙。赵松坞翁次子武翼大夫处良娶于洪，其家犹以田五十亩助奁。既洪又乏嗣，松坞后以季子处俭，此赵复继洪也。"

族训

洪氏家规：（1）博学；（2）睦族；（3）戒游；（4）戒饮；（5）戒逸。

重要人物及地方建树

洪杞，宋代洪洋人，大理司直。

洪仁法，路桥人，泥水工，灰雕行家，对路桥灰雕非遗有较大作用。（《黄岩文史资料》）

【始迁：宋代】

蒋 姓

姓氏源流

蒋氏主要出自姬姓。据《左传》《唐书·宰相世系表》《元和姓纂》等所载，周武王弟周公姬旦有子名伯龄，周成王时受封于蒋（今河南固始东北蒋集，一说今河南光山县西），建立蒋国，为伯爵，史称其为蒋伯。春秋时，蒋遭楚灭，蒋伯的子孙遂以国名为姓，称蒋氏。另有其他少数民族改姓蒋。

唐玄宗安史之乱时，蒋祖领兵驻长屿防乱。乱平后，即以驻地为居处。

迁入及分布

新桥蒋姓 《新桥管氏宗谱·居址》载："古居之者为蒋、姚、秦三姓，久不复见；近代占籍曰周曰管曰李。"可见蒋姓最早。

罗洋蒋氏 南宋之前迁入，南宋年间有进士蒋鹏程、蒋彦圣。

霓山水洋蒋氏 蒋潘之子昌善、仲昭等于明嘉靖年间（1522～1566）自仙居柘川卜迁黄邑霓岙水洋（即今金清镇蒋桥地）。子孙分布在水行、柏树里、塘南、琅机山、打铁桥、下岸、埭烟户、万家、洋屿、塔地岸、下塘、太邑新河、寺前桥、玉环、虹桥头等处。

祠堂、宗谱

霓山水洋蒋氏宗祠建在后李之北街，于嘉庆十五年至十九年（1810～1814）间建。

《前蒋铁潭蒋氏宗谱》创修于明正统十年（1445），由蒋耕云主持。崇祯九年（1636），清乾隆四年（1739）、道光二十六年（1846）、光绪二十四年（1898）均续修。现存谱为民国二十二年（1933）蒋哲兴、蒋翰生续修。（《民国黄岩县新志》）

《霓山水洋蒋氏宗谱》前修于明正统、成化年间，续修清乾隆五十八年（1793）癸丑、道光二十七年（1847）丁未，光绪年间亦有谱。1999年重修。（《霓山水洋蒋氏宗谱》）

霓山水洋蒋氏祠堂

重要人物及地方建树

蒋鹏程，字达尊，罗洋人，宋淳祐元年辛丑（1241）徐俨夫榜进士。

《路桥志略》卷四《叙人》："进士：蒋鹏程（字达尊，罗洋人，宋淳祐元年辛丑徐俨夫榜）。"

蒋彦圣，字静庵，罗洋人，宋咸淳四年戊辰（1268）陈文龙榜进士。

《路桥志略》卷四《叙人》："进士：蒋彦圣（字静庵，罗洋人，宋咸淳四年戊辰陈文龙榜，官绍兴监仓。《万历仙居县志》作字愚仲，仙居人。宋仙居县进士题名三碑，其蒋彦圣一名已刓缺，无可考。《嘉庆太平县志》作太平蒋洋人。《弘治赤城志》不言何县人，盖阙疑也。按蒋彦圣原籍何县，虽不确定，然住在罗洋可断言，其地尚称罗洋蒋，且有其他遗迹，今从黄岩县志列入）。"

蒋振熊，洋屿山前人，同治九年（1870）庚午科武举人。

清光绪《黄岩县志》："（武举人）同治九年庚午并补行丁卯正科：蒋振熊，洋屿山前人。"

蒋熊，卷洞桥人，同治九年（1870）庚午科武举人。

清光绪《黄岩县志》："（武举人）同治九年庚午并补行丁卯正科：蒋熊，卷洞桥人。"

打铁桥闸，由霓山水洋蒋氏修建，始建时间不详，应该在明末清初。

打铁桥闸遗址

【始迁：北宋】

范 姓

姓氏源流

据《元和姓纂》及《通志·氏族略》载，帝尧裔孙刘累之后，在周为唐杜氏，迁于杜邑（陕西西安东南），时称杜伯。周宣王杀杜伯，其子逃奔晋国担任士师。曾孙士会，食邑于范邑（河南范县），世称范武子，子孙遂有范氏。

迁入及分布

后范范氏 光绪《黄岩县志》、民国《黄岩县志》载，范锜，修炼于委羽山得道。北宋政和（1111～1117）中，徽宗有疾，应诏召见，医以丹药而愈。可见北宋时期，范氏就居住在后范。

族训

范氏家训10则：（1）田必力耕，书必勤读；（2）家有子弟，教之成人；（3）为人在世，各安本分；（4）公平交易，童叟莫欺；（5）与人交接，务必正人；（6）慎择贤否，门户相当；（7）不称有无，尽孝尽忠；（8）祖宗虽然，祭祀必诚；（9）严以待己，恕以待人；（5）子孙恪守，世代相传。

重要人物及地方建树

范锜，北宋时后范人，修炼于委羽山得道。北宋政和年间，徽宗有疾，应诏召见，医以丹药而愈。

光绪《黄岩县志·仙释》："范锜，邑之后范人，生时神光满室，三日不散，自幼好道，后修炼于委羽山得道。政和中，徽宗有疾，应诏召见，医以凡药而愈，赐爵与金，皆不受，问所欲，曰：'愿游内府足矣。'许之。遍阅诸宝，见上真玉像及一剑一镛，抚玩再三，内官以闻，上以三物赐之，并赐'真人'道号，锜以三物投掷沟，书符置其上，须臾不见，已而还山，三物自委羽山井浮出。遂纳于大有宫。一日，锜外至，诸神失迎迓礼，锜怒甚，口吐火，宫倏自焚，其上真及剑凌空飞去，人以溺秽之，镛得留。后忽一夕，沐浴登楼，时夜将半，里人闻天乐声及旦，视之，趺坐而化。赐葬邑鲍岙。赠朝奉郎，所制有'祛邪天蓬尺'云。"

民国《黄岩县志·宗教》："范锜，后范人，生时神光满室，异香三日不散。自幼好道，后修炼于委羽山得道。政和中，徽宗有疾，应诏召见，医以丹药而瘳，赐爵与金，皆不受。问所欲？曰：'愿游内府足矣。'许之，遍阅诸宝，见上真玉像及一剑一镛，抚玩再三，内官以闻，上以三物赐之，并赐'真人'道号。锜以三物投御沟，书符置其上，须臾不见。已而还山，三物自委羽山井水浮出，道纳于大有宫。一日是，锜外至，诸神失迎迓礼，锜怒甚，口中吐火，宫倏自焚，其上真及剑凌空飞去，人以溺秽之，镛得留。后忽一夕，沐浴登楼，时夜将半，里人闻天乐声及旦，视之，趺坐而化。赐葬邑鲍岙，赠朝奉郎。所制有'祛邪天蓬尺'云。"

【始迁：北宋】

余 姓

姓氏源流

得姓于秦大夫繇余。郡望下邳、洛阳。

北宋初余忠敏迁居黄岩东浦，后裔有迁司厅巷者。

迁入及分布

芦阳余氏 宋宣和间（1119～1125），寇乱，余元卿（黄岩东浦余氏五传）负母从城关司厅巷南逃30里至芦阳（即今螺洋街道螺洋居），为芦阳始祖。《嘉定赤城志》记其事。

罗洋余氏 余文俊，元至大间（1308～1311）进士，授中正，谪黄岩，遂家于罗洋。子孙除居罗洋外，有分迁于唐岭下、石柜岙、前头胡等处。

路桥余氏分布以螺洋为中心。分迁于区境各地有二友、樟岙、火炬、东风、垾头林、后范、徐翁、中后、罗家汇、东明、蓬街新华、下梁沥南、金清街等地。分迁外地有黄岩、温岭、玉环等地。

境内余姓还分布在后叶，圣屿后洋，草坦宫、老爷厂等地。

芦阳来由

芦阳在黄岩南三十里许，在唐时邑无城郭，芦阳亦海滨，土田尚未全垦，有山巍然蔚而深秀者莲花山也。山之阳芦荻深丛映带左右，故名芦阳，一号芦洲，从简便也。至宋元明居民稍集，余氏始居者于此开荒芜，疏沟洫水道，回环有似罗纹，又名罗川，罗川之中有水渚，形如田螺，游洋活泼，又名螺水，后因水渚芦荻砍掉垦田，改为螺洋。

莲花山在螺洋之东，以山顶高耸状如莲花而得名。山顶朝天，一穴长度与深度不满五尺，生有茅草，传说是个狐狸洞。山之北麓有祖基。螺水渚莲花洲螺丝坤，以形似旋螺河水回环向北而泻，昔日建宗祠于此。罗川在螺洋之内，源自鉴湖，上通院桥，下连东海。南之源大岙溪，东之源古塘泾，西之小源笕尾巴，其中湾环山谷旋绕螺洋尤为名胜也。山下井在莲花西麓，泉水冬夏不涸。太婆嘴在莲花山之南，庄岙岭头在岩石窟中不满二尺，大五寸深，有清澈泉水久旱不涸。馒头山又名黄狗盘窠。峰顶团圆，古名馒头山，鹦鹉钩曲，有似卧犬，其名黄狗盘窠。在螺洋四古垟东山之麓，有始祖元卿公之墓。

昔芦阳旧称东南乡，又称灵山乡贵丰里，自乾隆癸卯年造店设市，以一六如期，余氏先祖建街房将近一半。

祠堂

南宋咸淳元年（1265），余端甫建余氏祠堂于东江之西，凡三楹及两厢。明宣德间，余耕趣重建。明万历二年余升霍迁螺之潴国洲（二友村水仓头之东）。清康熙初年，合族三迁于芦阳街之南、莲花山之西麓青龙宫之右、毓英庙之左。清嘉庆六年（1802）建在兹仝（东风村后翼）。1994年造余氏祠堂于莲花山西侧山脚下（地名山下），五间二层楼房。

芦阳余氏祠堂

宗谱

《芦阳余氏宗谱》初立系图由余端甫辑成，有宋咸淳纪元乙丑（1265）秋外兄进士蒋彦圣序。

《芦阳余氏宗谱》载蒋彦圣（南宋咸淳四年进士）《芦阳余氏宗谱系图原序》："而迁芦阳者，则孝子元卿公也。延三百余载而无嵩记。内弟端甫余藻章（讳衔凝，春房人）忧之，恭涤木主将祖孙字讳谥号悉衷而汇之，先承后继支派联接，若礼图仿欧苏二先生，名之系图。"

元至正十四年甲午（1354）重辑，由第十四世余国元序。三修于明正统九年甲子（1444），由第十八世邑庠生余畎序。四修于明嘉靖二十五丙午（1546），由第廿一世余崧序。五修于明天启七年丁卯（1627），由第廿三世邑庠生余匡明序。六修于清康熙五十一年壬辰（1712），由第廿七世余兆清序。七修于清乾隆五十五年（1794），由邑城举人郑拱秀、四川进士黄河清、第三十世廪膳生余宗锡分别作序。八修于清道光二十三年癸卯（1843），由第三十一世余潘藻、第廿七世邑庠生余绍鉴分别序。九修于清光绪四年戊寅（1878），由岁贡生训导陈灏、第三十世太学生余辂分别序。十修于清宣统二年庚戌（1910），由邑庠生应楚宝序。十一修于民国三十一年壬午（1942），由三十五世余禹谟序。十二修于1989年己巳，由第三十四世余卜钊及子禹鑫、第三十三世余凤渊分别序。

家训族训

余氏族训14则：（1）敦伦；（2）睦族；（3）兴学；（建祠）；（5）存心；（6）立品；（7）治家；（8）择友；（9）习勤；（10）崇俭；（11）谨言；（12）慎行；（13）戒讼；（14）守谦。

重要人物及地方建树

余元卿（1110~1160），名致陛，字呈介，号元卿，螺洋人，为螺洋余氏始迁祖。原先黄岩人，父死，元卿始生，南宋建炎四年（1130），金兵南下，黄邑惊动，元卿负母从城关司厅巷南逃30里至芦阳（螺洋），途中力弱不胜，仰天誓曰："天若助我全母，愿焚身以报。"寇定，欲偿前誓，母力止之，燃一指以谢天贶。其后闾里欲上其事，则曰："吾非干名者也。"旋居母丧，哀毁不离墓侧。县上之郡，立碣以记其事。《嘉定赤城志》记其事。

余端甫（1233~1267），名道凝，字藻章，号端甫。芦阳余氏十世，春房人。宋咸淳元年（1265）建余氏家庙，有《初建余氏家庙记》，并立余氏系图，请表兄蒋彦圣作《序》。余端甫投身水利建设，在沙门店以东、梅山以西筑堤两条，又筑罗川闸，再筑后叶一堤，把浮排里连接一起。明代圮坏，族裔余廷美重修。

《芦阳余氏宗谱》："罗川闸，在芦阳之西北，蒋庄之西南。南宋景定四年癸卯端甫公（讳道凝，字藻章，春房人）建，广一丈二尺八十，深二丈四尺。两岸百二十步，更筑二堤。一在沙门之东，一在梅山之西，各广三丈六尺，两岸八十步。先是芦阳至院桥水道有二，南经鉴湖，北经梅山，俱至沙门而合，截其南流得湖水常盈，使十里内无旱涝之，其功亦大矣哉。"

余端甫所造余廷美重罗川闸遗址

余文俊，名英，字文俊。元至大三年庚戌（1310）进士，授中正，谪黄岩，遂家于罗洋。（民国《黄岩县志》）

余尚则，元末明初人，名郁，以字行，号讷斋，文俊孙，永瑀子。与方孝孺、林公辅、卢原质辈为友，以文学知名当世。著有《蛙吟稿》。（清光绪《黄岩县志·人物·文学》）

余廷美，名纬仪，字钟灵，又字廷美，明代螺洋人，捐资修复祖上端甫所筑罗川闸，并筑埭广之用。

明进士王钦《罗川闸记》："邑治南行不一舍，近曰罗川，壤地夷旷，居民以耕稼为业。然而土性易涝，无他陂池渠塘以聚水。每当春夏之交，阳色稍亢，农辄以旱告，虽极力于山窜间注汲之，终莫能济。其地有隐君子余氏端甫，深以为病，遂不惜重费，召匠氏治木石之材，当水之通处筑闸一所，以蓄限之。广八尺二寸，深一丈四尺，铺砌两岸各远五十余步，物用俱坚致。由是一乡之内，不劳余力而灌溉之功无不遍。他地虽有凶荒，而隐君之乡号常稔焉。历时既久，闸用崩毁。去岁自春入夏不雨，秋卒无成。乡人思隐君不可复作，嗷嗷然无可控告者，而隐君之嗣孙廷美，慨然曰：'此吾先世事也，可不思所以继之乎？'捐己资数十金，修复如故。间有不沾其惠者，又筑塸以广之。用是远近见闻，莫不交口称颂，乡人应宗因氏辈蒙其利，请余文，立碑以记之云尔。"

余昶，罗洋人，天顺间（1457~1464）贡生。

万历《黄岩县志·岁贡》："天顺间：余昶，从明，罗洋人，未授官卒。"

《路桥志略》："余昶，字从明，罗洋人，明天顺岁贡生。好学工诗，未授官卒。"

余宏德，耕趣孙，余昶侄，字存敬、丕溢，天顺岁贡士，科名臻，号秋崖，系东江祖，建"余氏秋崖亭"。与谢铎同修《赤城新志》。著有《秋崖集》，今佚。（《芦阳余氏宗谱》《路桥志略》）

万历《黄岩县志·岁贡》："天顺间：余昶……未授官卒。其从侄弘德能诗，有《秋厓集》。"

《路桥志略》："余昶，……从侄宏德，字存敬，天顺岁贡生，传其学，与谢方石侍郎同修《赤城新志》，著有《秋崖集》，今佚。"

余铎（1490~1570），字振之，号云屏，螺洋人。年十五为诸生，文名一时，七举不第。嘉靖二十二年癸卯（1543）以贡生授崇义训导。邑僻俗悍，士不知学，铎至，召集馆下与之谈诗书，讲仁义，士皆感化。故事斋膳夫直率倍徵，铎请于县革之。学旁多隙地，旧募人艺蔬，收其税，铎撤而归之官，屡请休，不许，其为人廉介类如是。屡请归休，当道重其才，行不许。会峡江尹成子学，以御史檄行县，势张甚，铎独与抗礼。成衔之，暗中寻找余铎不良事迹，无所得，诬以滥酒，坐免，盖不知其不善杯杓也。喜曰："吾志遂矣。"赋一绝而归，诸生垂涕，送之数百里外，不能别。士大夫若刘中丞节辈，咸为文冤之。家居二十年，杜门著书，后先邑令莫能觏其面。铎学务实践，泊于纷华势利，泊如也。年八十一终。杨令道会为文致奠，称其有古遗风。著有《云屏稿》《西山杂言》，均佚。南通州陈梧冈侍郎尧为之传，乐清侯舜举、布政一元表其墓。万历《黄岩县志》、康熙《台州府志》、民国《黄岩县志》《路桥志略》均有传。

余元挺，字良玉，号陟瞻，螺洋人，康熙三十八年己卯（1699）岁贡，少孤，奉母至孝，聪颖好学，尤长《诗》《易》，林总戎本直器重之，延馆秀峰楼，士多出门，著有《罗川杂咏》，子嘉积，号允亭，壬辰岁贡，严毅方正，善诗文，内翰陈璟铭其墓。（光绪《黄岩县志·卷二十》）

余嵩卓，乾隆二十二年丁丑（1757）重修罗川闸。（《黄岩历代人名录》）

余鸣虬，余氏第三十一世，秋房四支人，锡仲子，字季震，号云贝子，诸生，诗文援笔立就（民国《黄岩县新志》）。有《柳妖传》载于《宗谱》。妻蔡氏，能诗，鸣虬卒后，蔡氏安贫守节。黄鐎等率钱赡之。

清光绪《黄岩县志·人物·文学》："黄鐎……同时余鸣虬，字季震，号云贝子，螺洋人，年十四入邑庠，读书目十行下，诗文援笔立就，高才博学，与鐎最友善，年三十余卒。"

余鉴澄，字子贤，罗洋人，日本明治大学期考，给予法科举人出身，河北地方法院首席检察官。（《黄岩历代人名录》）

余凤洲，字韶圃，清末民初螺洋人，名医。（《民国黄岩县志》）

《路桥志略》："余凤洲，字韶圃，罗洋人，少读书能通大义，既而多病，尽取《内经》《灵枢》《素问》《伤寒论》《金匮》诸书而读之，遂以医名。立案处方，一宗长沙，尤精于虚劫诸病，即或不治之症，然补偏救弊亦可以久延岁时。无贫富，延之立至，率应手而效。卒年七十余。"

余素吾，字仲垂，罗洋人，浙江公立法政专校毕业，光绪末创办翼文小学，民国元年县议员。（《黄岩历代人名录》）

余伯翔，民国二十七年（1938）创立联洋乡第六国民学校，抗战时期任联洋乡乡长。（《黄岩历代人名录》）

余禹谟，民国二十九年任联洋乡合作社社长，民国三十一年创立联洋乡第十一、十二、十三保联立国民学校。（《黄岩历代人名录》）

余华元，民国三十一年任联洋积谷他管委会主任。（《黄岩历代人名录》）

余元芳，民国三十一年任联洋积谷他管委会委员。（《黄岩历代人名录》）

余绍春，民国三十六年任路桥第一、二、三保国民学校校长。（《黄岩历

代人名录》）

余凤翔，螺洋人，日本农业博士。（《芦阳余氏宗谱》）

余凤仪，螺洋人，凤翔弟，高级医师。（《芦阳余氏宗谱》）

余凤高，螺洋人，浙江省苏联东欧问题研究会副会长兼社会科学院副院长，出版著作24部。（《芦阳余氏宗谱》）

余凤法，螺洋人，温州市委高级工程师。（《芦阳余氏宗谱》）

余汉华，字瑞尧，螺洋人，台湾企业家，任汉统实业有限公司总经理。（《芦阳余氏宗谱》）

余元勋，螺洋人，肿瘤学士，定居瑞士。（《芦阳余氏宗谱》）

余如鉴，螺洋人，物资局书记。（《芦阳余氏宗谱》）

余显鹏，螺洋人，原台州地委干部。（《芦阳余氏宗谱》）

余继宝，螺洋人，字宝玉，台州市劳动局局长。（《芦阳余氏宗谱》）

余如忠，螺洋人，台州地区教师进修学院教授。（《芦阳余氏宗谱》）

余历能，螺洋人，字六妹，烈士，解放一江山岛光荣牺牲。（《芦阳余氏宗谱》）

余如梅，螺洋人，字六妹，抗美援朝壮烈牺牲。（《芦阳余氏宗谱》）

重要古迹

余氏宗祠：南宋咸淳元年（1265），端甫公建于东江之西，凡三楹及两厢。上祀太祖，中祀祖，下祀历祖。明宣德间，耕趣公（讳纬介，字廷信，邑庠，印号耕趣。夏房大派人）重建。又至万历二年（1574）余升霍公（讳缉闪，字奇电，邑庠，印雷畹，号升霍，秋房四支人）新迁螺之潴国洲。康熙初年，合族三迁于芦阳街之南、莲花山之西麓青龙宫之右、毓英庙之左。（《芦阳余氏宗谱》）

文昌阁：在芦阳街之中，清乾隆时里人创，中奉文昌梓橦帝君，又奉关圣夫子。（《芦阳余氏宗谱》）

青龙宫：在宗祠之左，明初里人创。清朝乾隆重新，斯为本社庙，地该八保，除本地外，亦四保，东：庄岙、大岙；南：罗家池；北：双庙、芦阳蒋；西：筧头林、鉴阳。奉吕氏太婆娘娘，汉新莽时人，世居琅琊，聚党数千人，杀海曲长，入海中，其众侵多至万数。右有吕祖（名岩，号纯阳），为八仙之一，见列仙谱。贮田三十余亩，皆灵感救人，故奉之。（《芦阳余氏宗谱》）

［又：青龙寺，前身永思堂，又称岩头堂，南宋咸淳四年（1286）蒋彦圣建。民国重修，改名青龙寺，1995年重建于莲花山半山，2001年又在原地重建。《青龙寺碑记》］

青龙寺

毓英庙。《芦阳余氏宗谱》载："毓英庙：在宗祠之右。明初里人建，国朝康熙间重修，同治九年三修，斯为本村社庙。地该四保，以东西中后为名，各有产业（东保计田百余亩，西保共田六十亩，中保计田三十亩，后保计田二十亩），以奉叶大侯王（名适，字正则，号水心，永嘉人），宋淳熙进士、官司业，尝陈傅良时称得人，忤韩侂胄坐贬。杜门著述，自成一家，学者仰之如山斗，寓松山，王文、葛绍体与弟应龙俱师事焉。雄文奥旨，望重富世，以经自绍兴时，遍历华选，助赵汝愚定策，上疏辨朱熹之诬，终宝谟阁学士，谥忠定。曾显迹于罗川，故奉之。又有墓在官岭横山之阳，人扫之。"

杨晨《路桥志略》："毓英庙，在罗洋街，祀永嘉叶水心先生适，宋淳熙进士，官至宝文阁待制，卒谥忠定。曾讲学于此，后人即其地立庙祀之。"

毓英庙

虽然，有人对叶适在罗洋及"毓英庙"祭祀叶适有异议，但"宗谱"所记不会全无凭据，有待进一步探讨。

第四编 南宋时期迁入

林姓	周姓	夏姓	梁姓	沈姓	罗姓	徐姓	汪姓
杨姓	姚姓	江姓	黄姓	刘姓	金姓	戴姓	胡姓
尚姓	曹姓	何姓	郭姓	郑姓	程姓	翁姓	许姓
应姓	秦姓	方姓	尤姓	吴姓	陆姓		

【始迁：南宋建炎元年】

林 姓

姓氏源流

林氏源出商代比干之后。比干为纣王叔父，被纣王处死后，其夫人陈氏避难至长林石室，生坚，归周，赐姓林。

迁入及分布

中漳林氏 奉自莆田迁居黄岩委羽林家岙的林天民为第一世，迁居时间为唐天祐间。第三世幼孜迁温州塔头。第五世允恭，字敬所，在南宋建炎元年（1127）自温州塔头始迁中漳，绍兴三十年庚辰（1160）迁回黄岩委羽，续赘长浦朱氏，乃卜宅中漳，为中漳始迁祖。后裔有十三世（中漳八世）明宣德八年进士、兵部武选司主事（郎中）林灏，及林灏从子成化十六年举人、泾县知县林挺等。（《中漳林氏宗谱》）

箕山林氏 中漳林氏第二房后裔人丁较盛，有迁往洋屿、筲箕山、上林、下林等地。迁箕山、上林者（为委羽十三世），自立宗谱，称箕山林氏，始迁者为克圣。《中漳林氏宗谱》、《箕山林氏宗谱》、（民国）《黄岩县新志》

井头林氏 南宋时林恒斋（莆田人），名先知，字允仁，跟随朱熹游黄岩东乡鲍浦闸，见土地肥美，风俗淳厚，卜居井头。《井头林氏宗谱》、（民国）《黄岩县新志》

东蓬林氏 宋中晚期，林伯云入赘新桥戴氏，后裔兴旺，遂成一族。（《东蓬林氏宗谱》）

泉井林氏 五代后周广顺三年（953）林勋任盐铁大使驻黄岩，六子林游夫之裔十世仲玉明初迁居泉井，为泉井林氏始祖。后裔有明万历五年丁丑（1577）沈懋学榜进士林国材。裔分五房，大房居凤家岸、水垞岸、三房居中林，三房和小四房居十甲陈，七分派居七份。另有迁居新朗桥、东楼等地者。

南安林氏 元延祐间，林方赘沙埠沈村，支分苏楼、浪矶山、张瓦屋、新店街、横溪、栅溪、螺屿、南山、邑城小南门等处。

田济林氏 元代林绕南由福建莆田迁入，其子任盐官，好舍施，其地称钿济。后裔分四房。大房、二房、三房均在郑际；四房居田际，族裔林泗斋，为中共黄岩县委创始人之一，长期担任地下党领导工作，曾任中共黄岩县委书记、台属特委委员民运部长等职，后转任天台县委书记，不久调至新四军十六旅民运部长，后担任丹阳县委书记，因病逝世；族裔林竞华，参加新四军，在教育团工作，不幸牺牲，为革命烈士。

上林等地林氏 元延祐时（1314~1320），林方从福建莆田入赘沙埠，分支浪矶山、上林（横街）、新市街、螺屿（螺洋）、南山等地。

桥后林氏 为泽国林氏分支，明代庠士林荣款由泽国分徙至桥后林（下林桥），为桥后林房始祖。

祠堂、宗谱、族训

上林林氏宗祠。

上林林氏宗祠

《中漳林氏家训》有明永乐十三年（1415）谱、正统十四年（1449）谱、弘治十三年（1500）谱、万历五年（1577）谱，清康熙二十六年（1687）谱、光绪十八年（1892）谱、宣统元年（1909）谱（含箕山），民国三十一年（1942）谱等。2016年合族重修。

中漳林氏家训：敬祖先，孝父母，和兄弟，睦宗族，尊师友，和乡党，重农事，遵德行，重节义，存廉耻，昭忠信，兴礼让，尚勤俭，恤贫穷。凡林子孙，父慈子孝，兄友弟恭，夫正妇顺，内外有别尊幼有序，礼义廉耻，兼修四维，士农工商，各守一业，气必正，心必厚，事必公，用必俭，学必勤，动必端，言必堇。事君必忠吁，居官必廉慎，乡里必和平。人非善不交，物非义不取，毋富而骄，毋贪而滥，毋言人过长薄风，毋忌嫉贤能伤人害物，毋出入公府营私如怨，毋奸盗谲诈饮博门讼，毋满盈不戒妙微不谨，毋坏名丧节灾己辱先。善者嘉之，贫难，死丧，疾病周恤之，不善者劝诲之，不改，与众弃之，不许入祠，以共绵诗礼仁厚之泽。敬之，戒之，毋忽！

《井头林氏宗谱》初修无考，续修于清道光二十一年（1841，林简干）和光绪十年（1884）。现存谱十二卷为民国十九年（1930）林仙凯续修。

重要人物及地方建树

南宋淳熙年间，林恒斋（字允仁），随朱熹考察黄岩东乡鲍浦闸，参与朱熹修闸工作，始居井头林（茅林）。

林仲玉，字伯蕴，号树德，泉井林氏始迁祖，洪武初为南京神策卫尉。

《泉井林氏宗谱》："（明）仲玉公，字伯蕴，号树德，洪渊公季子。洪武初为南京神策卫尉，居黄之迁浦净应山北曰监下（即今新河所南门施家园），后因入赘厉家桥，遂占籍泉井。"

林华本，泉井林氏，于永乐十二年至十七年间（1414~1419）创品桥书屋，景泰三年岁次壬申（1452）吏科给事中进士徐简撰《品桥书屋记》。（《泉井林氏宗谱》）

林灏，字洪端，号毅斋，中庄人，宣德四年（1429）己酉科举人，宣德八年癸丑（1433）曹鼐榜进士，刑部郎中。

明万历《黄岩县志》："林灏，中庄人，癸丑曹鼐榜进士，刑部郎中。"

《中漳林氏宗谱》："十三世，明赐进士第刑部郎中毅斋。"

清嘉庆元年，洪洋人林章强创建"洪洋茶亭"，方便行人休息渴饮。

林孔哲，号遐村，下包人，幼随母居新桥舅家，游黄壶舟、黄云海门，能诗，善病，故绝意进取而精于医。春秋佳日，与二三胜友登山临水，弦歌自娱，著名《五石瓠斋诗》四卷，王莘农谓"得苏陆神髓"云。

林厚斋，名开元，字光载，号厚斋。中漳人，青少年继承祖业，从业贸易，富甲一方。咸丰四年洪潮，早禾淹没，饥民辗转道途。厚斋召集富户，各平粜数日以赈灾民。同治年间请师设馆十余年，培育族人及乡邻子弟。（《中漳林氏宗谱》）

林少甫，清末民初上林人，初习儒，后学医，坐诊横街长生堂。时社会混乱，盗贼蜂起，与族人共议挑筑土城，邀亲友巡防；建神庙之未成，筹款修谱；晚年设帐培育求学者。（《中漳林氏宗谱》）

林锦渠，民国初期南新市人，父亲遗下薄田十余亩，勤俭持家，资产渐丰。救灾恤邻，凡属义举，靡不乐为，南新市积庆桥坍坏，首先解囊并劝募重建，规模比前高大。出资鸠工修路及修东岳庙、文昌宫。（《中漳林氏宗谱》）

林泗斋（1892~1941），号牧夫，新桥田际人。1927年春加入国民党，任路桥区党部执行委员、工人部长。同年9月加入共产党，建立黄岩县第一个党支部，任书记。1928年5月，成立中共黄岩县委，为县委委员。6月，他利用国民党"二五减租"条例，在东南乡发动减租斗争，被捕关押宁波。出狱后在田际小学任教。1934年春任保全小学教务主任，同年秋任茅畬小学校长，奉行陶行知"生活即教育，社会即学校"主张，实行"做、学、教合一"，自编教材，设立"小邮局"，开辟小农场、小工场、小畜牧场、小印刷厂。西安事变后，学校成立抗日救国会，宣传抗日。1937年11月，和林尧等，联合进步的中小学教师和知识分子，在城内小梅梨巷成立黄岩文化界救亡协会。12月，被浙江临时工委指定为中共黄岩临时工委书记。1938年5月，任黄岩县委书记，建立茅小、浦洋、桐树坑支部，发展大批党员；控制县政府政工队和救亡室。1939年调任天台县委书记。1940年1月转皖南新四军16旅民运部工作，复任中共丹阳县委书记。1941年6月，患肺炎逝于宜兴县新四军16旅医务所，终年五十岁。（《台州市路桥区志》）

【始迁：宋代】

周　姓

姓氏源流

主要源于姬姓，瑶族、东乡族、彝族、布朗族、白族、蒙古族、回族、土家族、保安族、黎族、壮族、羌族、朝鲜族等民族均有此姓。

迁入及分布

周洋周氏　周洋在今新桥镇华章村，之所以称"周洋"，必以其地以姓周而得名，其地包括华章、下林桥、长洋等地，中心在华章村华龙桥片，周洋闸所在地。周洋闸为北宋元祐期间（1086~1094）提刑罗适所建，可见周姓在元祐之前所存在于此。《新桥管氏宗谱·居址》载："近代占籍曰周曰管曰李。"管姓迁于元至正初，周姓迁入比管姓早，应在宋末代元初。后周属下林桥村，与华章贴隔壁，也印证周氏在宋代就生活此地。

据《宁海东苍叶氏宗谱》载：台州叶氏始祖叶太安曾孙"叶景全，唐检校，国子祭酒，迁崇正府校授，有功升工部尚书，以忠称。夫人周氏，合葬黄岩岙。"他的四个儿子均居前屿龟山（龟山之北、新安之下）。其中温崇，娶永宁周进士女为妻。可见周氏，在宋代已经生活在新安（路桥）境内。

东山—岭下周氏　元至正元年周世成游学丹崖，闻东山弦歌山水之秀，卜居。明隆庆年间（1565~1571），周思冈从东山移居岭下，发展成分支。

金清周姓由新桥后周迁入。

境内10个镇（街道）均有分布。比较集中的还有路桥（河西、后蔡、殿南、卖猪桥），峰江（浦口、左川胡、箪里王、路西堂），新桥（石道地），蓬街（启明后周、沙蟹宫）等地。

宗谱、族训

《岭下周氏宗谱》以东山周氏为底本,世系图参照光绪二十五年(1899)重修本,世传参照民国十七年(1928)续修本。认定第三十世祖思冈定居岭下为始,至三十九世为重修,四十世后为续修。1995年再次续修,四十三世周正初序。

周氏家规14条:(1)敬祖宗;(2)孝父母;(3)和兄弟;(4)睦宗谱;(5)亲邻里;(6)饬伦纪;(7)立斋塾;(8)务本业;(9)崇节俭;(10)戒争讼;(11)弭盗贼;(12)除痞徒;(13)恤穷民;(14)勤教训。

重要人物及地方建树

周幼芳,艺名严蕊,南宋时期人,传说是路桥街人。

周必达,东山人,方国珍起事后曾问计之。(光绪)《黄岩县志》

周董,葛村人,永乐二十一年举人。(《黄岩历代人名录》)

周尚羽,民国三十一年创立安宝镇第五、六、廿四保联立国民学校。(《黄岩历代人名录》)

周桂香,民国三十五年路桥织户。(《黄岩历代人名录》)

周道富,后洋黄人,戴家汇涨涂承租人。(《黄岩历代人名录》)

周仁增,金清人,清光绪初创立周顺兴号商铺,店面数间,其中南街有两间布店、四间酒坊,西街有两间小五金及帽草店铺。

金清周顺兴商号创立于清光绪初年

【始迁：北宋末南宋初】

夏 姓

姓氏源流

出于夏朝后裔。禹治理了水患，指导百姓兴修沟渠，发展农业，为了表彰他的功绩，舜封他于夏（今河南登封市东），后人姒夏氏。武王克殷，建立周朝，分封诸侯，夏禹的后裔东楼公受封于杞国（今河南杞县），为杞侯。至简公时，被楚国所灭。杞简公之弟公子佗出奔鲁国，鲁悼公因其为夏禹的后裔，给予食邑，尊为侯爵，称为夏侯（复姓），其许多后裔，以夏为姓。

出自妫姓，是舜的后代，春秋时期，陈国陈宣公幼子公子夏，其孙以夏字命氏，称夏徵舒，后代遂为夏姓。

迁入及分布

华龙桥—长浦夏氏 宋仁宗时夏维昌，以盐铁使从仕于温，居台之芝麻园。五传至和楷，迁华龙桥（今属新桥镇）。子三。长师科，迁汇头；仲师立，迁南监；季元浪，迁长浦。（民国）《黄岩县新志·氏族》

西夏夏氏 与长浦夏氏同，源于华龙桥。

境内夏姓还分布在路桥（下包、石曲街），金清（四荡）等地。

祠堂、宗谱、族训

《长浦夏氏宗谱》于第六世夏南峰创修。明永乐十五年（1417）续修，隆庆四年（1570）由十二世宗炼增辑，有赵大佑序；清乾隆十四年（1749）、嘉庆九年（1804）、咸丰十年（1860），皆重修，凡五卷。

重要人物及地方建树

夏和楷，南宋从台州芝麻园迁居华龙桥。（民国）《黄岩县新志·氏族》

夏元浪，和楷季子，从华龙桥迁居长浦。

夏鼎，字文鉴，号宝田，清代长浦夏氏族人，居中巷，著有《周易同人录》二卷、《春草堂诗钞》四卷。（民国）《黄岩县新志·氏族》

夏畴，字子范，号铁瓢，又号少霞，夏霖子，夏鼎从子，清代长浦夏氏族人，诸生，著有《毛诗酌解纂义》三十卷、《培风阁诗钞》四卷。（民国）《黄岩县新志·氏族》

夏宝庆，西夏人，咸丰十一年辛酉（1861）十一月，太平军陷台州府城、黄岩县城。初九日，邱善潮、夏宝庆、徐大度等率众入太平军。（《路桥志略》）

【始迁：宋代】

梁　姓

姓氏源流

梁姓出自嬴姓，是大禹时期治水名臣伯益的后代。伯益的后裔中有一个叫非子的，善于养马，被周孝王封在秦，恢复嬴姓的祭祀，称为"秦嬴"。周平王封秦仲的小儿子秦康在夏阳梁山，建立梁国，因为是伯爵，所以被称为"梁伯"。梁国被秦国灭掉，梁国贵族跑到晋国，用原来的国名作为姓氏，从此姓梁。西晋末年，梁姓已经发展到了浙江、广西一带。

迁入及分布

《霓东梁氏宗谱·原序》载："东晋元帝时，有万公者授浔阳州刺史，见古刹灵鹤山秀丽，遂家焉，是为前梁。越数世文资生子时嘉，始迁百步。数世中有迁天台瓶窑者，有迁太平湖头者，有迁黄岩凉棚及霓岙者。"

存疑

（民国）《黄岩县志》载："梁竹公、松公于晋代由临海百步梁迁居本邑下梁，子孙分居东南沿海一带及土屿、官庄梁、十里铺等处。"

《霓东梁氏宗谱·原序》载："东晋元帝时，有万公者授浔阳州刺史，见古刹灵鹤山秀丽，遂家焉，是为前梁。越数世文资生子时嘉，始迁百步。数世中有迁天台瓶窑者，有迁太平湖头者，有迁黄岩凉棚及霓岙者。"

（按："晋代"只是迁居前梁、临海百步时间，并不是迁居下梁时间。《浙江通史》有载，未注明迁入时间。很可能民国志所说"晋代"是迁入南梁时间，而迁入下梁的时间要晚多，或为唐宋期间。）

祠堂

(万历)《黄岩县志》载:"(嘉靖)三十七年(1558)夏四月,倭寇屯栅浦,焚掠沙巷、长浦、路桥诸处,乡民梁述、梁健、梁生兄弟战于盘马,阵亡,入忠勇祠。"

据《霓东梁氏宗谱》载,霓东梁氏于乾隆年间创建向东宫作为宗祠,道光年间台风摧折,由四房贡生梁藻会同各房修葺。咸丰乙卯,梁瀛会同各房再次修葺。而将向东宫改为余庆堂。同治六年(1867)作《重修大宗祠堂记》《改建向东宫为余庆堂记》。

下梁三金忠勇将军祠外部

忠勇将军祠内部

宗谱、族训

据载，梁氏宗谱有数次遭火灾烧毁，《霓东梁氏宗谱》剩有民国七年（1918）续修本。2018 年有新修本。

《霓东梁氏宗谱》载有"家规"，内容有：孝悌，勤俭，祭祀，备祭，宗器，新正，祠墓，宗族，亲丧，姻里，闺门，名分，嫁娶，继嗣，国课，息讼诸方面。"家法"内容有：治忤逆，责奸邪，除窃盗，杜偷葬，究赌博，饬盗卖，惩非偶，防谱弊诸方面。

重要人物及地方建树

梁述、梁健、梁生，下梁三十份人。明中叶倭患频繁，梁氏三兄弟组建乡兵，抗击倭寇，战死在盘马。

明万历《黄岩县志》载："（嘉靖）三十七年（1558）夏四月，倭寇屯栅浦，焚掠沙巷、长浦、路桥诸处，乡民梁述、梁健、梁生兄弟战于盘马，阵亡，入忠勇祠。"

梁万宁、梁万荣、梁万昌三兄弟，明抗倭民团首领。

民国《黄岩县新志》载："梁族极繁，传今五十五世，著名人物有万宁、万荣、万昌兄弟三人，于明代抗倭留有伟迹。"

梁六、梁七，明抗倭民团首领。

《黄岩县地名志·金清区·分水人民公社·双升大队》："绝倭沥：明朝戚继光将军部下梁六、梁七，曾在此英勇杀敌，歼灭了从海上入侵的倭寇，后人为纪念此事，取名绝倭沥。"

按：梁六、梁七与前、后梁氏三兄弟什么关系不明。

绝倭沥及旁边戚继光纪念堂

梁艮斋，清乾隆年间董事建永镇闸。

《霓东梁氏宗谱》载王毓鋆撰《艮斋梁公传》："凡人之卓然可传者，莫不以行孚里党、泽及乡间、德垂后裔而熙鸿号于无穷也。吾邑下梁，兴志梁公，字定向，号艮斋，秉性豪爽，事亲笃孝，娶陆氏内助称贤，生二子，英伟出群。平日崇古朴敦勤俭，货恶不出。于地也，以海水为生涯，力恶不出于己也。忘日夜而操作，身日以劳，而家由此兴且也。事兄定寿公友于敦笃。兄以所居地滨大河，潮汐去来，人苦厉。揭尝于乾隆二十四年间（1759）议建卷洞桥。开桥之日，戌、亥二肖不利，人损桥圮，兄遂以病亡，因嘱弟续成其事。艮斋奉兄命慨然。以修堤防、兴水利为己任，当日邑侯刘公（刘世宁，乾隆二十年至二十二年任）仿朱考亭公遗意，立闸，号永为镇，董其事者艮斋，名载《邑乘》与《河闸志》。至于今，熙来攘往，肩摩毂击，四方辐辏，土沃野丰，百物殷阜。过而登斯闸者，莫不叹艮斋能锐志力成，不负兄命，而称道其功不衰。更足多者，乾隆十六年（1751）凶荒，人情汹汹，而艮斋肯倾囷仓加赈济之，亲邻戚党赖以举火者不下百余家。而庚癸之呼吁顿息。以故再传至孙，长三鳣身游黉序，次三杰身列成均，厚积光流，其民祥不既远且大哉。嗟乎！人生货力皆为己耳。艮斋一切义行，表表在人耳目，不惮辛苦，不忘友爱，不惜资财，不矜德色，不昧义方，一生谨慎少过失。其待亲戚，厚以周。鋆生也晚，闻嘉言懿行，犹想见其为人，因略叙其梗概云尔。"

梁苑，字宗炳，号朴溪，下梁人，嘉庆十二年（1807）举人，孝廉。作《陨石歌》，唯一记载嘉庆十七年（1812）天降陨石天象资料。子梁灏，国学生；子梁瀛，庠生。

民国喻长霖《台州府志》卷二十五："嘉庆十二年丁卯科：黄岩梁苑，第九十四名，字朴溪。"

梁苑《陨石歌》："嘉庆十七岁壬申，维时二月恰中旬。日方过午烟云扫，多风多雨多纤尘。似雷非雷声隆隆，不及掩耳惊四邻。瞻仰昊天何所有？忽然怪石落海滨。我邑下梁及下陆，飞来四五何嶙峋。形大于升小于斗，入地尺许迹未湮。外黑而青内白，更似铁痕个个匀。正从大造炉中出，气热如焚手难亲。去岁此月鸣天鼓，彗星似帚烂然陈。今春嗷嗷鸿满野，五百一斗米足珍。小大市无半粒粟，凶顽结党如黄巾。以强凌弱众暴寡，刀剑皑皑白如银。秋来疾病尸暴露，十家九户时呻吟。橘柚成果花复发，咄哉怪事何频频。"全诗38句计266字，摘自陈顺利文，未录全。

梁学均，梁苑族侄。清嘉庆元年（1796）造西镇闸，匠石之费须千金，物力维艰，学均独肩其任，竭力捐资，甚至不惜借贷，至十六年（1811）而闸成。蓄泄有备，灌溉有了保障。

《霓东梁氏宗谱》载梁苑撰《下梁西镇闸记》："吾乡之出滨海，故水旱为患较他处为尤甚。乾隆己卯（1759）间，江西新淦刘公幹斋（刘世宁，字幹斋，乾隆二十年至二十二年任）以名进士来宰吾邑，师紫阳夫子遗意而此地始有永镇闸之建。当时咸利赖之。迨历久渐坏而潮流冲突，往往旱干未值而苗已如焚，水溢未逢而田皆为壑，无麦无禾，哀鸿所以嗷嗷也。袗耆纠集乡民于嘉庆元年（1796）呈请邑侯路公思（路郘，乾隆五十二年至五十六任）继永镇为西镇而建立焉。无如沥口深而广，约七丈有余，白波漾奔，椿石难下，匠石之费须千余金，而居民井里上闸占其大半，计可捐率者仅二三里耳。况其中市厘街层去屋其一，孤寡穷民去其一，物力维艰，当事者心窃忧之。于是众议就古桥之侧藉遗石以为基址，拮据经营有年，所又适频遭荒歉，间有一二慷慨乐输之人，而所入浮于所出，论者比之精卫填海矣。族侄学均毅然独肩其任，竭力捐资，甚至称贷以益，更挽庠生如松等，因田科率，共勤厥事。至十六年（1801）而闸始告成。将见灌溉，有资黍苗如膏阴雨，蓄泄有备下泉不浸，芑粮其流泽，宁有穷哉。有始尤贵有终，善创必期善守。修葺之功，是所望于后之同志者。嘉庆十六年岁次辛未中秋日。"

梁罗藻（1801~1855），字维藻，号晓塘，卷洞桥人，道光、咸丰年间庠贡生。咸丰四年海溢民饥，跋涉劝赈，劳累得疾亡。

清光绪《黄岩县志·一行》："梁罗藻，字维藻，号晓塘，卷洞桥人，庠贡生，性伉爽，好义举，尝募勇出洋缉盗，获匪甚夥。咸丰四年七月海溢民饥，罗藻自冬及春谒告守令，跋涉乡县，劝输米粟往赈，以劳得疾卒。廪生黄譙为文以祭，谓其'忧人之忧，不避苦辛，心乎济世，遂亡。'"

《霓东梁氏宗谱》王咏霓《例赠修职郎晓堂梁府君墓表》："甲寅海溢，道殣相望，万灶寡炊，四听惟哭。君割地收骨，量與恤灾，节一席饱十人之饥，出百囷延九死之息。会乐清瞿逆叛踞城邑，当事者以帮金五千两解黄佐饷，而瞿逆已授首，君率诸荐绅请于都，转庆公以此款留赈乡里，发耿令之粟欲补常平，绘郑侠之图急于请命，往返十日，积瘠兼旬，以咸丰乙卯年（1855）二月初八日卒，距生年为嘉庆辛酉年（1801）八月十五日，寿五十有五岁。"

梁余庆，名妙金，字宗积，道光年间下梁人，克勤克俭致家丰裕，慷慨好义。

《霓东梁氏宗谱》载王映青撰《余庆梁公传》："公讳妙金，字宗积，……克勤克俭，阅数岁而家渐丰，凡有借贷者，未尝论息，亦不索券，间有存券而家贫无力偿者，辄焚之，终不复言。或其人复来呐呐不出诸口，窥其意知为借贷者，与之绝无吝色。他若庙宇倾颓、道涂泥污、桥梁崩塌，即慨然自任，施白金不惜数百，或饥馑荐臻，则为食于家以待，乞者而与之。"

梁舜云（1830~1890），名复旦，字舜云，玉衡子，卷洞桥人，道光、咸丰年间庠生，办学塾、筹宾兴。

《霓东梁氏宗谱》载林庚修撰《学博梁舜云先生家传》："邑东南乡卷洞桥梁先生者，讳复旦，字舜云，尊人玉衡先生，籍邑庠，先生继之游邑庠，补饩乡里称贤。凡建闸、浚河、联保甲、兴学塾、筹宾兴，皆与其役。……尝乡试秋疫盛行，仆从死一人，林友某传染继死，人无近者，独身延医疗治，谊如家人骨肉然，自病而殁而枢归，皆一手。遗集有'抚棺亲为检衣衾'之句，朋侪高其义，先生则曰：'此分内事，无足多者'。又尝于粤逆招抚时，人人授伪官，保全乡里，所在皆是，先生且笑置之，不加是非。惟经收伪贡者，追求无艺，乡人苦不资，先生挺身冒险，入贼垒状冤，抑贼亦感其诚不加害，且加礼焉。"

梁静轩，名国安，字学凝，道光年间下梁人，慷慨好义，遇事奋身排解，初，有里保创买谷例捐损民事，静轩诉之官，终使其废除。

《霓东梁氏宗谱》载陈鉴撰《梁静轩先生家传》："然慷慨好大义，遇事即慷直不娣，里有雀角，辄奋身排解，有不题，必力折其非。……初，公处于乡也，有里保创买仓谷之例。公义形于色，诉之官，不计利害、不避嫌怨、不辞劳勩，不吝钱钞，越一年，事始直。今泗水一庄，无捐谷费，公之力也。岁祲，则出粟赈里之贫乏及无告穷民，又集四乡殷户之家平价分粜，家给人足，无远近，咸德公，称公为长者。"

梁瀛，梁苑子，庠生，捐设南乡扶雅宾兴。（《黄岩历代人名录》）

民国《黄岩县新志·教育·宾兴》："翼廊坊宾兴、文昌宾兴、冯宾兴、沈宾兴、符宾兴、何宾兴、新何宾兴、叶张池宾兴、会试宾兴、新宾兴（附黄岩县立中学校产一览表）、城宾兴（附黄岩县县城镇第一、二、一二、三七、三八、二六、二九、三四、三九、四一、四五，保国民学校校产一览表)、东乡宾兴、南乡扶雅宾兴、路桥路宾兴、路桥明文宾兴、石曲宾兴、南乡宾兴（黄岩南乡宾兴章程，南路田产一览表，北路田产一览表、房屋表、房产表、黄岩县梅溪县道梅院段借款及租赁合同、宾兴祠之建筑、宾兴祠之重建、宾兴分祠之建筑）。"

《霓东梁氏宗谱》载梁瀛《纪宗祠名胜歌》："霓东积雪兆荣光，沥北涵云世泽长。凤顶塔悬知日上，鹰尖目极觉天荒。西门破浪临无地，南港观渔荐满堂。三闸回澜千顷沃，九龙濯翠百花香。洞桥月映波心彻，寨渚风清协气翔。汇曲一围牛子幻，印高四角虎头昂。聚泉取鉴媸妍别，泗水寻春巧样妆。海市奇珍珍未有，炮台形胜胜何强。绝倭沥岸留遗迹，洋汛关前必设防。岱石晨钟惺不寐，斗宫晚渡倦还乡。塘多宿蜃嘘成雾，井射流虹味倍浆。砂阙晴霞明点点，金清觞咏纪行行。"

梁张熊，四荡人，同治六年（1867）武举人。（光绪《黄岩县志》）

梁鹤元，五甲人，同治九年（1870）武举人。（光绪《黄岩县志》）

梁朝栋，下梁人，同治十二年（1873）武举人。（光绪《黄岩县志》）

梁冠卿（1844~1874），卷洞桥人，同治年间国学生。世代业儒，一门六秀才（庠生）。

《霓东梁氏宗谱》林玮黻《侯选训导冠卿梁公暨陈孺人传》："距吾邑东乡十余里有镇曰卷洞桥，为黄邑东南乡属境。居民千余家，鳞次栉比，皆梁氏一姓。……公讳栋，号冠卿，黄岩梁氏。先世代承儒业，曾祖妙金，号余庆，硕德遐龄，望崇庠序；祖讳士成，号厚斋，亦声隽一黉，考讳罗藻，号晓塘，附贡生。……有'一门六秀才'之目。"

梁德周，下梁人，字庚生，诸生，试用训导，清同治年间曾教馆箕山禅院。（民国《重修黄岩洋屿罗氏谱》）

【始迁：南宋淳熙十六年之后】

沈　姓

姓氏源流

据《元和姓纂》载："周文王第十子聃食采于沈，因氏焉。今汝南平舆沈亭，即沈子国也。"

欧阳修《新唐书·卷七十四上·表第十四上·宰相世系四上》："沈氏出自姬姓。周文王第十子聃叔季，字子揖，食采于沈，汝南平舆沈亭，即其地也，春秋鲁成公八年为晋所灭。沈子生逞，字循之，奔楚，遂为沈氏。"

迁入及分布

霓岙沈氏　霓岙沈氏又称箕山沈氏，始迁于南宋，始迁祖为台州知州沈作宾（淳熙十六年1189二月任，四月离任）。

《霓岙沈氏宗谱·箕山与沈氏》："宋室南迁后，据沈氏宗谱所载，始祖作宾公原籍浙江吴兴湖州，年耄致仕，隐德匀辉，迁至台郡，卜居于黄岩州之沈箕山之麓，嗣后沈氏子孙勤耕俭读于此。"

民国《黄岩县新志·氏族》："沈公正于宋代自沈岙迁居霓岙。第五世崇高迁澄头，崇显迁屿下；第六世仁贤迁仓后洋；第七世立地自澄头转迁东涧。子孙分居戴家汇、店头、称歇、石柜岙、岙岸、溪头、屿巷、普门堂、滩头、土屿、西溪、岙里。"

坦头沈、横龙桥沈氏为霓岙沈氏分支。

境内沈姓还分布在路桥街、洪洋、长浦、金清街（包括四塘、腰塘）、下梁、绝倭沥、浪矶山等地。

祠堂

霓岙沈氏大宗祠建造于箕山之下，亦称"箕山大宗祠堂"，修于乾隆五十七年壬子（1792）间。

华龙桥沈氏小宗祠于清康熙间由沈木生建。

坦头沈氏小祠修于清光绪二十三年（1897）间。

宗谱

《霓岙沈氏宗谱》初修于宋嘉定十四年（1221），由进士沈正叔主修；二修于元大德元年丁酉（1297），由庠生沈竹隐主修；三修于清乾隆五十七年壬子（1792）由星圃、占元主修；四修于道光二十二年壬寅至二十三年癸卯（1842~1843），由映崖、绍虞主修；五修于光绪二十三年（1897）。1999年六修。（另有明永乐六年《沈氏重修宗谱》）

家训庭训

《霓岙沈氏宗谱·族训》：

○事亲不可不孝也。古之圣贤谆谆教孝良以百行之原，莫大于孝，族中子姓，但于力之所能为，分之所当为者即勉力以为之，庶几乎稍尽子职矣。诗云："欲报之德，昊天罔极"。

○身不可不修也。身者父母所属望，而子孙所观型者也。故必敬以持己，恕以接物。喜怒哀乐务求中节，庶身可修而家可齐矣。书云"慎厥身修"，思永子姓，当各置于座右。

○持家不可不勤也。不勤则业荒，不俭则财耗，必也。男耕女织，食时用礼，庶财源流节，仓箱之庆实基于此矣。谚云"黄金生勤俭人家"，诚能取是言思之，家道兴隆于此矣。

○教子不可不严也。子弟之正邪，每视父母之严忽，严则比匪可入端方，忽则端方必流于比匪，自古迄今，大抵然也、必也。毋姑息，毋纵容。

○交游不可不审也。择善而从之，其不善者而改之，否则，必至失身，匪类危累父母兄弟者有之，可不慎于择交者哉！

○邻里不可不和也。出入相友，守望相助，疾病相扶持。古有明训，凡兹同里，毋以小隙而构大怨，毋以微忿而结世仇。庶几，里有仁风，而乡邻多惠爱矣。

○出仕不可不清也。致君泽民，吾儒分内事耳，苟以援上之不工，剥下之不巧，为虑凡足以肥囊橐，而贻子孙者，尽力而为之，即眼前幸漏法网，子孙有不受其报者。

○赌博不可不戒也。夫贫而赌，赌而贫，贫而贱，势所必至也。苟沉溺不返，沙里淘金，将见岁暖而妻号寒，年丰而子啼饥，能不惧哉？

重要人物及地方建树

沈作宾，字宾王，归安县（今属浙江湖州）人。淳熙十六年己酉（1189）二月，为台州知州。年耄致仕，由吴兴而迁台郡，卜居于黄岩州沈箕山之麓。

宋陈耆卿《赤城志》卷九《秩官门二》："淳熙十六年，台州知大军州事沈作宾。二月一日以承议郎知。吴兴人，初至有政誉，四月二十二日罢，时民拥其辙，不得行，且请留于朝。"

脱脱等《宋史》卷三百九十《沈作宾传》："秩满，知台州，首访民疾苦，弛盐禁，宽租期，均徭役，更酒政，决滞狱，五十日间尽除前政之不便民者，邦人胥悦。而前守嫉其胜己，巧媒蘖之，罢去。民请于朝，借留不遂，为立'留贤碑'。"

沈寿，南宋庆元二年（1196）进士。（《霓岙沈氏宗谱·序一》）

清康熙年间，沈木生捐金数百修寺前桥。

华龙桥路廊，始建时间不详，清康熙年间、沈木生、沈一峰父子修建。

《霓岙沈氏宗谱》康熙年间进士江济《木生公行传》："虑寺前桥之倾危，捐金数百修之。……华龙桥为两县界口，行客风雨无依，公建路廊，以憩息之。"

沈一峰，木生子，名承，字朝选，号一峰，康熙、雍正年间庠生，庠名锡，与父一道重建华龙桥路廊。

《霓岙沈氏宗谱》林之正撰《一峰公行传》："公讳承，庠名锡铨，字朝选，号一峰，木生公之子。……甫垂髫辄失怙恃，岵屺之悲，无时敢释而谋无遗，谙举无失策，日扩膏腴之产，库有余财，仓有余粟，陶朱猗顿不能过也。……且能建造祖墓、祠宇，重建华龙桥路廊，行人口碑载道。"

沈一峰一门八秀才：沈一峰及三个儿子：沈荣五、沈亦帘、沈星圃；星圃四个儿子：廷加、廷松、廷藻、廷楣，均庠生。（《霓岙沈氏宗谱》）

《霓岙沈氏宗谱》林之正《一峰公行传》："娶陈氏，端静有文苑，若少君而才过之。出嗣三，廷加、廷松、廷藻，名登国学；继娶毛氏，出嗣二：

廷楣、廷赞。尤爱读书，助训其子，以故廷楣君早掇芹香。邑学教谕成城公给匾以奖之曰'玉宇春晖'，宜哉！"

《霓岙沈氏宗谱》周鉴撰《荣五公行传》："公讳循筠，字廷松，庠名荣五，一峰公仲子。"

《霓岙沈氏宗谱》李南湖撰《亦帘公行传》："公讳循泮，字廷藻，庠名见龙，号亦帘，一峰公三子。"

《霓岙沈氏宗谱》陈为霖撰《赠星圃沈老先生序》："先生讳兆奎、廷楣，号星圃，一峰公四子也。……受业原任分水教谕王牧堂先生，爱公笔情电掣，文采飙流，每夸程门高弟，岁己巳金坛于耐圃，丁巳状元也，视学两浙，亲拔邑庠。自屡试优等。"

《霓岙沈氏宗谱·桂亭沈公谱序》："公讳燕馨，字绍芬，号桂亭，星圃公第四子……其先世世植德亦世世业儒，至公之世，德愈厚，习儒业益多，其昆弟六，列黉宫者三，瑞清公、醉霞公、燕山公，皆邑中庠序。"

《霓岙沈氏宗谱》吴潆淇撰《赠燕山沈先生序》："先生讳景钧，字绍宝，庠名乙白，别号燕山，星圃公第五子也。"

沈星圃（1723~1793），一峰四子，名兆奎、廷楣，号星圃。建楼于华龙桥，黄岩盐场场主钟肇基颜其居为"培桂"，成一带壮观。开设教馆，培养学子。广交文友，吟诗作赋。纂辑《霓岙沈氏宗谱》。

《霓岙沈氏宗谱》咸学标《恭祝星圃沈老先生六秩荣寿序》："既而科第不偶，遂辍学支门户，筑培桂楼于沈箕山之畔，需石需木需工，俱一心运又身置膏腴，产于楼前后左右，课僮仆耕晨霜夕，未尝不循行阡陌上龙敦孝行其椿庭早谢，侍奉慈帏，色养俱至，每见对宾客。"

《霓岙沈氏宗谱》陈为霖《赠星圃沈老先生序》："若课读西楼，敬师择友，观耕东野，宜尽利，又其质性之纯，壮岁厌曲水园第宅之隘也，创岑楼汇水，鸠工庀材，只身经理，遂为华龙桥一带壮观。黄学教谕潘汝发匾其第曰"川岳含芳"，黄岩场主钟肇基颜斯楼曰'培桂楼'。"

《霓岙沈氏宗谱》陈为霖《赠宾孟公序》："庚子（乾隆四十五年，1780）春，余馆于霓山星圃翁之西楼。"

沈亨初，清乾隆间人，济困扶危，乐善好施。修路修桥，以便行人。

《霓岙沈氏宗谱》叶三至《赠亨初沈君茸修宗谱序》："乡党中事无大小，排解得宜。尤不惜赀金以成人美，济困扶危，乐善好施。修崎岖之路、往来之桥梁。"

沈国材（1796~1870），道光年间坦头沈人，开创坦头沈骨伤科，为当时名医。子馨山（芎生），孙眉仙，继承坦头沈骨伤科。

沈馨山（1835~1895），国材子，继承父亲开创坦头沈骨伤科。

《霓岙沈氏宗谱》陈钧撰《沈芎生先生传》："先生讳馨山，字桂香，芎生是其别号。世为邑之坦头沈人。其先尊君楚藩伤科，授于闽人，精于其道，所医治概不受酬，兼施刀圭并不受值，终其身不改。先生起而踵之道，愈行效愈宏而惠泽之流亦因以愈广。先生活人无算而管伍为多。往者土寇负嵎，官军驰剿往往拼命拒。桐树山、仙岩洞、天灯洋诸役，各部兵丁受巨创，洞胸穿胁者不下百人，皆先生独手治。而仙居城解围一役，所活亦不少成。太守杨军门而下咸有匾额赠，所题'妙手回春''功侔良相'云云，洵不诬也。太邑毛某魁匪也。参戎彭往捕失利，身被十四创，咸谓无生理矣。经先生治得不死。参戎酬以匾曰'术衍青囊'。当参戎濒危时，长官议'尽毛氏村屠抄之'。其中男妇已鸟兽窜。后以参戎甦得免。……故其他善举如修宗祠、建河闸，捐有巨款，类足表彰，概可略也。"

沈奏韶，光绪年间弃儒业医，治跌打损伤。

《霓岙沈氏宗谱·霓岙沈氏贰仟庚辰续修宗谱序》："此外尚有沈奏韶也，于清光绪年间弃儒业医于跌打一科尤卓绝，并令族中兄弟及侄辈兼精其术，光绪十三年楚军防厅奖给匾书'仁心仁术'。"

孙眉仙，国材孙，馨山子，继承坦头沈骨伤科。（《霓岙沈氏宗谱》）

沈永生（1907~1964），余杭人。其父沈灿中共地下党员，烈士。本人杭州教会学校毕业，医生。民国二十六年（1937），携妻蔡梅如在石曲新路街开设夫妇医院，20世纪50年代夫妻俩在新桥诊所为医师。

《台州市路桥区卫生志·概述》："民国二十六年（1937），在石曲开设夫妇医院。"

《台州市路桥区卫生志·大事记》："民国二十一年（1932）11月，余杭人沈永生携妻蔡梅如（路桥人）在石曲新路街开设'夫妇医院'。"（注：根据沈的家属考证，应为民国二十六年。）

形胜

黄邑之南离城五十里许有山焉，厥名曰"箕"，盖象形也。箕山风光荒乱无殃，龙虎把门，马牛相望，丹凤展翅，金鸡卓立，群山琢抱，形似箕状。青山常存，绿水长流，晨雾蒙蒙，花雨缤纷，彩虹常现，现故名霓山。

《霓岙沈氏宗谱·箕山与沈氏》："箕山因形如箕盖故名箕山，沈氏居后亦称沈箕山，该山北、西、南三面呈凹字，所谓左龙右凤环绕霓岙、上洋之间，山上树木葱郁，当春暖花开，在阳光耀下，犹似长虹，又名霓山。"

叶至三《沈箕山记》："黄邑之南离城五十里许，有山焉，厥名曰'箕'，盖象形也。壬子岁（1792）予承星圃、亨初诸先生邀修宗谱，爰至其处，见之左右迴抱，隐然若环，殆宅幽势阻隐者所盘旋歟，而凤抟龙绕尤觉形胜之雄奇焉。因恍然曰：'气佳哉！'庶人杰而地灵乎！而其间栋宇相望，烟火甚繁也。又见夫田畴整整，耕凿芸芸，家弦户诵，善气迎人，不禁心旷神怡，使我如坐春风中。询之先生曰：'此族人聚庐处。自始祖作宾公迁居于兹，历数百年矣。其中产业之兴，创科甲之蝉联，子姓之分支衍派绳绳而繁盛者，屈指可数。然皆国人知之，非私族也言者。'予于是敬聆之。噫，异矣异！夫沈氏之先人，抑何深识远虑，择地而居，且创业垂统，与子孙以可继者，竟贻谋若斯之宏哉。安土重迁，信不免儿女见也。已而先生置酒，要予记之。余固陋不文辞，强循以请。曰：'箕字之说，余维书之箕畴诗之箕斗于义，无与唯礼云'良弓之子，必学于箕'，其视后起以绍述方者庶为君先人开来深意乎？由是而翕处则星聚，箕之象也；由是而擢科则云出，箕之象也；由是而光宗则日出，箕之象也。箕之时义大矣哉！彼以象形解者，不其俚乎！'迄今沈氏诸君子不忘所自，遂于箕山之侧建一宗祠，则祖泽之源流俎豆之馨香，庶与箕山而并峙矣。然余之作斯言也，盖时径醉云。"

【始迁：南宋绍熙年间】

罗 姓

姓氏源流

源于妘姓，出自为颛顼帝之孙祝融氏后裔的封地罗国（河南罗山）。据典籍《说文通训定声》记载：邻、路、逼阳、鄅等姓，都是古时的妘姓国，始祖为祝融。祝融，名黎，为帝喾时的火正（掌管民事、火种），被后人尊为火神。

源于官位，出自西周初期官吏罗氏，罗氏，是两周时期的一种官职，专职掌管天下鸟、禽的捕捉与饲养，以供王公贵族欣赏和食用。在典籍《周礼·夏官·罗氏》中记载："罗氏，掌罗乌鸟。"在诸侯国中，亦设置有罗氏之官职。春秋时期"好鹤亡国"的卫懿公姬赤特别喜欢仙鹤，他在宫廷的定昌、朝歌西北鹤岭、东南鹤城（今山西长垣鹤寨）等处均大养仙鹤，由罗氏照料。

路桥罗氏奉始祖罗德成，字大才，曾任越州录事参军，在宁海县海游（今属三门）依山傍海的马家山结茅安家。罗适于北宋天圣七年（1029）生于马家山，登治平二年进士，元祐间提刑两浙，持节台州，在黄岩浚河修闸，为黄岩水利之始。娶妻周氏，生六子九女。其第三子仲祥始居罗洋，为境内罗氏始迁始。

迁入及分布

罗洋罗氏 罗适第三子仲祥（字元气，号灵谷）于绍熙三年（1192）以贤才授黄岩尉，家于罗洋。当代少将正军级罗邦杰即为罗洋罗氏族裔。

洋屿罗氏 乾隆谱以国卿为仲祥子。称国卿入赘中庄陈氏，喜邑南四十里许洋屿山明水秀，遂卜居。族彦有罗洪、罗应昌、罗宝书、罗存霖等。

洋屿前罗罗氏 与洋屿罗氏世次略有不同，《前罗谱》载："始迁祖讳仲祥，绍熙三年授黄岩尉，遂家于罗洋，以氏为籍，殆八世矣至正间灵谷府君以子信卿娶横街姚氏，乃卜居洋屿之西、凤山之北、龙溪之南，号为前罗。"

民国《黄岩县新志》："洋屿罗氏。罗仲祥家于罗洋，八世（灵谷之子）信卿娶横街姚氏，卜居洋屿之西。子孙分居横街、井头罗及青龙浦下段南北两岸。"

井头罗氏记载，因江西战乱与灾荒，罗氏先人从江西逃荒到现机场内三道沙岗，搭茅厂、开海涂定居。

此后罗氏繁衍生息，遂成境内大族。特别是以洋屿为中心，横街、蓬街为两翼罗氏形成境内东部主要族姓。

［存疑：光绪《黄岩县志·大事略杂事》载：罗隐后人：唐罗昭谏居余杭之罗平山，见余杭孙志明经。王驷一云："唐诗诸选本皆载江东人，惟杨铁崖《红豆集》载'黄岩人'，不知何据。今邑东南洋屿有罗氏宗祠，皆以隐为始祖云。"案：余尝询之罗氏后人，云无以隐为始祖者，则驷一之说为不足信也（光绪《台州府志》）。］

祠堂

罗堂位在杨桥，为洋屿罗氏总堂，祀罗适。

罗氏先贤祠（俗称罗堂）

罗氏元房小宗祠在洋屿山东南中柱大下叶里，坐东向西，同治甲戌元房启现、会章、启海、张送、会勋、嘉传、懋权、懋银、维行、继鳌、一馨、继怀等建。

罗氏由房小宗祠在龙泉宫西，光绪间由由房十八世待诏延平同弟武生鄂扬建。

罗氏由房二派小宗祠在桥儿里，嘉庆间由房十六世嘉乔等建。

罗氏由房五派小宗祠在横街西，嘉庆建。

罗氏由房七派小宗祠在横街水井之南，先是道光乙酉由房会煊、烟銷等创建小宗祠于横街岳庙东，至光绪丙申（1896）景杏、承秋始议迁今地。

罗氏开房小屿祠堂在太平小屿陈茶桥畔，嘉庆乙丑（1805）建。

罗氏开房支祠在东乡蛟龙闸官河东岸，光绪乙酉（1885）开房二派十八世五虎巡检植建。

罗氏开房六派小宗祠在三脚撑，十七世吕土建。

罗氏开房六派小宗祠在上滩江龙口舌，岁乙卯二十世天云妻梁氏建。

井头罗氏宗祠在魂斗罗。乾隆辛丑（1781）显房道辉、见尧、占尧、星尧、珍尧、立舜、昭才、同等重建。

罗氏显房东头派小宗祠在井头罗，坐东向西，光绪初显房十九世春阳等建。

宗谱

《洋屿罗氏宗谱》，有明成化中有进士罗洪（监察御史）与同年应钦（按察副使）所辑，并有应钦《罗氏宗谱序》；继之为明万历九年辛巳江承筐所修，清代有乾隆三十七年（1772）壬辰谱、乾隆四十一年丙申由开显四房合修（陈鸣时所修谱）谱、乾隆五十五年谱、嘉庆时续修谱、同治七年戊辰谱等。民国三年（1914）甲寅由罗藻新重修，有谱36卷（聘管世骏主笔）。20世纪60年代"文化大革命"时期烧毁。21世纪初重修，由于旧谱无存，对于源流世系、族规家训、人物传记、艺文著作等缺失。2019年6月，"罗堂"负责人罗启保亲赴北京，通过罗瑞卿大将长子罗剑，在北京市博物馆复印到《洋屿罗氏宗谱》7册，为重修《洋屿罗氏宗谱》提供了珍贵资料。

家训族训

《万历洋屿罗氏谱》载有罗止水遗嘱：家庭之内，以孝友为先；邻族之中，以谦和为贵；诵诗读书显扬名固人世第一流事也，不然退耕于野，克勤克俭亦足守成；田园慎弗使之荒顿，墙屋慎弗使之圮坏，茔木慎弗使之斩伐；

菽粟虽多，狼籍之不可也；裳衣虽敝，轻弃之不可也；器物虽具，侈用之不可也。推此之类，接于目则警于心，早暮以求从嘱规，若欲逞才妄作，钓名竞气，一有挫跌，悔将何及。不闻古人有云："宁为龙伯高之谨厚，无为杜季良之豪侠。""勿以善小而不为，勿以恶小而为之。"

宋代苏轼《罗氏谱赞》云：
豫章世家，洪州望族。忠孝一门，节义两顾。
文德武功，名留简竹。理学真儒，后先继续。
礼义仁昭，天伦攸笃。贤子贤孙，旋踵芳躅。
以此家风，遗风善俗。

重要人物及地方建树

罗孟武，字季勇，号止水，洋屿罗氏，宋末廪生。

《重修黄岩洋屿罗氏谱》载罗孟武《挽杜清献公》诗："万花争妒梅清白，公似梅花得正传。一气东风转寒谷，片时秋水共长天。局棋到手成虚算，野名无人敢直前。恨煞乾坤收不得，梧桐愁雨带寒烟。"

罗洪，初名文洪，字从范，号一斋，洋屿罗氏第六世，由县学生登景泰元年庚午科乡试第七，明景泰二年辛未（1451）进士。

《黄岩志·金石坊表》：南乡有明"罗洪进士坊"，其地名"碑门"，石坊犹存，明时所立。

罗伦，初名文伦，字从理，罗洪三弟，天顺六年壬午（1462）科举人，兴化教授。

罗仕，字玄弼，洋屿人，罗伦子，弘治二年（1489）举人，浮梁知县。

罗应昌，字会嘉，御史罗洪后裔，世居洋屿，后迁县城孟家巷。崇祯壬午（1642）岁贡，授广西桂林通判，升知永宁州。守正不阿，清廉爱民。尝获大盗，有富民为盗所诬，持金求解。应昌掷之地，叱使去。已而讯得其情，乃释之。民谋建祠以祀，却之曰："吾非为名也。"库吏盗币金事觉，将鬻妻以偿，穷诘，以养母告。应昌叹曰："盗币供母，而忘国法，罪不可贷，情尚可原。"鬻田代偿之。子国英，孙守信皆诸生，守俨贡监生，皆以孝义称。

罗仁斋，洋屿人。咸丰四年海溢，居民大饥，仁斋劝办赈济，饥民赖苏息。

《重修黄岩洋屿罗氏谱》卷三十三，王咏霓《罗仁斋公传》："甲寅（咸丰四年，1854）海溢，居民大饥，公奉宪劝办赈济，挺身任事，同各绅友择殷书捐给，散民赖苏息。"

罗宝书（1809~1851），字舜琴，洋屿殿人。20岁与兄罗彤臣经商，贩运毡帽。见杭州、绍兴织纺绸缎获利甚丰，从嵊县购土丝，学技艺，向洋屿一带妇女传授，改传统织布为织绢。七八年后，东南一带数十里，家家织机轧轧，年产三四十万丈（约6000匹）。"殿前绢"坚润胜于纺绸，经罗存霖销运，名列"台绢"之首。罗宝书成为富家，援例为国子生。孝母敬兄，治家甚严。一日，家人聚观花鼓戏，见罗回家，纷纷进屋，罗斥演戏伤风败俗，手执木棍驱赶。咸丰元年（1851）卒，终年四十三岁。

罗存霖，字雨三，洋屿人。初业贩衣，后开木场，家益裕。台绢出于横街及洋屿，罗存霖为之营销，走湖州、绍兴各地，销售贸丝，自设机厂织素绢染彩色。性好施，贩衣时，值严寒，听到邻居母子无衣而泣，即送与棉衣；邻有无米下锅者求借，即令妻取与之。妻曰："米只二升余，已且不给，何以给人，得无自饿耶？"曾祖曰："均分之可也。"所设木场有人偷木，邻人执送之，存霖却说："彼以饥寒故，非好为是也。"释之，其人顿首去。咸丰三年（1853）六月霖雨，田禾尽淹，次年七月海潮溢，乡民饥饿，则倾仓出粟，减值出售；仿古人"以工代赈"法，招里之贫者与以丝，令织绢给以报酬，贫者得食。晚益豪，于赀乃大开赈恤之门，施衣散粥，鳏寡孤独无告者，给银六两以为常，源源而来者岁达五十余人。尝曰："凡积货财，贵能施也。否则，守钱虏耳。"

罗凤岐，小五分人，同治六年（1867）武举人，同治十三年（1874）武进士。

罗东之，井头罗人，字茂栋，化芹子，福建宁洋知县，升用同知。（民国《黄岩县志》《重修黄岩洋屿罗氏谱》）

《白枫山后许氏宗谱》中《兴荣公行传》文后署"门下再晚生福建宁洋县知县罗东之顿首拜撰"。

罗东寅，井头罗人，署台湾府大武巡检。

罗藻新，字继镐，号惠国，一号鱼国，洋屿罗氏十八世，宝书孙，邑增生，善文绩学，尤长说经，著有《有那居经说》六卷、《春秋左氏古义补》一卷。创办作新小学（陈安宝在校就读），任校长。（民国《重修黄岩洋屿罗氏谱》）

罗敏之，初名承益，字启谦，号卣珊，洋屿罗氏十九世，光绪间庠生，著有《卣珊学录》一卷、《卣珊学算》一卷、《卣珊学文》三卷、《卣珊学吟》三卷，有诗文载于《洋屿罗氏宗谱》和《新桥管氏宗谱》。（《重修黄岩洋屿

罗氏谱》《新桥管氏宗谱》）

殿前绢，清道光八年罗宝书与兄罗彤臣贩运毡帽经商。时见杭州、绍兴等地织纺绸缎获利甚丰，罗宝书遂从嵊县购进土丝，学习纺织技艺。向黄岩县洋屿一带妇女传授，改传统织布为织绢。十五年时，黄岩县东南乡一带数十里，家家织机轧轧，年产"殿前绢"三四十万丈。"殿前绢"坚韧胜于纺绸，经族人罗存霖销运，名列"台绢"之首。

洋屿罗氏后裔有两个进士，一文一武，文为明景泰年间进士罗洪，武为清同治年间武进士罗凤岐，这在境内各族姓中不多见。

罗氏十分重视教育，自清光绪三十二年至民国三十六年（1906～1947），罗子英、罗藻新、罗润方、罗子华、罗观国、罗普乾、罗子丰、罗雅卿、罗锦芳、罗精益、罗骚、罗楚客、罗复熙、罗保太、罗深、罗天行、罗天祥等，都大力兴办学校，投身教育事业。

罗骚，名儁，字秀南，一字虬伯，晚年自号老骚，又呈马蚤人，小五份人，洋屿罗氏十九世，清附生，浙江法政专校毕业，民国十年（1921）县议员，二十年镇中乡乡长，著有《秀南诗文稿》《苦海劫》，有《紫霞公传略》等载于谱。(民国《重修黄岩洋屿罗氏谱》)

罗楚客（1897～1958?），另号"小骚""小马骚"，小五份人。写得一手秀丽楷书，画得梅、兰、竹、菊。作诗词，喜诙谐、讽刺，能入木三分。抗战初期，曾任天台测量局局长。回来后，在路桥任财会工作；民国三十四年（1946）任路桥民众教育馆馆长、路桥商会秘书；后任"怒潮"报社助理编辑。参与编辑《民国黄岩县新志》，辑"宗教"部分。著有《小骚诗文集》等。

罗漱芳，路桥人，蔡元灏室人，民国六年创办石曲上保"涌芬女子小学"。常年经费均由女士伉俪担任，他款毫无，而成绩斐然。(《黄岩历代人名录》)

罗子华，民国二十年（1931）创立镇鲍乡第一、二、三保联立国民学校。(《黄岩历代人名录》)

罗泽民，抗战时任灵山乡乡长。(《黄岩历代人名录》)

罗震，民国二十年任洋屿乡乡长。(《黄岩历代人名录》)

罗士翰，民国二十年任南关乡乡长。(《黄岩历代人名录》)

罗元礼，民国二十年任水龙乡乡长，抗战时期任镇鲍乡乡长，民国三十一年创立镇鲍乡中心国民学校，县参议员。(《黄岩历代人名录》)

罗观国，民国二十年任横街镇镇长，民国三十四年捐资建横街小菜场，收税以裕校款。(《黄岩历代人名录》)

罗臣尧，民国二十年任螺洋乡乡长，民国二十五年任联洋乡乡长。(《黄岩历代人名录》)

罗方南，民国二十一年（1932）鲍浦仓下段堤董。(《黄岩历代人名录》)

罗骥才，民国二十五年（1936）任镇鲍乡乡长，抗战时期任灵山乡乡长。(《黄岩历代人名录》)

罗子佩，民国二十五年任洋屿抽水机公用合作社社长。(《黄岩历代人名录》)

罗模侯，民国二十五年任泉井抽水机公用合作社监事主席。(《黄岩历代人名录》)

罗安国，民国二十六年（1937）任泉井抽水机公用合作社理事主席。(《黄岩历代人名录》)

罗振国，民国二十六年任泉井抽水机公用合作社监事主席。(《黄岩历代人名录》)

罗依赋，字雅卿，县兵役军事科长，抗战时期任横街镇镇长。(《黄岩历代人名录》)

罗绚，抗战时期任横街镇镇长，县参议员。(《黄岩历代人名录》)

罗鸣阶，抗战时期任灵山乡乡长。(《黄岩历代人名录》)

罗泽民，抗战时期任灵山乡乡长，民国三十三年（1944）任老塘河南段管理员。(《黄岩历代人名录》)

罗锦芳，民国三十年（1941）创立安宝镇第二、三保联立国民学校。(《黄岩历代人名录》)

罗永山，民国三十一年（1942）鲍浦仓下段堤董。(《黄岩历代人名录》)

罗松青，民国三十一年任镇鲍积谷仓管委会主任。(《黄岩历代人名录》)

罗邦云，民国三十一年任镇鲍积谷仓管委会委员。(《黄岩历代人名录》)

罗夏昌，民国三十一年任镇鲍积谷仓管委会委员。(《黄岩历代人名录》)

罗春庭，民国三十一年任灵山积谷仓管委会主任。(《黄岩历代人名录》)

罗昌寿，民国三十一年任灵山积谷仓管委会委员。(《黄岩历代人名录》)

罗诒甫，民国三十一年任横街积谷仓管委会委员。(《黄岩历代人名录》)

罗起民（罗起成），民国三十二年（1943）任路桥华升机器厂负责人。(《黄岩历代人名录》)

罗启松，民国三十二年任灵山乡食盐公卖店经理。(《黄岩历代人名录》)

罗复熙，民国三十三年任灵山乡参议员，民国三十六年任双洪乡洪家中心国民学校校长。(《黄岩历代人名录》)

罗保太，民国三十六年（1947）任同正乡乡长。(《黄岩历代人名录》)

罗深，民国三十六年任镇山乡灵山中心国民学校校长。(《黄岩历代人名录》)

罗天行，民国三十六年任安宝乡第十五保国民学校校长。(《黄岩历代人名录》)

罗天祥，民国三十六年任镇山乡第一保国民学校校长。(《黄岩历代人名录》)

罗普地，民国三十六年任金清罗茂兴鱼行行主。(《黄岩历代人名录》)

罗天炳，民国三十七年（1948）镇山乡反征兵肇事人。(《黄岩历代人名录》)

罗郎西，洋屿殿电报所负责人。(《黄岩历代人名录》)

罗华康，邮政小五份村镇信柜负责人。(《黄岩历代人名录》)

罗端毅，字炜彤，横街镇人，任神州医药总会台州调查员、交际员，上海光华医药杂志社台州记者，行医36年，临床经验丰富，著有《中西会通医论选要》等。(《黄岩县卫生志》)

罗端毅，字炜彤，从九职衔，著有大量医学著作。(民国《重修黄岩洋屿罗氏谱》)

罗宝珩，洋屿人，初名昌楚，字楚白，号六桥，扶雅中学校毕业，有《曾祖存霖公行述》文载于《谱》。(民国《重修黄岩洋屿罗氏谱》)

罗邦杰（1931~2002），螺洋樟岙人。1949年10月入伍，参加抗美援朝，1951年入党。1955年入北京政治学院，毕业后留校任教。1971任中国人民解放军总政治部干事、处长，后任石家庄高级陆军学院训练部副部长，西安政治学院副院长、院长（正军级）。1988年1月当选第七届全国人大代表。同年9月被授予少将军衔。(《台州人物志》)

【始迁：无考或宋末】

徐 姓

姓氏源流

伯益佐禹治水有功，禹遗命传位，伯益让位禹儿子启。夏封伯益于徐。周穆王联楚伐徐，偃王仁爱不肯战，遂败逃。宋《赤城志》："徐偃王墓在黄岩胜果寺后山（今属路桥区）。"偃王失国，子弟散居徐扬间，或以为台州南部徐氏为偃王遗族，如路桥后洋徐氏，然不可考。

迁入及分布

后洋徐氏 桐屿后洋徐徐氏奉西周徐偃王为始祖，然无所考。

凤阳徐氏 徐处仁为宋户部尚书兼观文殿大学士，随宋高宗南渡至章安，后至临安，其第三子徐弘茂寓乌沙浦（今属温岭市），五世徐仕商（名琔）在宋理宗宝庆二年丙戌（1226）迁居新桥凤阳，为凤阳徐氏始祖。（《凤洋徐氏宗谱》）

金清港徐姓多从沙冈迁入。

徐姓集中地还有路桥（牌坊前、削箸巷、董家洋、洋张、松塘、石曲街），路北士岙（原名徐岙，有徐岙桥），蓬街（四份头、鲍龙三塘），金清（徐家里、腰塘、二塘、四塘）等地。

祠堂

凤阳徐氏祠堂位于新桥镇扶雅社区凤阳铺片。

宗谱

松塘徐氏为凤阳徐氏分支，三十世徐正言于民国十七年（1928）仲冬题"重修凤阳徐氏宗谱"。

家训族训

《凤阳徐氏家训》

"仁爱"为徐氏家族训规根本,包括恭、宽、信、义、礼、让、敏、智、忠、勇、恕、孝、悌。

家训:(一)爱国守法,睦族敬宗;(二)仁爱为本,耕读传家;(三)格物致知,奋发有为。

家规:(一)尊先祖,孝父母,赡老幼;(二)睦家庭,和社会,安乡邦;(三)端身范,教子女,勤俭业;(四)保生态,防污染,健肌体;(五)敬师表,重读书,崇科学;(六)守诚信,敦礼让,举公道;(七)知荣耻,懂感恩,救灾困;(八)绳祖武,铭训规,贵践行。

还要注意:○居安思危。有钱当没钱过,把钱存起来,有意外发生不会慌神。○做任何事情的时候,先谋败、后谋胜。○社交和人脉都是靠平时积累。

重要人物及地方建树

徐庭筠,字季节,徐中行第三子。《宋史》与父一道有《传》。乡人敬称为"二徐先生"。原为临海人,随父居委羽山,中行去世,庭筠迁居桐屿。

石(孰下石)《徐季节墓志铭》:"晚岁居桐屿,屋才数间,而先生以为过,其欲名其房曰'佚我'。"

《宋史》卷四百五十九《列传第二百一十八》:"徐中行,台州临海人。……谓与山阳徐积齐名,呼为'八行先生'。子三人,庭筠其季也,童草有志行,事父兄孝友天至。居丧毁甚,既免丧,犹不忍娶者十余年。秦桧当国,科场尚谀佞,试题问中兴歌颂,庭筠叹曰:'今日岂歌颂时耶!'疏其未足为中兴者五,见者尤之,庭筠曰:'吾欲不妄语,而敢欺君乎?'黄岩尉郑伯熊代去,请益,庭筠曰:'富贵易得,名节难守。愿安时处顺,主张世道。'伯熊受其言,迄为名臣。有诏举人尝五上春官者予岳祠。庭筠适应格,所亲咸劝之,庭筠辞曰:'吾尝草封事,谓岳庙冗禄无用。既心非之,可躬蹈耶?'其学以诚敬为主,夜必就榻而后脱巾,旦必巾而后起。居无惰容,喜无戏言,不事缘饰,不苟臧否。闻人片善,记其姓名。遇饥冻者,推食解衣不靳。僦屋以居,未尝戚戚。尤袤为守,闻其名,遣书礼之。一日,巾车历访旧游,徜徉几月。归感微疾,端坐瞑目而逝,年八十有五。乡人崇敬之,以其父子俱隐遁，称之曰二徐先生。淳熙间，常平使者朱熹行部，拜墓下，题诗有'道学传千古，东瓯说二徐'之句，且大书以表之曰'有宋高士二徐先生之墓'。"

《嘉定赤城志》卷第三十四《人物门三·遗逸》："徐庭筠，黄岩人，字季节。父中行，尝举八行。中行死，免丧不忍娶者十年。秦丞相桧当国，试题问中兴歌颂，庭筠曰：'今日岂歌颂时耶？'条其未足为中兴者五，且曰：'吾不忍欺君也。'郡县屈主学，后进师尊之。后以累举恩合得岳祠，庭筠曰：'吾尝草封事，言岳庙冗禄无用，心既非之，可躬蹈耶？'卒不就。"

徐邦逊，明代下马人，父疾，尝粪吁天求代，二亲继丧，茹素庐墓六年，司寇应大猷祠部陈锡盛称其有二徐家风，为椽史，从事兵部从聂尚书督禁城有功，授南宁典史，立义塚，增国课。寻迁嘉定州吏目，除江妖，有异政，开府徐凤竹上其事，祀州名宦。（《康熙台州府志》）

清嘉庆十二年（1807），徐国鳌、徐国杰等捐建下梁卷洞桥，方便路（桥）金（清）乡路通行。

徐大度（？~1866），下塘港（今金清街）人。清咸丰九年（1859）加入哥老会，与夏宝庆、王明功、毛大昌、蒋兴国、林光法、高子凤（太平人）等十八人，结为兄弟，号称"十八党"。在黄岩、太平（今温岭）两县沿海称霸。咸丰十一年（1861）十一月，太平军兵至台州，徐大度谒见侍王李世贤。奉侍王命率哥老会千余人打太平县，攻下太平县城。接着，徐大度率哥老会一举攻下乐清县城，进而围攻温州府城。后败退回黄岩。十二月，侍王兵撤台州，徐大度随军至金华。同治二年（1862）六月，太平军受挫折，徐大度潜归老家，参加黄岩奇田农民武装。次年（1863）六月，清兵攻陷奇田寨，首领徐锦朋逃至徐家，徐大度反戈，设计协助清兵诱擒徐锦朋，徐被害，浙江巡抚左宗棠恩免徐大度罪。之后徐大度劫米船，贩私盐，霸占一方。同治五年（1865）四月，徐大度率乡民2000余人攻打盐局，进入路桥街，焚毁沙蟹宫盐局和路桥清将蔡捷三宅，杀盐局大使郑煜，收缴哨卡清兵武器。台州知府刘璈重兵围剿，徐大度只身逃往温州。六月潜回，被千总刘懋勋缉获，押县城被杀。

徐正言，字晓帆，路桥松堂人。廪贡生，工帖括，小试辄前列，其诗粗视似浅易，细嚼之，率隽永有味，近于白香山一派。教授里中，门下著籍者甚众，乡试屡荐不售。晚年究心内典茹素戒杀，凡地方诸善举，罔不乐施。卒年七十余。子乐尧，南洋陆师学堂骑兵科毕业，部试给予副军校出身，入

民国，任浙江骑兵团团长，警备队总参议；钧溪，日本帝国大学经济科毕业，任各大学校教授。(《路桥志略》)

徐乐尧（1885~1950），号聘耕，路桥松塘人，凤洋铺徐氏族人。清光绪三十年（1904），入江南陆军师范学堂炮兵科，毕业后在杭州新军任职。辛亥革命杭州光复后，徐乐尧参加援苏（江苏）支队，从朱瑞攻克南京，升上校骑兵团长。1913年任绍兴戒严司令，投靠浙江都督朱瑞，镇压讨袁"二次革命"。1914年12月开始，任浙东清乡总办、浙东清乡总司令、警备队总司令。1915年获五等勋位，升陆军少将。1916年4月，童保暄、夏超等发动政变，朱瑞逃往天津，徐乐尧被迫去职。1917年，徐协助蒋尊簋反对卢永祥，鼓吹"浙人治浙"，在宁波组织自治政府。11月，百官一战，童保暄击溃蒋部，徐逃沪租界闲住。江浙军阀卢（永祥）、齐（燮元）混战结束，徐乐尧任警备队总参议。1926年9月，省长夏超宣布浙江独立；孙传芳发兵攻浙，夏超兵败遇害，徐败退宁波。1927年初，任温州海关监督，不久被排挤去职回乡。1930年8月，徐乐尧与黄慎五等筹建黄泽路椒股份有限公司，任经理，首创台州汽车运输业。以后出资修筑甲头至横河陈路、石曲至金清人力车公司，兼任路桥慈善社社长和救济分院院长。1942年，任县绥靖主任；冬，与王保艾等向县长徐用提议修黄岩新县志，得到采用。1944年，与金积学、杨绍翰、刘治雄等创办路桥私立初级中学；参与收编王仙金、徐定超两股海匪。抗战时任路桥镇长。

创办境内第一家汽车公司—黄泽路汽车公司，民国二十年（1931）由徐乐尧、黄庆中等组织成立。

提议修《黄岩县新志》。民国三十一年（1942）冬，徐乐尧与王保艾等向县长徐用提议修黄岩新县志，得到采用。

创办路桥中学。民国三十三年（1944）冬，徐乐尧与金积学、杨绍翰、刘治雄等创办路桥私立初级中学。

徐钧溪（1896?~1966），路桥松塘人，正言次子，乐尧弟。日本帝国大学经济学毕业，曾任上海法科大学经济系主任、上海财政大学教授，路桥中学第三任校长。著有《货币论》《最新银行论》《银行概论》《实用银行薄记》等经济学著作及反日纪实作品《万宝山事件及朝鲜惨案》。

徐仙来（1895~1988），字朗晖，路桥河西人，后迁入路桥汽车站对面新居（二层楼木构屋8间）。家庭出身不富裕，早年由其姐夫许隐生介绍进入陆军小学读书（许系江南陆师毕业，参加过辛亥革命。当时，许任浙江省省长夏超的少将秘书长兼陆军小学校长）。1916年毕业进入保定军校读书。1934年入陆军大学第13期特训班学习，与冯玉祥、李默庵、丁治磬、王保艾、陈荣楣、毛静如、许康、於达、王伯韬、柳善、周至柔、林蔚文为先后同学。1937年毕业后，历任国民党军队排长、连长、营长和炮兵团团长。抗日战争开始，徐在重庆军令部部长徐永昌处工作，任少将高级参谋，参加著名的台儿庄战役，任作战课长，为抗日立过不朽功勋。

【始迁：宋代】

汪 姓

姓氏源流

据《通志·氏族略·以名为氏》所载，防风氏在商朝为汪芒国，故址在今浙江省武康县东，其后简为汪氏。

据传，汪姓是四五千年以前今浙江武康一带汪芒氏的后裔。

出自姬姓，以邑名为氏。春秋时鲁桓公庶子名满，食采于汪（在今山东省），其后以邑"汪"为氏。

迁入及分布

玉露洋汪姓 玉露洋叶氏始迁平世从朱晦翁游，则其生活年代应在南宋淳祐间（1241~1252），而汪氏已居住玉露洋。可见汪氏居玉露洋应在淳祐之前。

《玉露叶氏宗谱·思愚公传》讲到先祖叶平世："公姓叶氏，讳平世……乃构屋庀材，卜筑楼屋数楹，率妻子居焉。……玉露洋者，汪氏先择居焉，公乃因之。"

重要人物及地方建树

汪东初，民国二十五年（1936）间任金清镇镇长。（《黄岩历代人名录》）

汪振武，民国三十一年（1942）创立徐山乡第二、第三保联立国民学校。（《黄岩历代人名录》）

汪炳鉴，民国三十一年任金清积谷仓管委会委员。（《黄岩历代人名录》）

汪贤哲，民国三十六年（1947）任金清镇保昌鱼行长主。（《黄岩历代人名录》）

【始迁：南宋宝祐二年】

杨 姓

姓氏源流

杨姓起源有三种说法，其源均为周朝王室。

①源于周武王孙，叔虞次子，晋侯燮父之弟。晋武公（叔虞十一世孙）时，封次子于杨，称杨侯，是为杨姓人的受姓始祖。

②源于周宣王子长父。宣王时期，周宣王姬静将子长父封到杨国（今山西省洪洞县），为杨侯，春秋时杨为晋所灭，其后裔以杨为姓。

③源于晋武公子伯侨。晋灭杨后，封杨地为大夫羊舌肸（字叔向）的食邑。羊舌氏出于姬姓，因晋武公次子伯侨之孙突当时食邑于羊舌，故以羊舌为姓。至晋顷公十二年（前514年），晋灭羊舌氏，食我的儿子杨道逃到华山，居住在弘农华阴，以祖宗封地杨为姓，其后代开基各地，成为杨氏繁衍发展的主流，史称杨氏正宗。

台州诸杨分处大体有三：一为吴越丞相岩之后由乾塘迁黄岩西乡，族最繁庶；一为上蔡长栋之后，由蜀徙台，临海为盛；一为浦城先生明复之后由闽而温而台，散居下马堂等地。

迁入及分布

麻洋杨氏 杨嗣秀、杨嗣善，宋宝祐二年（1254）迁居麻洋（下马堂），至明代，杨怀山复迁至四衙桥，其子孙分居石曲、四衙桥、杨家一带。

四衙桥杨氏 为麻洋杨氏分支。明代杨怀山从麻洋迁居四衙桥，其子孙分居石曲、四衙桥、杨家一带。

杨溪—桐屿杨氏 杨大本，字能立，仕宋为散骑常侍，开禧间（1205~1207）自钱塘迁居五峰山麓，为杨溪杨氏始迁祖，十九世杨最登迁居同屿。

吉岙—桐屿杨氏 宋代迁入。先是杨龟山由闽迁居黄邑葛岙，四世杨东桥分居桐屿，十三世杨荣志分居新安（路桥）。另有桐屿杨姓则从杨溪迁来，始祖为杨大本，为宋散骑常侍，迁桐屿者为十九世杨最登。

安容杨氏　始祖杨询实于明嘉靖年间（1522~1566）自临海石塘迁居谷苍山麓（即安容）。

河西杨氏　海南郡尉杨廉善迁居沙岗（今椒江区洪家沙王一带），为沙岗杨氏始祖，支分高桥、长浦、徐山、枧西，及乐清等地。河西杨氏为沙岗后裔，十七世杨时鳌，字道占，号阜东，清道光年间（1821~1850）由沙岗迁居路桥河西。进士杨晨即其后人。

祠堂

"路桥杨氏家庙"在河西虹桥头。民国九年庚申（1920）建，王观察舟瑶为《记》，东楼储御书及法书名画，西楼庋藏书籍，有宋徽宗大晟应钟。

安容杨氏祠堂始创于清乾隆年间，建于伏龙山之阳，已无存。1998年戊寅重建。

宗谱

《吉岙—桐屿杨氏宗谱》于明嘉靖十二年（1533）由杨永翰创修。由明万历二十年（1592）杨茂经、杨茂纬，清康熙十八年（1679）杨天赠，乾隆五十七年（1792）杨维标、杨德如，光绪九年杨宠茂、杨大成，民国七年（1918）杨素谦，均有续修。

《沙巷—河西杨氏宗谱》清同治三年（1864）杨友声续修，之后杨晨又纂《月河渔隐自订年谱》。

《安容杨氏宗谱》曾修于清乾隆、嘉庆年间，由杨茂魁、杨希照等参与，再修于民国十四年（1925）乙丑，新修于1995年。

《河西杨氏家谱》，杨晨晚年所谱。

家训族训

忠：上而事君，下而交友；
孝：敬父如天，敬母如地；
勤：日出而作，日入而息；
俭：量其所入，度其所出。

重要人物及地方建树

杨叔贤，峰江山下杨（安溶）人，乾隆、嘉庆间人，与安溶吴九成重造安溶石桥。(《安溶吴氏宗谱》)

杨东初，峰江山下杨人，叔贤长孙，与吴九成裔孙邦耀一道，道光十一年（1831）重修安溶石桥，中间因乱停工，至同治年间竣工。(《安溶吴氏宗谱》)

杨阜东（1784~1859），名时鳌，字道占，号阜东，其先自石塘迁黄岩高桥（今属椒江洪家），少读书，以家贫亲老，弃而业贾，从其舅氏徙居路桥。咸丰三年（1853）大雨海溢，并海居民多死者，公为椟，雇人敛之，为粥以食饥者。

杨友声（1824~1890），阜东子，号莺谷，廪膳生。以筹办团练选用，加五品衔。置义仓及义冢，乡有文达书院，请官分款以给膏火，咸丰元年（1851），劝募乡人建宾兴田四十亩以励学者。咸丰十一年（1861）秋，杨友声与蔡篯、王咏霓、王翰屏、蔡燕蓁、徐梦丹等创立"月河吟社"。出巨资建临海白岩山二徐祠。立义塾，教其学僮。光绪五年己卯（1879）选授寿昌训导，整理书院宾兴。十三年丁亥（1887）岁凶，沿海苦涝，告官贷赀，运粟平粜，吏杂伪银，质产偿之。十五年己丑（1889）筑海门澉海闸成，以时畜泄，岁乃有秋。参与（咸丰至光绪）《黄岩县志》采访和协理工作。

杨晨（1845~1922），友声子，字容初，号定孚。清光绪三年（1877）进士，殿试二甲第8名，为本科浙江首位，授翰林院庶吉士、国史馆协修。十年（1884），考取御史，同年开始编《三国会要》，立凡例。十一年（1885）任顺天乡试同考官，与王棻购《逊志斋集》，续刻《台州丛书》。期间在河北定兴县掌教河阳书院。十四年（1888）六月补山东道监察御史，转河南道监察御史，八月充顺天乡试监试官；此年杨晨从户部购得北京青厂官房为黄岩会馆。十五年（1889），浙江大水，杨晨参与省籍京官联名上疏请赈济，清廷拨国库10万救济杭嘉湖。杨晨再上书《历陈台州疾苦情形疏》《为台州水灾请赈疏》等，得万金济灾，使台州灾民获得一点实惠；杨晨还拿出自家钱，在河西开济施粥，救济当地灾民。期间，杨晨还在北京筹建设立黄岩会馆，在上海设立台州公所，为台州士民去两地办事提供方便。十七年（1891）主讲路桥文达书院，捐助经史各书二千卷。十九年（1893）补江南道御史掌四川道，节抄洋务始末。其奏疏有《富强本计疏》《请移民实边疏》《裕国计疏》《再陈军务疏》等，有些已采入光绪年间所编的《东华录》。二十年

（1894）会试充监试官，八月擢工科给事中，此年发生中日甲午海战，清廷败绩，杨晨非常气愤，对人说："吾台襟山带海，交通阻滞，甬人始置轮舟，雇用洋人司收纳，动遭苛待。"他暗下决心发展台州的航运事业，以对抗洋人压迫。二十一年（1895）充会试同考官，康有为、梁启超均与试，本县喻长霖得榜眼；旋授刑科掌印给事中。二十三年（1897）监顺天乡试。是年，母卒，杨晨辞官归里，遂不复出。二十四年（1898）三月，杨晨创办越东公司，集资购永宁轮。但受甬商阻挠，难以开航。杨晨越级赴省陈情，八月首航台甬线，后兼航台温线，开创台州航运事业。二十六（1900）校刊其所著《三国会要》。二十七年（1901），在上海斜桥筹建台州公所，方便行旅。三十年（1905），添置永江轮。永江轮被福建船撞坏，用赔款再购永利轮，航行台沪线。民国三年十月，杨晨与葭沚黄崇威、临海屈映光、周继漾等发起赎回被天主教堂侵占已久的 200 余亩涂地，外建轮埠码头，内辟成振市街。每遇饥荒，施粥施钱；资助 2000 多元修复路桥街道。晚年筑鉴洋湖寄傲轩别墅，优游唱吟。路桥历史无志。1913 年，杨晨编《路桥志略》2 卷，石印出版，记载清代路桥资本主义萌芽情况、鸦片战争后洋货倾销、反教会斗争及辛亥革命在当地经过，都为台州府县志所不载。1922 年卒，终年七十八岁，遗命千金献逊帝溥仪大婚之礼，向四仁公所助捐田产。著有《三国会要》22 卷、《三国志札记》1 卷、《定兴县志》26 卷、《临海县志（稿）》32 卷。宣统三年（1911）编刻《台州丛书后集》16 种。民国 4 年（1915），刊印《台州丛书己集》，收集《湖山集》等 4 种。

杨铭鼎，峰江山下杨人，宣统三年，与吴松甫一道办本地保安队；民国元年，与吴松甫一道，兴修下泾牖秀峰桥、丹水桥。(《安溶吴氏宗谱》)

杨绍翰（1886～1952），字志屏，河西人，杨晨孙。清光绪三十四年（1908）毕业于浙江官立法政学堂讲习科。宣统元年（1909）三月创立路桥镇自治研究所，为全国第一个地方自治研究所。二年（1010）自治选举，被选为自治公所总董。辛亥革命军起，9 月 15 日杭州光复消息传到路桥，路桥管带多寿昏惰无能，绍翰恐其部下哗变，请前管带黄金贵重新掌握兵民，地方得安。1912 年（民国元年）1 月，黄岩县议会成立，被选为议长。3 月，被任为财政科长，运米平粜。1937 年淞沪战争爆发，杨绍翰将自家在海门"振市公司"的两只轮船交给中国军队使用，使用不久全被日军飞机炸沉。上海沦陷后，中国军队伤兵缺少药品，第三战区派杨绍翰带上金条和妻子儿女，一家四口到上海搞药。在"味精大王"吴芸初的帮助下，搞到大量药品，又在杜月笙的暗中安排下他偷偷运出上海，运到中国军队手中，此事从1938年初一直做到1942年末，最后引起日军注意，匆匆离开上海。第三战区安排杨绍翰到天台三十二集团军前进司令部当中校军法官。1945年抗战胜利后，调他去担任乐清县长，未赴。回到家里从事商业，收购台州络麻运到上海出卖，运回上海细棉纱供台州人织布用，促进台州织布业发展。1945年6月28日，日军从福建向北撤退来到路桥，分兵向附近抢掠，其中小股日兵向松塘而来，遭到杨绍翰带领民众伏击，抓获2人。

杨华钰（女），民国三十一年（1942）在路桥创办华钰战时孤儿教养所任所长兼主任。民国时在西城义任社任社长。（《黄岩历代人名录》）

杨匡保（1929~1990），路桥良一人，中共党员，育种专家。20世纪50年代担任黄岩县路桥镇第一农业社主任。1952年开始选育良种，1953年试种连作稻，第二年连作稻在全县推广。1956年获农业部、农垦部、中国农业水利工会授予的全国首届"农业劳动模范"称号，1957年2月出席大会并为主席团成员。1959年参加中央组织的中国农民参观团到苏联、民主德国、捷克斯洛伐克、波兰4国参观，并调入省农科院任作物研究所副所长。1960年引进广东揭阳矮秆南特号在路桥试种，1961年在黄岩全县推广。1962年4月调回黄岩，继续主持种子研究工作。1964~1979年间，除担任良一大队党支部书记外，还兼任路桥镇副镇长、镇党委委员等职。1978年开始任省科协副主席。1979年12月，任黄岩县农科所副所长。他是全国人民代表大会第二届、第三届、第四届、第五届4届人大代表。

【始迁：宋代】

姚 姓

姓氏源流

姚姓出自五帝之一的虞舜，舜（有虞氏，名：重华）生于姚墟，他的后裔子孙便以地为氏，称为姚氏。

迁入及分布

新桥姚氏 《新桥管氏宗谱·居址》载："古居之者为蒋、姚、秦三姓，久不复见；近代占籍曰周曰管曰李。"可见姚姓迁入时间次早。

横街姚氏 《洋屿前罗罗氏谱》载："始迁祖讳仲祥，绍熙三年（1192）授黄岩尉，遂家于罗洋，以氏为籍，殆八世矣至正间灵谷府君以子信卿娶横街姚氏，乃卜居洋屿之西、凤山之北、龙溪之南，号为前罗。"可见横街姚氏始居时间比洋屿前罗罗氏始居时间早。

族训

姚氏祖训：（1）孝顺父母；（2）和睦兄弟；（3）要宜家室；（4）要睦宗族；（5）要崇祀典；（6）工勤生产；（7）要励书香；（8）要完国课；（9）淫行万恶；（10）匪盗共攻。

【始迁：南宋绍定元年前后】

江　姓

姓氏源流

其先世系颛顼玄孙伯益之后，封于江，子孙以国为氏，职掌虞官。三代以前盛于虞尚矣，春秋之世为楚所灭，散失甚众。越数百年，瑕邱公辈出，子孙皆以博士见称，历唐宋至元，其子孙无不客处他乡。居于台之盘马者有人，居于台之建山者有人。

迁入及分布

白峰江氏　《玉露叶氏宗谱》载有江万里撰《思愚公传》，书撰时间为大宋绍定元年岁次戊子（1228），署名为里人江万里。

山前江氏　以江斯澄为始迁祖。元代自建山迁东浦，继之由东浦迁居白峰山前。

山前江氏十三世江仕（号思涯）卜居下村，为下村江氏始祖。

另有江茂祺迁下江，江茂学迁安容、承宗、承哲、承彩、承修、承凉迁玉环。亦有迁桐屿者。

祠堂

山前江氏自江万斯至八世江日东，充灶籍，不吝资财，创建白峰堂。

宗谱

有清康熙乙未重修山前江氏宗谱；乾隆壬寅重修山前江氏宗谱；道光乙酉重修山前江氏宗谱；光绪己卯重修江氏宗谱，由江华照首倡。民国十二年至十五年（1923~1926）间重修江氏宗谱。

家训族训

《山前江氏宗谱》记载家规：笃亲谊，敦名节，慎丧事，谨婚姻，慎交游，劝读书，劝力田。劝宽忍。

重要人物及地方建树

江万里，宋绍定元年（1228）撰《玉露叶氏宗谱—思愚公传》。

江济（1654~1717），字道之，一字作楫，南山（路桥大人山）江家人。天资醇厚，读书刻苦，弱冠游庠，奋志益笃，自砺曰："秀才两字，名不易副，今不过作文取科名耳，岂有不售者乎？"于是潜心经学，旁涉子史，为文顷刻立就，著作该赡，考据尤极，擅长岁科试，十登首选，贡成均且二十年，年逾六十，犹入闱应试，同学皆阻之，济曰："此事老当益壮。"不听。康熙五十三年甲午（1714）举于乡，五十四年（1715）成进士，授翰林院庶吉士。时永宁江清三日云，年六十四卒于京邸。

江朗斋，清嘉庆九年甲子岁（1804），捐资建埭头石闸，享水利者不下数千家；又建"东桥堂"。

江思斌，白峰山前人，咸丰四年海溢，沿海死者无算，民饥。富者闭粜高价，贫者嗷嗷待哺。江思斌与弟思乔，开仓照时价减半平粜，救济饥民。

《(白峰) 山前江氏宗谱》中董德新撰《思斌公记略》："甲寅岁（咸丰四年，1954），邑方洊饥，富者闭粜高价，贫者嗷嗷待哺。公与令弟思乔筹曰：'救荒，大道也！即行。'与父老商议，照时价减半。"

【始迁：约在南宋】

黄 姓

姓氏源流

据《通志·氏族略》《元和姓纂》等有关资料所载，黄姓为陆终之后，其后建立黄国，后为楚所灭，子孙以国为氏。帝舜时代，东夷部落的首领叫伯益，是"帝颛顼之苗裔"，因帮助大禹治水有功，被帝舜赐姓嬴氏。传说伯益的后裔有14支。其中的黄氏大约于商末周初在今河南潢川建立黄国，因被周朝封为子爵，又称黄子国。春秋时期，楚国称霸，只有黄国和随国敢于抗衡。公元前648年，黄被楚灭。亡国后的黄国子孙，以国名为氏，就是黄氏。

据《古今姓氏书辨证》载，黄氏起源于金天氏之后。台骀是上古时期少昊金天氏的苗裔，世代为水官之长，颛顼时受封于汾川，后世尊为汾水之神。春秋时，台骀的后人曾建立沈、姒、蓐、黄诸国，后来都被晋国灭掉了。其中黄国公族子孙以国为姓，成为黄姓。

迁入及分布

北宋太宗时黄姓从福建迁入黄岩，分支金清。

新桥黄氏　黄氏居金大田的时间比金氏早，其族有任判官者，在村西官泾上造桥，名"黄判桥"（《金田金氏宗谱》）。时间应在宋代。

后黄里黄氏　黄昌之子黄克敬由水沧头迁下梁后黄三透里，为后黄始迁祖。（《后黄黄氏宗谱》）

水沧头—金清黄氏　其先黄伴五代时为永丰县令，避难弃官由闽迁临海芙蓉。明洪武、永乐年间，黄昌由临海芙蓉迁金清水沧头，后有名禄者因经商金清镇，遂家焉。黄昌二弟黄丰迁水堨岸。黄昌小弟黄成于明洪间迁板桥，为板桥黄氏始迁祖。（民国《黄岩县新志稿》）

临海石柱下第十七世黄成于明洪武间迁大板桥，支分坦头、上马等处，

黄成长兄（黄昌）迁金清水沧头，次兄黄丰迁洪家场、水埭岸。(《正鉴黄氏宗谱》)

祠堂

金清黄氏祠堂建于光绪十七年（1891），第二年落成。位于灵海庙南，中三楹为一厅，南北各一厢。

后黄黄氏宗祠始建乾隆二十五年（1760），计有平房十七间。坐东朝西，台门两侧筑马鞍墙。占地三亩多，东面有塘河一口，为鼓励后辈读书进取，特留有秀才田一亩六分，举人田三亩余，祭祀田六亩五分六厘，用于清明墓扫分铜元和糕点、冬至置猪羊大祭。入仕者每人得肉二斤，六十岁老人每人得肉一斤。新中国成立后移作他用后最后拆除。2006年至2007年在原址上重建。

宗谱

《洪家场—水埭岸黄氏宗谱》清乾隆前曾合修。

《三荡黄氏宗谱》道光十四甲午（1834）单独创修，为正鉴黄警堂主持，聘请族人举人黄如宪主修。

《后黄黄氏宗祠》于乾隆三十年甲午（1774）、道光二十五年乙巳（1845）、民国元年（1912）分修。2006年开始重修，2007年登记基本完成。

家训族训

《黄氏家规》（摘录）：

○训孝。自古司徒掌教，首在明伦，而明伦之教，必以孝行为先。考先代颖考公以孝闻，身为宰畏，尊养并至。琦公事母棒檄逮存，终养后即隐居不仕，二公之孝思，可谓笃而且切矣。凡我同族讲孝者，当以是为标准。

○训悌。五典之中，立爱自亲始，而立敬必自长始。而后长幼之伦，秩然有序，悖逆之气，焕然而消，所谓兄弟既翕，和乐且耽者也。稽元前代兄弟相依，故得有大山小山之美称焉，凡我同族言悌者，当以此为景行。

○训信。有诸己之谓信，神圣之始基也，昔孔子以轧轨，喻信之不可无，信可行之蛮陌，不信则难行于州里，圣贤问答，亦綦详矣。溯前辈著书立说，无不以信指归，则信实为家传之宝，后人切勿放弃焉。

○训礼。人禽之别，礼教攸关，凡在百行，安可无礼。人不知礼则上下无分，尊卑莫辨。在昔，吾祖清身洁己，礼法甚严，临危不苟，握节以殉，故得名垂千古。凡兹后裔，其于持身接物，尤当循规蹈矩，无忝于先人之礼节焉。庶乎可矣。

○训义。以义制事，动合时宜，见义不为，实曰无勇，圣贤立身行己，可舍生取义，断不至响利而背义。吾愿后人，以前义之重义者，为法也可。

○训廉。语曰"贪夫殉财，烈士殉名"。临时不苟谓之廉，廉者察也，察其所当取而取之，是谓义，然后无伤于廉也。若不辨礼义，利令智昏，虽千驷万钟，名节安在！吾祖仕宦俱以廉称，皆以廉纪、清白传家。

《黄姓四十八字祖训》

官不忘民，民不忘本。贫不失志，富不忘贫。勤劳俭朴，诸事严谨。孝敬父母，善待他人。自台不息，造福子孙。

重要人物及地方建树

黄判官，名及生卒无载，大概生活在宋末，在新桥金大田村西官泾上造桥，名"黄判桥"。(《金大田金氏宗谱》)

黄复，临海芙蓉人，因经商于明初迁居金清，为金清水沧头黄氏始迁祖。

黄宜中，字国鼎，号菘岳，出余元挺门下，清康熙五十三年（1714）举人。(民国《黄岩县新志》)

黄鐏，字畏匡，一字世清，号云海，路桥南栅人，嘉庆、道光间廪膳生，著有《深诣斋诗钞》三卷、《文钞》五卷。(《黄岩历代人名录》《路桥志略》《新桥管氏宗谱》)

黄如宪，板桥黄氏，嘉庆二十三年戊寅（1818）举人。

黄公升，正鉴后黄人，贡生，嘉庆二十三年戊寅建汇头（今金清汝泉）永固闸。道光十九年己亥（1839）率族人修新塘之桥。

《正鉴黄氏宗谱·升三公传》："且好施乐善利物济人，于嘉庆戊寅建汇头永固之闸，旱潦堪防；道光己亥年修新塘合族之桥，往来莫阻。"

黄文懋，公升长子，道光年间庠生。(《正鉴黄氏宗谱》)

黄警堂，正鉴后黄人，道光二年壬午（1822）庠生。道光十九年己亥（1839）首倡建黄氏新塘桥，阅五月成，题为"黄氏公桥"。

《正鉴黄氏宗谱·警堂公传》："黄氏新塘一带艰于利济，独出资为首倡，按户劝输，鸠工奠石，不避辛苦，阅五月而桥落成。约费数百金，远望如虹跨，题之曰'黄氏公桥'，盖不以为己功而居功于公，其处心之公不欲见善于人，亦可见矣。"

黄认庵，名懋仁，号认庵，榜名济东，金清人，道光二十一年（1841）英军为了鸦片利益，入侵宁波、台州、定海。本地土匪乘机而起，沿海民众惶惧四散。二十二年壬寅（1842），黄认庵纠集民勇，置办器械，守御地方，人心以安。（《正鉴黄氏宗谱》）

黄友梅，名懋松，字友梅，号鹤年，榜名济南，金清人，认庵弟，道光二十二年（1842）本地土匪乘英军入侵机会抢掠沿海，民众惶惧四散。黄友梅与兄认庵一道纠集民勇，守御地方，人心以安。（《正鉴黄氏宗谱》）

黄猷，别号辅臣，金清乡人，民国元年县议员，民国二十年（1931）任分水乡乡长，民国二十一年（1932）正淦仓前四甲提董。（《黄岩历代人名录》）

黄庆中，三桥山门下人。民国二十年一月，协助徐乐尧创办黄泽路椒汽车公司。

黄崇御（1884~1940），字联昌，号冶今，一字可衔，一字崇昌，学名玑，江浙武备学堂毕业，曾任广西常备军督队官管带，浙江陆军财政局调查员，金衢严司令部副官，缉私营长，台州镇守副官督军署参议，国民政府军事委员会经理处监察队长兼江苏禁烟特缉队长，江苏水上省公安队第二区第九队长，调任第六大队长，粤闽湘剿匪东路总司令部连处三服仓库长。（《后黄黄氏宗谱》）

黄崇禧（1884~?），字联禧，号秀选，一字可庆，学名秉钧，同知衔。杭垣理科官立自治法政毕业，选举自治议员，曾任海禁局办事员及乡长筹备各委员。民国十二年洪潮，抢救漂民，埋骸内。（《后黄黄氏宗谱》）

黄正泉（1877~1940），字达泉，号象川，一字奎泉，学名化清，邑庠生，曾任建德森林学校校医、黄岩国医公会会员。（《后黄黄氏宗谱》）

黄正己（1882~1927），字达己，号志陶，一字奎己，讳化宇，日本早稻田大学理学士，历充江西陆军小学教官，浙江省立森林学校暨金清小学校长，并任国民革命军第十四军参议。（《后黄黄氏宗谱》）

黄正人（1884~?），字达人，号志徽，一字奎人，学名化宙，日本早稻田大学理士师范科及政治经济科毕业，充江西陆军小学陆军测绘学堂教官，及浙江外国语学校省立第二、第十一师六中校并缅甸华侨中学校长，又任江西省都督府秘书长，淞沪卫戍司令部参议，淞沪营房设计委员会主任委员，暨淞沪沪杭甬铁路管理局秘书等职（《后黄黄氏宗谱》）。《黄岩历代人名录》：黄志徽，日本早稻田大学毕业，民国三十三年至三十四年（1944~1945）任救济院金清分院副院长、院长。

黄汉郎（1894~1978），腰塘人。民国6年毕业于省立第六中学，后任路桥育德小学校长、黄岩中学教师13年。因有志于医学，自学《内经》《伤寒》《金匮》等医书。民国24年（1935）始在药店坐堂行医。1957年5月参加金清第一联合诊所，后入腰塘分院任中医。(《黄岩县卫生志》《台州市路桥区卫生志》)

黄建中（1905~1937），金清人。民国11年毕业于省立六中，同年入汉口博爱医院学习西医16年期满后转入上海仁济医院继续学习。21年学成返里。22年迁居温岭新河镇，创办保民医院。1949年后加入联合诊所，任负责人。1954年4月入温岭县人民政府卫生院任内部医师。1963年晋升为主治医师，为温岭县最早获得技术职称的西医师。(《台州市路桥区卫生志·人物》)

黄正枢（1921~?），字达枢。福建医生医学系本科毕业，硕士研究生导师。编著出版《国产期新生儿》，获教委科技进步二等奖，1990年获国务院颁发为"发展高校事业做出突出贡献"证书。1991年获国家教委颁发荣誉证书。(《后黄黄氏宗谱》)

【始迁：南宋】

刘　姓

姓氏源流

源出于祁姓。相传帝尧姓伊祁，他的子孙有一支以祁为姓，被封在刘国（河北唐县），后代称刘氏。

源出于杜姓。杜伯的孙子士会在晋国任士师，晋襄公死后，士会去秦国接公子雍回国继位，因晋国国内有变故而留在秦国，其后世取姓刘（即"留"之意）。

源出于姬姓。东周时期，周匡王封小儿子王季于刘邑（河南偃师县南），号刘康公，后代也称刘氏。

迁入及分布

路桥刘氏　南宋淳熙五年（1178）进士、正议大夫、提举崇禧观刘允济，由温岭新渼迁居路桥，为路桥刘氏始迁祖（《路桥志略》）。（另有宋润州司法参军刘弘宝自福建迁黄岩城关，转徙路桥）

田济刘氏　刘子宜破虏有功，洪武皇帝授职松门卫前所指挥官，镇抚海线，子孙世袭。乾隆三十七年（1772）有谱。传至第十三世大震、大贲，卜居田济，分为大、小两房。后裔有迁至石曲者。

刘为境内大姓之一。

祠堂、宗谱

《路桥刘氏宗谱》，明嘉靖、万历间始修谱。清嘉庆迄同治时作时辍，光绪二十六年（1900）刘苔修，凡二十七卷。

家训族训

《刘氏励儿诗》:"骏马骑行各出疆,任从随地立纲常。年深外境皆吾境,日久他乡即故乡。早晚勿忘亲命语,晨昏须顾祖炉香。苍天佑我卯金氏,二七男儿共炽昌。"此诗为刘广传鼓励儿子向外发展而作。

重要人物及地方建树

刘允济,字全之。原先新渎(今属温岭)人,退休后居路桥南栅,为路桥刘氏始迁祖。宋淳熙五年(1178)进士,初为婺州掌教,历太常寺主簿、国子监丞,知南剑,提举福建常平,知永嘉(即温州);以中奉大夫提举崇禧观。在南剑州,以民俗多溺女,善诱而严戒之,举者给粟赈贷,不举者罪之,俗为一变。在永嘉,与通判陈子云、知县胡衍道等僚属一心,利兴弊革,远近翕然称治,叶适作诗纪之。

《路桥志略》:"刘允济,字全之,宋淳熙五年戊戌(1178)进士,赠正议大夫、显谟阁待制。新渎人,退休后始居路桥南栅。叶水心为其母钱夫人志,称其信道执德,始终不回。知南剑州时,以民多溺女,善诱而严戒之,俗为一变。求罗从彦后人为请谥于朝,并进其所著《圣宋遵尧录》。在温州,则兴利革弊,远近翕然。卒后杜清献以诗挽之,云:'瓯闽看蔽芾,有泪正难收。'"

刘致中(1450~1523),字大本,南栅人。明成化十九年(1483)中举人第八名,二十年甲辰(1484)进士,授江苏溧阳训导。不久母去世,回家服丧。丧满改任河北祁州。任满升福建建宁府通判。此前,建宁府属县秋粮征收交银子,再召人买米入仓,经办人与吏勾结,每年仓库多买40多万石,浪费无偿。致中加以改革,不但年终完成上缴任务,还把长期不用的粮食换成银子贮入仓库,每年积余粮2万余石。改任浔州同知。即逢父去世,奔归办丧。丧满改任广州。阳山县民冯昌等数十家,长期受到江西流贼萧民中等攻劫,官军畏缩不敢行动。刘致中单骑来到造事人群中,对他们讲明已经造成的严重后果,说明如果马上停止造事,则可以取得原谅保留活命。造事群众感动,相率离去。正德元年(1506),任广州府通判,殚精竭虑,一切措施以便民为本,严禁公差骚扰百姓。时朝廷的大权在宦官刘瑾手里,刘瑾要求地方贡献财物,刘致中不与,因此遭到多方刁难,致中有了辞官念头。不久,刘瑾被处死,知情者以为刘致中马上能够得到迁升,但是致中已经决定辞官了。回家后杜门静养,足不入城,惟教子孙以耕读,以遗田及余俸帮助兄弟及孤侄。宗族丧不能葬者给予地,孤女不能嫁者助之资,遣散侍妾年少者数人,给她们衣装。化钱梓刻谢铎《尊乡录》《逸老堂稿》《黄定轩集》。尤善于诗,有《止庵刍稿》。(《台州市路桥区志》)

刘金河,字星莲,邮亭人,清光绪二年乡试举人,历主清献、文达等书院。(民国《黄岩县新志》)

创办明德小学。由刘旭光、刘祖燕于清光绪三十年捐洋一千元创办。

刘望吾(1919~1943),路桥南栅人。1938年,参加黄岩县政治工作队。不久,刘望吾告别新婚妻子,于1939年1月去湖北宜都县曹家山考入第26集团军干训班,结业后全班考入中央陆军军官学校17期步科,编入第二总队,开赴四川铜梁县受训。1941年从军校毕业,在75军6师16团任排长,驻防鄂西前线。1943年,日军企图以宜昌为桥头堡,发动新的西侵攻势。5月中旬,日军新编加强联队在林本次郎大佐指挥下,绕道北攻兴山县,企图沿香溪袭取秭归和巴东。国民军16团刘望吾连奉命堵击来犯之敌,刘在战斗中壮烈牺牲。为了表彰刘望吾为国尽忠的精神,民国黄岩县政府特批准在路桥镇创设"望吾小学",委派刘望吾的妻子翁素瑾为校长。

刘治雄(1909~1986),路桥三桥话月巷人。1933年毕业上海光华大学化学系,留沪任教。1936年末,回乡创建一利酿造厂股份公司,创办一利酿造厂,为境内最有影响力的酒酱酿造企业。1941年一度离厂去湖南国立师范学院任教。翌年返,先后任路桥镇长和路桥商会会长等职,参与创建路桥中学,筹建镇菜市场,添置机动消防器材;并掩护地下党员郑国森的救亡工作。1950年,再次去光华大学任教。他连续4次获得省科学大会奖,并被评为省劳动模范,然后推选担任黄岩县侨联二届委员、三届常委,县政协五届、六届常委,七届人民代表。(《台州市路桥区志》)

【始迁：宋代】

金　姓

姓氏源流

金姓最早一支源于上古时的少昊帝。

迁入及分布

稠开金氏　宋光宗时（1190~1194）刘允济（与迁居路桥的刘允济可能不是同一人）被谪，削去卯刀，改姓金氏，避居本邑稠开六角井。至明迁柔川。（民国《黄岩县新志·氏族》）

金大田金氏　元末金嵩盛、金嵩甫由黄岩西乡茅畲柔川分别迁东南乡上汇头和新桥。金嵩成居上汇头，金嵩甫居新桥。明洪武元年（1368）新桥金嵩甫之子金文谦充灶长。之后，金文谦之子金廷辉购得黄氏旧居，迁居金大田，为金大田金氏始祖。

境内金姓还分布在路桥（龙头王），峰江（圣堂、西山、沧前），新桥（长泾岸）等地。

宗谱

《金田金氏宗谱》原有清乾隆十一年（1746）金枝馨修谱《序》，道光二十一年（1841）金涛修谱《序》，同治十年（1871）金鹏年修谱《序》，民国六年（1917）金彭年修谱《序》。2009年重修。

《稠开—西溪金氏宗谱》，族谱清嘉庆九年（1804）金廷才创修，现存说四卷，系光绪十五年（1889）金德厚等续修。

重要人物及地方建树

金嵩盛，元末金嵩盛、金嵩甫由黄岩西乡茅畲柔川分别迁东南乡，金嵩盛居上汇头，金嵩甫居新桥。之后，金嵩盛发动族裔修建十字泾桥，因桥为金氏族裔所修建，故名金家桥。

金厥修，字光汉，金大田人，雍、乾期间国学生，青年时游幕四明（即今宁波市），为观察曹公所器重，题"锄经桂馥"四字额赠之。其后自家大院落成，即以"锄经"名其堂。有女嫁洪洋缪丹墀。（《金大田金氏宗谱》《洪洋缪氏宗谱》）

金玉堂，字有政，号銮坡，金大田人，乾隆五十七年（1792）壬子科武举人。（《金大田金氏宗谱》、光绪《黄岩县志》）

金雪山，名涛，字雪珊（雪山），号光澜，金大田人，厥修孙，彭年祖，咸丰廪贡生。（《金大田金氏宗谱》《洪洋缪氏宗谱》《黄岩历代人名录》）

金彭年，金大田人。青壮年参与辛亥革命，为辛亥志士。民国元年（1912），任慈溪县知事。民国三年（1914），以绍兴县知事参加徐锡麟、徐伯平、马宗汉三烈士纪念大会。任绍兴县知事期间，曾主持集资修葺兰亭。

辨误：金彭年，原黄岩县新桥乡金大田（今属路桥区）人，在《台州籍辛亥志士》名录误入临海籍。彭年在民国五年至六年（1916~1917）曾主修《五修金大田金氏宗谱》，其父祖在金大田行迹分明；谱中说：金大田金氏源于黄岩西乡柔川，与临海大田无关。

金毅成，新桥镇金良社区人。青年时期受"五四"新思潮及大革命浪潮影响，1927年秋加入中国共产党，与林泗斋、王宝衡一道组成黄岩县第一个中共党支部。（《中共黄岩县历史》《中共路桥区历史》《台州市路桥区志》）

古迹

锄经堂（耕读堂），为金厥修所建。厥修游幕四明，为观察曹公所器重，曾题"锄经桂馥"四字额赠之。其时适大厦落成，即以"锄经"名其堂。

锄经堂（耕读堂）

【始迁：南宋】

戴 姓

姓氏源流

西周初年，周公旦在平定武庚之乱后，封商朝末代君王帝辛（纣）之庶兄微子启于商的旧都，建立宋国，定都商丘。宋国第十一位君主（前799~前766年在位）死后谥号曰"宋戴公"，其庶子以王父谥号为氏，称戴氏。后世尊宋戴公为戴姓得姓始祖。

迁入及分布

东蓬戴氏 《东蓬林氏宗谱》载，宋之中晚，林伯云入赘新桥戴氏。可见戴氏在此前已居此。

泾阳戴氏 清同治六年（1867），戴姓从温州苍南金乡戴家堡迁黄岩泾阳（今属峰江街道）南戴家，奉泾阳十二世平洲为始祖。光绪年间，第二十七世戴地迁杨戴、逍谢、石曲（方林）。

族训

戴氏家训：

○首尽孝道：孝之大端，曰立德、曰承家、曰保身、曰养志。其间贫富不齐、财力各异，要当随分随力，尽所当尽。

○次敦友爱：杳杳人寰，同胞几个。田产易得，骨肉无多。此而不免差池，安望更有真心。交处朋友，宜相亲爱，切戒器凌。

○次训子弟：人生善恶，基在童蒙。迪以诗书，养其廉耻，成于遵循，败于放肆。倘姑息容纵，爱之实则害之。

○次睦乡党：械斗之事，乡曲常多。端由见理不明，遂为血气所使。须知爱人者人恒爱之，敬人者人恒敬之，自然之理也。

○次务勤俭：人生不可游手好闲，无论士农工商，各执一艺。

○次正术业：一切不正之业，赌博之事，当视为鸩毒，尤不可好。次饬品行：毋学狡诈，毋为邪僻，存其本心，行以礼义。

○次养性：要当资广识见，勿使囿于一偏。

重要人物及地方建树

戴氏，南宋中晚期，洪洋赵处温（1191~1265）妻。

戴氏，南宋中晚期，新桥东蓬林伯云入赘戴氏。

戴禹度，路桥人，清末民国时期黄岩路桥镇商务分会会长，参加1914年11月12日召开的中华全国商会联合会大会。提交《意见书》，捍卫了路桥镇商会的合理资格；民国十年（1921）任县议员；民国三十一年（1942）任救济院路桥分院副院长。（《黄岩历代人名录》，《路桥文史》2022年第1期）

戴华，石曲人，上海复旦大学文科毕业，民国初期创立石曲第五保国民学校。（《黄岩历代人名录》）

戴明霞，民国二十九年（1940）任保全小学校长，抗战时期任保全乡乡长，县参议员。（《黄岩历代人名录》）

戴朗夫，民国三十年（1941）任保全乡合作社理事主席。（《黄岩历代人名录》）

戴素珍，民国三十六（1947）年任石曲乡第一、二保国民学校校长。（《黄岩历代人名录》）

戴祖光，民国三十六年任石曲乡第十五保国民学校校长。（《黄岩历代人名录》）

戴立本，民国三十六年任保全乡第九、十保国民学校校长。（《黄岩历代人名录》）

戴金衡（1880~1955），一名衔，字萃衡，石曲人，行医50年，声名遍及温、黄及临海。（《黄岩县卫生志》）

戴大夫（1887~1968），原名戴普送，蒋僧桥村人。1927年经林泗斋培养和介绍，加入共产党。次年春，蒋僧桥村建立新桥地区中共第一个党支部，戴大夫任支部书记。5月下旬，在戴家召开全县党团活动分子会议，成立首届中共黄岩县委和共青团县委，戴被推举为县委委员，县委机关设在戴家。1988年，故居列为县级文物保护单位。

纪念地

中共黄岩县委诞生地　中共黄岩首届县委旧址位于峰江街道蒋僧桥村，又称"戴大夫故居"。1928年1月底，中共浙江省委派陈韶奏偕临海县委卢经武和团员柳崇安，在温岭城内主持召开温、黄两县党、团员活动分子会议，决定成立中共温岭县委和恢复中共黄岩县委。之后，黄岩党、团组织迅速发展扩大，在县城、路桥、新桥、半岭堂等地，先后发展党、团员160多人。5月下旬，中共浙江省委派团省委书记曹晓时来黄岩巡视，在蒋僧桥戴大夫（戴普送）家召开黄岩党、团活动分子会议，正式成立中共黄岩县委，林冶任县委书记，林泗斋、戴大夫为县委委员。1998年公布为区级文物保护单位。

中共黄岩县委成立纪念地（戴大夫故居）

【始迁：南宋绍定年间】

胡 姓

姓氏源流

帝舜之后，胡公封陈，子孙以谥为姓。

迁入及分布

江田胡氏　胡昉于宋景祐三年仕黄岩县令，致仕居邑西东济。宋绍定间（1228~1233）后裔胡定刑由东济入赘杨汇，为江田胡氏始祖。（民国《黄岩县新志稿·氏族》）

宗谱、族训

《江田胡氏宗谱》创修于清咸丰二年（1852），现存谱六卷。

胡氏家规包括：礼让，士习，官箴，农桑，国课，俗尚，禁邪教，禁盗，备荒，表率十条。

重要人物及地方建树

胡定刑，宋绍定间（1228~1233）后裔胡定刑由东济入赘杨汇，为江田胡氏始祖。（民国《黄岩县新志稿·氏族》）

胡振邦，下浦湖人，乾隆四十四年（1779）武举。（《黄岩历代人名录》）

胡邦藩，江田胡人，光绪元年（1875）武举。（《黄岩历代人名录》）

胡森棠，民国二十年（1931）任项浦乡乡长。（《黄岩历代人名录》）

胡君邕，字衷谅，江田胡人，中学毕业，民国三十年（1941）任县教育会常务理事。（《黄岩历代人名录》）

胡智民，民国三十一年（1942）创立石曲乡第十四保国民学校。（《黄岩

历代人名录》）

胡承生，民国三十六年（1947）创立保全乡第十六保国民学校。（《黄岩历代人名录》）

胡念寅，民国三十六年任保全乡第十六保国民学校校长。（《黄岩历代人名录》）

胡泳洋，字潜渊，项浦胡人，北京高等师范学校毕业，留学英伦，曾为蒋介石捉刀。（《黄岩历代人名录》）

胡暇，字斯行，江田胡人，省立法政专门学校毕业，临海地方法院主任书记官。（《黄岩历代人名录》）

胡卓方，字犖南，江田胡人，浙江公立法政专门学校毕业，常作打油诗讽刺权贵。（《黄岩历代人名录》）

胡兴潮，上倪殿村信柜负责人。（《黄岩历代人名录》）

胡宗罗，官庄东岙坦人，南乡宾兴、常丰闸佃主。（《黄岩历代人名录》）

【始迁：南宋淳祐九年】

尚　姓

姓氏源流

尚氏起源有三：

（一）出自姜姓，是姜太公的后裔。姜太公名尚，字子牙，辅佐周武王推翻了商王朝，被封于齐，是为齐太公。太公在周朝为太师，故又称太师尚父，简称为师尚父或尚父。他的后代子孙便以他名字为姓，称为尚姓。

（二）以官职命姓。秦始皇统一全国后，设有六个带"尚"字的官职，即尚衣、尚食、尚冠、尚席、尚沐、尚书。尚，管理、负责和司掌之意，这六个官职就是管理服饰、膳食、冠冕、起居、沐浴、书籍的宫廷官吏。这"六尚"之官的后裔，有的以祖先职官为姓，也称为尚姓。

（三）宇文氏本为东部鲜卑族复姓，其中一支世居松漠。唐朝时有人名宇文可孤，官至神策大将军，初赐姓李氏。后复本姓宇文。以功加检升校尚书右仆射。官居高位，遂以职官命姓为尚氏，称尚可孤，其后亦为尚姓，融入汉族。

迁入及分布

箕山尚氏　据《箕山尚氏宗谱》载，尚桂芳于南宋淳祐九年己酉（1249）始迁黄邑箕山，筑室沙园而居。三子尚德居霓溪，为霓山尚氏祖。

尚姓境内还居住在横街镇尚家（并入云湖村）、蓬街镇尚家、新丰、厅里等地，新桥镇田际，峰江街道蒋僧桥，金清镇大浦、黄琅海燕，路桥丁岙等地；境外有温岭、玉环等地。

祠堂、宗谱、族训

箕山尚氏宗祠于道光乙巳（1845）建于麦长湖东。

《路桥尚氏宗谱》，清乾隆二十三年（1758）、道光七年（1827）、同治八年（1869）己巳（由尚文士等）修。2002年重修。

尚氏"祖训"：事亲宜深孝养，兄弟宜致友恭，夫妇宜生爱敬，抚育宜笃仁慈，邻里宜思和睦，课读宜效贤良，持家宜崇偷约，耕织宜矢精勤，处事宜存正直，商价宜切公平，贫寡宜更周恤，奴仆勿宜宠骄。

重要人物及地方建树

尚桂芳，南宋淳祐九年己酉（1249），从温州始迁黄邑之箕山，筑室沙园而居。（《路桥尚氏宗谱》）

尚德（1234~1293），桂芳第三子，居霓溪即下梁镇前尚家，为霓溪尚氏祖。（《路桥尚氏宗谱》）

尚怀慈，泉井人，从事土布贸易，清道光、咸丰年间，三十岁时运布贸易于乐清虹桥，为该地推重，遂购地设庄挈眷徙居。凡家乡人往该地贸易者，均竭力照顾。（《路桥尚氏宗谱》）

尚一山，九龙山南人，贡生。咸丰三年癸丑（1853），地遭大水淹没，继以潮灾，土匪蜂起，遍地索借，咸丰十一年辛酉（1861）太平军入境，一山筹画保卫乡里，乡邻安堵。好济贫困，饥饿者常来就食。（《路桥尚氏宗谱》）

明清时期，为方便行人，尚氏一共沿海建大路三条，三条石桥五座。（《路桥尚氏宗谱》）

尚士森，民国三年（1914）创立同正乡第七、八、十四保联立国民学校。（《黄岩历代人名录》）

尚德，民国三十一年（1942）任横街积谷仓管委会主任、小学校长，抗战时期任横街镇镇长。（《黄岩历代人名录》）

尚浚明，民国三十四年（1945）创立安宝镇第四保国民学校。（《黄岩历代人名录》）

【始迁：约在南宋理宗年间】

曹 姓

姓氏源流

根据《双桥曹氏宗谱》载，曹氏系出叔振铎，至伯阳为宋所灭，其后遂以国为氏。世居沛。秦二世元年，汉高祖起沛，曹参以中涓从，积战功封平阳侯；惠帝二年，为国相。卒，子窋代侯。卒，子奇代侯。卒，子时代侯，尚平阳公主。卒，子襄代侯，尚卫长公主，从卫将军出塞，有功。卒，子宗代侯，征和二年，坐太子死，国除。其后为曹腾，字季兴，少除黄门，桓帝即位，加特进。子嵩，官太尉。嵩子操，字孟德，进封魏王，追谥武帝。操子植，封鄄城雍邱东阿陈诸王。卒。子志，字允恭，代侯。其后为曹霸，唐天宝末为左武卫将军。

迁入及分布

双桥曹氏　宋曹俎（zǔ），字元龙，居阳翟，官翰林。子勋，字公显，靖康二年，以阁门宣赞舍人从徽宗北迁。建炎七月还京，四年高宗航海至台，有从官家属择便居温、台之命，而勋遂为郡人焉。孝宗朝，官太尉，卒赠太师。子耜（sì），工部郎中；耘，利州观察使。耘之孙，自天台迁黄岩。

宗谱、祠堂

《双桥曹氏宗谱》，清嘉庆间，由曹仲道等延请王嗣柏始修。同治十二年癸酉（1873），台三、云精二公相继重修。宣统二年（1910），曹孔超等延请王佑清三修。

"曹氏宗祠"明代小筑于双桥四二里，后迁于桥东南岸。本有庙有田。乾隆丙戌飓风徒起，片瓦不存。春秋祀田废卖迨尽。长二三房之子孙率钱若干，以权子母至乾隆癸丑得息钱若干，置祀田七亩零，重建祖祠于旧基；而四房亦助贰十四贯以资建造，而产业仍归长二三房。嘉庆四年己未（1799），复以庙道迂回、乡邻不协而四房希贤助钱乙千文迁于桥北。

重要人物及地方建树

曹勋，字公显，北宋靖康二年（1127），以阁门宣赞舍人从徽宗北迁。南宋建炎七月还京，四年高宗航海至台，有从官家属择便居温、台之命，而勋遂为郡人。孝宗朝，官太尉，卒赠太师。（《双桥曹氏宗谱》）

曹耘之孙，失名，自天台迁黄岩双桥，为双桥曹氏始祖。（《双桥曹氏宗谱》）

曹闻，明永乐丙戌进士，终监察御史。与杨士奇友善。有《期杨士奇不至》诗："羁旅无友生，何以慰怀思。有客噬适我，芳蛎以为期。深丛鸟雀喧，穷巷牛羊归。相候清路旁，冠佩来何迟。我肴既去嘉，我酒日以酾。虽无德与汝，写心良在兹。子宁不我即，伫望增歔欷。仰观列宿中，羡此明月辉。令德众所慕，彼留知为谁。谅无好贤诚，空负缁衣诗。"（《双桥曹氏宗谱》）

曹阖，闻弟，以勇甲于乡。（《双桥曹氏宗谱》）

明永乐期间，曹氏之茂，庄则有曹家庄，陆则有曹家路，水则有曹家桥及曹家渡。凡所在之地，皆以曹氏为名。（《双桥曹氏宗谱》）

古迹

古洞留云。王嗣柏诗云："鸣鸾摇佩是即非，初向襄王梦里归。缥缈犹余行雨态，游飔懒逐晓风飞。可怜故宅迷秋草，俨似娇姿倚洞扉。自遇曹郎心事恶，花晨月夕倍霏微。"

烽台怀古。王嗣柏诗云："版图从此隔华夷，一缕狼烟十二时。海孽寻常父老至，王师百万宿旌旗。荒台剥落村居静，客路迢遥车马迟。尺土寸天皆入贡，边方何处着藩篱。"

双桥夜泊。王嗣柏诗云："西风吹浪澹夷犹，欸乃音微古渡头。几缕炊烟迷暮霭，一湾新月照扁舟。双桥影落惊鱼跃，四水声喧入梦悠。点点渔灯依远岸，不知钓得玉璜否。"

远市浮烟。王嗣柏诗云："鸡声喔喔起朝暾，一带苍烟涨远村。杏霭光中人扰扰，霏微市上语喧喧。往来不断垂杨路，追逐能教晓日昏。定有胡姬春压酒，少年故枕醉清罇。"

曹家渡。王嗣柏诗云："巡司城处水湾环，白浪飞腾欲渡艰。望里每惊云岸阔，日斜犹待布帆还。至今略彴横清浅，无复扁舟戏碧漘。留得佳名传万古，莫将衣带视如闲。"

黄门泾。王嗣柏诗云："停装夜宿新安市，啸侣朝登栅浦船。泛泛杨花摇细浪，悠悠桂桨荡轻烟。黛螺高下三春翠，空水澄清一镜悬。堪与蛟龙俱不朽，黄熊化去古今怜。"

曹家庄。王嗣柏诗云："珍珠百串得深渊，不买轻躯买甫田。车马满门长作市，道途十里总飞烟。可怜外府输中府，无论南阡与北阡。陆氏一庄长已矣，野人传语尚依然。"

曹家路。徐秉中诗云："无人不道鸣珂里，村落于今空夕阳。乱草渐迷新屐齿，繁花曾照旧衣裳。踏青惯引游人梦，步月时闻桂子香。石路平平终莫改，可怜瞬息变沧桑。"

【始迁：南宋宝祐年间】

何　姓

姓氏源流

一、出自姬姓，为周文王之后。相传黄帝是少典之子，本姓公孙，因居于姬水之滨，故而改为姬姓，其后裔后稷被周人尊为始祖。后周成王（周文王之子）弟唐叔虞裔孙韩王安为秦所灭，子孙避难逃亡到江淮一带，当地人因"韩""何"音不分，后误写为何，子孙沿用。

二、唐代"昭武九姓"之一有何氏。隋唐西域阿姆河、锡尔河流域各氏族统称为"昭武九姓"，即康、史、安、曹、石、米、何、火寻和戊地。

三、出自冒姓或赐姓。如汉时有叫何苗的，其本姓朱，冒姓何。北魏孝文帝迁都洛阳后，鲜卑复姓贺拔氏为单姓何氏。五代吐谷浑亦有何氏，吐谷浑亦作吐浑，为鲜卑的一支。元末吐蕃宣抚使锁南之子铭入明，被朝廷赐姓何氏，其后也有以何为姓的。

迁入及分布

高桥何氏　何诚长，南宋宝祐年间（1253~1258），从黄岩城关大寺迁居钱屿高桥（今高桥章）。

族训

何氏家训：治家起早，百物自然舒展；纵乐夜归，凡事恐有非虞。服饰切勿奢华、作践绫罗。饮食务从非薄，免伤物命。一室同心，兴隆有望。满门和气，福祉必臻。皇粮及时完纳，省追呼之扰。产业勿图方圆，息争竞之端。远僧尼六婆，可免败乱之风。近正人师友，自受楷模之益。置器勿求精巧，凡事俱由古朴，用好银，平计称，善报有日。做邪戏，听淫词惑乱心生。量宽足以容众，身先自能率人。势交者近，势败则忘。财交者密，财吝者疏。

教子婴孩，质全而易化。训妇初来，忘一句而不约。先人遗业，当思创业之艰。身自操家，须念守成不易。应世要愚巧随时，居家须聋哑几分。积玉积金，何如积阴德以耀后。传子传孙，贵乎传清白。以苦为福，其福最大。为福作罪，其罪非轻。拒不搬唆，骨肉不致伤害。与人共商，任事必然周至。无蓄后仆、艳婢。不辨戏具行囊。妻应贤，贤妻才有夫荣子贵。仆虽能，不可使与内事。闭门行止，不可稍忘父母。妇幼举止，该悉心教诲。勤祭祀，尤宜真情。月半十三，为我家祭之期，忙碌、偷闲，居家、在外，概不可忘。齐僧道，不如饭房待侍。攀附势力，休望扶持。济贫扶弱，自有厚报。寡守孤寒，终受荣华。物物有命，戒杀当坚。人人有气，宽厚自福。鄙薄之极，必生奢男，厚德之至，定有贵子，大婢早出，不得择配家人。豪奴急逐，勿留放纵坏事。亲人结仇为好恶，良心已丧。祖业众产，岂能独享。过贫得，将作牛马，用意已迷，焉能自逸，每逢佳节倍思亲，登高茱萸不缺人。万般皆下品，唯有读书高。从幼勤学苦读，日后乃能大器耀祖。锲而不舍，矢志成仁，贫困不是过，安贫堕落乃有错。从小当立安邦志，睿智造福天下乐。何氏家族人杰地灵。皇天厚爱，事业有成。

人物

何锡庚，字会兰，南洋（路北街道）人，同治初捐设育婴堂。（《黄岩历代人名录》）

【始迁：南宋中后期】

郭 姓

姓氏源流

郭氏起源虢国，虢国是西周初期的重要诸侯封国，地跨黄河两岸，分东西两虢，实为一国。西虢国，西周初年所封诸侯国，后随周平王东迁至今河南陕县东南，公元前 687 年被秦国所灭。东虢国，西周初年所封诸侯国，位于现河南荥阳，公元前 767 年被郑国所灭。

境内郭氏自认为唐汾阳王郭子仪之后。

迁入及分布

黄岩场—前郭郭氏　前郭郭氏为黄岩场郭氏部分，南宋时，郭子仪第十五世孙玉如为绍兴录事，谪官黄岩场（即迁浦盐场），子孙遂家焉。郭玉如有四子，三子定居下阳（今金清前郭）。

宗谱、族训

《黄岩场郭氏宗谱》为始迁郭玉如六世孙郭公葵始创。康熙二十九年庚午（1690），乾隆十四年己巳（1749），道光二十一年辛丑（1841）均续修。1991 年重修。

郭氏族训八则：力行孝悌，勤事农桑，早完国课，攻苦读书，敬修祠宇，时省坟墓，惩匪保家。

重要人物及地方建树

麻滋闸，《光绪太平县志》称其为"朱文公建"，俗传桥石将断，仙人以麻糍粘之，故名。二孔，东西走向。位于今温岭市新河镇，基本劳力是南监、沙头两地郭姓居民。

郭氏民众参与建设的麻糍闸

  郭殿魁，路桥街人，嘉庆十五年（1810）武举人。（《路桥志略》《黄岩历代人名录》）

  郭用广，郭氏第二十九世，庠生。（《黄岩场郭氏宗谱》）

  郭梧村，沙头前郭人，贡生，咸丰三年（1853）大水，四年洪潮，梧村积极组织赈灾。不数年，匪风日炽，有匪强逼邻女成亲，梧村组织族人驱逐，合族赖以安。

  《黄岩场郭氏宗谱》："不数年匪风日炽，尝有一匪窥公邻家女有姿色，夜率数十匪来欲恃强逼成姻事，女家用秽物掷之，不得近身。公闻警立时喝族众驰逐去。明日匪邀众头目绊匪党四百余复来。时田禾方茂，公首先率族中壮者十余人伏禾中，努力向前，逼近贼身，挥刀齐出，匪绵披靡奔散，无敢回顾者。诸匪以是不敢再犯。合族赖以安堵。"

  郭襟江，沙头前郭人，梧村族侄，咸丰年间廪膳生。（《黄岩场郭氏宗谱》）

  郭华亭，沙头前郭人，光绪年间武庠。（《黄岩场郭氏宗谱》）

  郭梧村，沙头前郭人，光绪年间太学生。（《黄岩场郭氏宗谱》）

  郭志仁，民国三十六年（1947）下梁中心国民学校校长。（《黄岩历代人名录》）

【始迁：南宋绍定年间】

郏 姓

姓氏源流

郏姓的起源主要有三种：

（一）出自姬姓，是周文王姬昌的后裔。周成王姬诵定鼎于郏鄏，于是他的子孙中有迁往这个地方居住的，于是改为郏姓。原来就居住于这个地方的人，也有的根据这个地名或这个事件来取姓的，也称为郏姓。

（二）出自春秋时期的郑国。郑国有大夫叫作张的，因为他的祖上受封于郏这个地方，于是他的后代就以封地作为自己的姓。世代居住在武陵郡。

（三）出自芈姓。芈姓为春秋时期楚国的王族。楚国有楚共王审，他的孙子叫作员，字敖，被立为王。后来敖被他的季父康王的弟弟公子围杀害。公子围自立为王，称作灵王。敖在王位上只呆了四年。他被杀害以后葬在郏，称为敖郏，他这一支的子孙就以郏作为自己的姓氏。

迁入及分布

桐村—石硚郏氏 郏荣，字辅全，南宋绍定间（1228～1233），从黄邑阜民坊迁居桐村（桐屿街道共和村），故后与先太君合葬于石湖墩（石棋盘）。路桥境内郏氏主要分布在石硚、前洋郏、路桥郏家里等地。

石硚郏氏 从桐村迁入，为六世郏仲寅（郏荣为五世），主要人物有郏维干、郏成宗等。

前洋郏郏氏 既以郏姓为地名，可见是郏姓聚居地。主要人物有郏道生、郏寿生兄弟。

路桥街郏氏 主要在南栅郏家里四周，人物有郏懋辉、郏丙成等。

另在新桥东蓬林等地亦有郏姓聚居地。

家训

《台州郏氏宗谱·族训》：一孝父母，二敬长上，三正伦理，四修祀典，五习诗书，六勤耕作，七务生理，八慎交游。

重要人物及地方建树

郏维干，字宪鼎，石硏人，雍正七年（1729）举人，官盐分司。（《路桥志略》《黄岩历代人名录》）

郏永明，嘉、道间人。族有雀角之争，必力为排解，而人皆畏服；乡有诸善举，赖其首倡，如继成堂、双峰桥等。（《台州郏氏宗谱》）

郏坦怀，名理阳，号坦怀，咸、同间人。未冠，父逝，因废举子业而操持家政，处置咸宜，男女长幼无诟语，一门之内肃如也。好善举，砌铺道途，重修庙宇，创造公所，事无难易，必要其成；至于排难解纷，尽言规劝，出资以济。（《台州郏氏宗谱》）

郏瑞之，同治十一年壬申（1872）贡生，率族人聘贺正修纂家乘。（《台州郏氏宗谱》）

郏成宗，石硏人，大霖子，庠生。（《黄岩历代人名录》）

郏丙成，路桥人，庠生。（《黄岩历代人名录》）

郏懋辉，字静轩，南栅人。家故丰，遭外侮中落，辉渐事经营，赎所质室，分给伯叔昆弟，有叔早卒，聘妻守贞，辉迎而事之如母，与己母并获旌于朝。弟卒，抚遗腹子如己出。生平急于为义，人以缓急告，无不应。宗祠圮，葺而新之。（《路桥志略》）

郏颂平，路桥人，民国元年县议员。

郏绍雍，民国二十三年（1934）任第五区区长。

郏颂尧，路桥人，抗战时期任石曲镇镇长。

郏国麟，民国三十一年（1942）任区立路桥民众教育馆馆长。

郏道生（1892~1969），字立本，马铺前洋郏人，与弟寿生一起在路桥创办"普明织物厂"，为黄岩县最大棉织工厂，民国三十二年（1943）捐田给私立路桥初级中学。妻管美云。

郏寿生，郏道生弟，与兄一起在路桥创办"普明织物厂"，为黄岩县最大棉织工厂。

郏立本，民国七年（1918）任普明织物厂厂长。

郏其庚，中桥人，大同大学毕业，普明染织厂工务主任。

郏家里

郏家里商埠位于郏家里民宅前，郏家里民宅为区级文物保护单位。岸上建有路廊，为客商等待休息场所。

郏家里古民宅

【始迁：南宋】

程 姓

姓氏源流

程姓得姓于西周时期。程氏是重、黎的后裔。关于重、黎的身世，旧有两种说法：一说重和黎都是颛顼的曾孙。颛顼有儿子名叫称，称有个儿子名叫老童；老童有两儿子，就是重和黎；另一说黎是颛顼的曾孙，重是少昊的儿子。

程颢（1032~1085）和弟程颐（1033~1107），北宋著名哲学家、教育家，世称"二程"，宋代理学奠基者，河南洛阳人。

迁入及分布

螺洋程氏　程颢十一世孙程矾（名荣，字仲宏），南宋景定三年壬戌（1262）进士，因乱入赘螺洋翁氏，为螺洋程氏始祖，螺洋四世程琬，迁居鉴湖菁岙。

上寺前程氏　为程颢（明道先生）第四世孙，南宋时（1127~1279）迁居上寺前。

境内程姓还分布在卖芝桥，三星桥，徐岙等地。

修谱、族训

《菁岙程氏宗谱》，同治十二年（1873）癸酉曾修谱。

程氏子孙，士农工商，无不有是，凡举何业，皆依祖训，诗书继世，忠厚传家，入学出悌，睦邻和亲，机织躬耕，衣食无缺，勤俭治家，爱国为群众之遗风，世代相传，永承光大。

人物

程启秀，民国三十五年（1946）路桥织机户。（《黄岩历代人名录》）

【始迁：南宋景定年间】

翁 姓

姓氏源流

相传周昭王姬瑕的小儿子，生下来时双手握拳，别人都掰不开，周昭王亲自去掰，却是应手而开。只见他左手有掌纹像篆文"公"字，右手掌文像"羽"字，周昭王感到非常惊讶，觉得掌纹神奇，就给这个最小的王子起名"翁"，即姬翁。姬翁王子的后代称翁氏。

迁入及分布

螺洋翁氏 南宋之前就存在。南宋景定壬戌（1262）进士程矶，因乱入赘螺洋翁氏（民国《黄岩县新志·氏族》）。可见翁氏居螺洋早于程姓。

族训

翁弘济五训如下："一曰，为官忠心为国；二曰，清廉处事，给贫恤孤；三曰，不贪货殖，无事酒色；四曰，常思克己，各合礼仪；五曰，恭敬富贵，无问炎凉。"

重要人物及地方建树

翁素瑾，民国三十六年（1947）任路桥第四保国民学校校长。
翁鹤龄，民国三十六年任金清镇凤尾商行行主。
翁赓庆，前蔡人，浙大毕业。

【始迁：宋咸淳九年】

许　姓

姓氏源流

考许氏鼻祖，唐虞之世，有高士许由，尧以天下让之，至河洗耳，遂去，隐于箕山。

许氏起源出自姜姓，以国为氏，是炎帝神农氏的后裔。许氏与齐氏同祖，为上古四岳伯夷之后。

据《通志·氏族略·以国为氏》所载，公元前十一世纪周武王克商后，封伯夷的后人文叔于许国，称为许文叔。旧址在今河南省许昌市。春秋时为郑、楚等国所逼，前533年迁都叶，前524年迁都白羽（今河南西峡县），前524年迁容城（今河南鲁山县）。战国初为楚国所灭，其后代逐有"许"氏。

李唐，许景先避安史之乱，徙居闽之赤水，任福州太守，任满转授知瓯之永嘉，遂家于永嘉，有六派。许彦思迁居永宁州（即黄岩）之太平乡间溪（即大间）。

迁入及分布

白枫山后许氏　许逊自大间迁泽川，四世许迪于宋咸淳九年（1273）入赘白峰梅山叶千罗家，遂居焉。至清代分为三房。支分胡家汇、下洋山、南岙朱、官庄、北藕池、路桥、金大田，及温岭、玉环、乐清等处。

官庄、藕池、路桥、金大田许氏　均为山后许氏分支。

祠堂

山后许氏祠堂原建于白峰高阳桥北坐北朝南，筑有正殿和两庑，祠宇完备。民国肇兴，建立学校，是为梅亭小学。新中国成立后改建为敬老院。改革开放后，经村民揭底于石门东侧坐东朝西建山后村安息堂三间，为供奉祖宗灵位。经费由村民自愿乐助，于1997年岁次丁丑11月竣工。

宗谱

《山后许氏宗谱》其初于元代许正肃编《家乘》藏于家。明成化六年（1470）忍庵、怡情、盘野等三人续谱，明嘉靖二十四年（1545），许三吾、许梅石三修。万历七年（1579）四修，崇祯十三年（1640）五修。清康熙二十一年（1682）六修，雍正十一年（1733）七修，乾隆三十一年（1766）八修，道光二十二年（1842）九修，光绪十一年（1885）十修。民国十八年（1929）十一修。民国二十一年（1932）十二修。1998年岁次戊寅重修，由二十六世裔孙江苏响水县政协副主席许士桢作《序》。

家训族训

《山后许氏宗谱》载《族训》：明根源，敦孝弟，和宗族，睦乡里，训子孙，慎言动，务生理，谨婚娶，别公私，守茔墓。

重要人物及地方建树

许迪，宋咸淳九年（1273）入赘白峰梅山叶千罗家，遂居焉。（《山后许许氏宗谱》）

许楚雄，山后许氏第八世，名鼎，字楚雄，号高峰，许俊三子，明洪武三年进士。惠安学教谕，九年迁沔阳州判。

许均厚，山后许氏第九世，名得志，自号耕读翁，又号耕隐先生，明初郡庠生，正统二年（1437）白峰里里长，居甲首，充灶。

《山后许氏宗谱·文学儒林门》："公讳得志，字均厚，博学能诗，入郡庠，自号耕读翁，又号耕隐先生。后当本里里长，县尹荣以冠带，而去之若浼。"

《山后许氏宗谱·传赞》："公讳德志，字均厚，为人雅重谦和，博学能诗，入郡庠，自号耕读，又号耕隐先生，正统二年当里长，公居首名甲首，充灶。至今黄岩场许志买户名尚存。"

许大荫，山后许氏大房第十五世，赐进士出身，龙游县教谕。

许琴庵（1889~?），名庚南，字仁炯，号琴庵，山后许氏，清嘉庆年间郡庠生。

《山后许氏宗谱·琴庵公传》："年十三出应童子试，即能默写五经，经邑侯赵擢彤先生异其文并嘉其风致翩翩，欲以女妻之，其尊大人以籍贯辽远事不果成。癸亥岁（嘉庆八年，1803）公年甫十五县试十一名，府试特，太尊击节叹赏，取正案第九名。及丁卯（嘉庆十二年）公以县试冠军入郡庠，爰知于金门刘侍讲。庚午（嘉庆十五年）乡试督学廉溪周侍郎栓遗卷曰至公文，嘉其英年积学、书楷端详，檄传台府学与临海罗跃南先生俱征至敷文书院肄业。公以父命辞其召。壬申（嘉庆十七年）案临拔取一等七名，与予同年食饩，则公之英年茂才将掇巍科登阮仕直指顾间事。时无何，天优其才不优其遇，或以病而不能就棘，或以丁艰而不得应乡试。——道光元年辛巳科举人李飞英"

《山后许氏宗谱·许氏诗文外内编引》："迨至清道光间，琴庵、阶三、赤霞辈先后继出，随又得松云先生兄弟继之，许氏诗词后先济美，斯亦斯文之一助也。"

《玉露叶氏宗谱·叶上舍柳堂八十寿序》："吾乡善士首推前辈桐斋叶先生，琴庵、阶三、松云、赤霞许氏四先生。"

白枫宾兴，清道光初里人许鼎成、叶绍书等捐立，分给本地士子乡会试旅费。

许鼎成，白峰桥人，道光初捐设白峰宾兴，用于本地士子乡会试旅费。

《路桥志略》："白枫宾兴，道光初里人许鼎成、叶绍书等捐设，分给本地士子乡会试旅费。八年七月潘俌、叶向葵等创文昌阁，并建厫贮谷。（则田一百三十七亩八分五厘，租谷二百七十五石七斗一升，连佃田二十四亩四分二厘九毛，租谷六十四石七斗七升。）近改充文明小学经费。"

山后许氏四先生。《玉露叶氏宗谱·叶上舍柳堂八十寿序》载："吾乡善士首推前辈桐斋叶先生，琴庵、阶三、松云、赤霞许氏四先生。"

许映台，号阶三，山后许氏二十二世，清道光年间禀膳生，知名学生有杨友声、杨晨父子，侄赤霞、缪垣等。

《山后许氏宗谱·映台许先生传》："少时励志读书，为文必清真雅正，小试辄冠军，然屡困秋闱，卒以明经终。人咸惜之，而先生绝志进取，乃以教育人才为任。于是四方闻风者蹑屐负笈叠迹于门。先生必诱掖奖劝，使学者无遗力亦无过劳，以故受其教者积感思奋攻苦益倍。——受业门生莺谷杨友声。"

《山后许氏宗谱·许氏诗文外内编引》："迨至清道光间，琴庵、阶三、赤霞辈先后继出，随又得松云先生兄弟继之，许氏诗词后先济美，斯亦斯文之一助也。"

《玉露叶氏宗谱·叶上舍柳堂八十寿序》:"四先生皆历丰城刘气,策名天禄,惟阶三先生尤负重望。乐育之宏英才萃渊薮,杨给谏(杨晨)其门人也。"

《洪洋缪氏宗谱》许景云(赤霞)文《星环公行传》:"余友缪君,名垣,字启裕,号星环,年十五,从余叔父阶三先生游,与余同笔砚者久之。"

许松云(盛衢之子),名怀清,字尧选(尧迁)、保梁,一字圣水,号松云,廪膳生。山后许氏九房二十一世。设帐教授,受业门生有罗东之等。太平军入境,编联保甲保护地方。捐田创立宾兴。

《山后许氏宗谱·松云先生传》:"既而习举子业,果天资颖悟,下笔成文,王介儒、叶桐斋诸先生尝器重之。更善楷书,深得赵帖秘,以故戊戌入黉门,己巳补天禄,而先生犹课读不倦。每岁必作文数十篇,夫以先生英年茂才,将撷巍科登肤仕直指顾间事耳,乃秋闱十余试不获一售,天将老其才耶,抑限于命而无可如何耶?自是先生设帐教授,为退老计。一时知名士乐景从之,余亦亲受业焉。不数年,桃李尽在公门,非先生之善诱不致此。——受业门生福建宁洋知县罗东之。"

《山后许氏宗谱·许氏诗文外内编引》:"迨至清道光间,琴庵、阶三、赤霞辈先后继出,随又得松云先生兄弟继之,许氏诗词后先济美,斯亦斯文之一助也。"

许师岩,字舜广,号赤霞,名凤仪,南训长子,阶三侄,郡廪生,科名景云,山后许氏六房二十三世。

《山后许氏宗谱·许氏历代纂修记名录》:"至道光二十二年,阶三、琴庵、赤霞辈后先继续,谓之九修。许氏文人至此盛矣、美矣。"

《山后许氏宗谱·许氏诗文外内编引》:"迨至清道光间,琴庵、阶三、赤霞辈先后继出,随又得松云先生兄弟继之,许氏诗词后先济美,斯亦斯文之一助也。"

《玉露叶氏宗谱·叶上舍柳堂八十寿序》:"吾乡善士首推前辈桐斋叶先生,琴庵、阶三、松云、赤霞许氏四先生。"

梅亭小学,山后许氏许冠秋、许勉斋与应祖耀共同创办梅亭小学,以许氏宗祠之余款及亭屿村公之余款为常年基金,民国十四年呈县立案,续后改为区立,推许冠秋为校长。

许朴儒(?~1890),山后许氏六房人,清训(号炜堂)第三子。一生做了三件好事:光绪年间潦水为患,黄太两邑人民皆采树皮草根以及三十六桶为食，朴儒跋涉锦江、芜湖等处，泛粟以济本村之急及白峰岙之不足者；与族人德村筹款赎回本族街屋若干，以房息用作祭祀费用；有贫苦人家，其女已受聘金于人，适遇饥私将此女重卖他人，朴儒备资斧赎回此女，交还原配之家，使之成礼。

【始迁：南宋嘉定十年先后】

应 姓

姓氏源流

源于姬姓，出自周武王姬发之后，属于以封邑名称为氏。姬发灭殷商后，将其第四子应叔被封于应（今河南平顶山新华区滍阳镇），称应侯，伯爵，建立了应国。

源于官位，出自西周时期应乐史。应乐史，亦称应人、应师，就是在王族宫廷乐队中执掌演奏应鼓，隶属于春官府司管辖。在典籍《周礼·春官·小师》中记载："击应鼓。鼙也。"

迁入及分布

大岙应氏　南宋末，应伊训（登显长子）由山坑八亩洋入赘大岙，奉其祖仕湫为第一世。伊训官至中宪大夫，夫人为叶待制之女淑娘。（《大岙应氏宗谱》）

[据叶维军研究，叶待制为叶良佩上祖叶应辅，嘉定十年（1217）进士，家住黄岩草行巷，有子迁镜川。]

桐屿应氏　应宗翰在南宋时从处州迁居黄岩，后裔分布在桐屿（邵岙有应家桥）等地。（《黄岩应氏宗谱》）

湖头应氏　应宗翰南宋时从处州迁居黄岩。元季以后，锦江、庐汇、大澧、平田、埠头、赤山、湖头皆有其踪迹。（《黄岩应氏宗谱》）

四甲应氏　明嘉靖间（1522~1566）应元吉自仙居厦阁迁居四甲。时四甲地处海滨，元吉来此垦辟，结茅于此，为四甲应氏始祖。元吉生仕申、仕芳；仕申生仁赏；仁赏生守海、守江、守强、守旺，分为四房。仕芳生守茂、守泮，为横塘祖。支分上墙里、竹桥里、长大、三荡、亭屿、邵岙及太平之鹜屿（牧屿）、横湖、石刺头等处。（《四甲应氏宗谱》）

亭屿应氏　自廿八世开始。(《黄岩应氏宗谱》)

塘头大户应氏　应敬德（字守钦）、明德（字守德）自清雍正癸卯（元年，1723）自仙居迁塘头大户（即路南应家）。

三条桥应氏　迁自仙居厦阁双庙，始迁时间不详，分三房：大房迁至南新市，三房迁至南关庙，二房居原地。(《三条桥应氏宗谱》)

新桥应氏　新桥应氏散布在下林桥、韩家等地，与四甲应氏共同宗谱。下林桥应氏应秉龙，生于光绪癸未年（1883），往前还有二世，估计在迁居时间为清代中期；韩家应德桂生于光绪癸卯年（1903），往前还有三世，估计与迁居下林桥时间相仿。

新场应氏　包括海南、下盟、后应，应成增生于光绪甲辰（1904），其前有数代，估计迁居时间在清代中后期。

境内另有路桥、亭屿、泉井、杨桥、蒋桥、卷桥、份水、蓬街等应氏。

祠堂

大岙应氏祠堂前有两棵古银杏，树龄250年，为境内保护古木。

大岙应氏祠堂及边上银杏（300年）

宗谱、族训

《四甲应氏宗谱》于清康熙间初修。续修于乾隆五十九年（1794），三修于嘉庆十五年（1810），四修于道光十二年（1832），五修于光绪元年（1875），六修于光绪三十一年（1905），七修于民国三十四年（1945）。

《塘头大户应氏宗谱》道光癸卯（1843）小修；同治壬戌（1862）重修；民国辛未（1931）重修；2009年重修。

另有《大岙应氏宗谱》《黄岩应氏宗谱》《三条桥应氏宗谱》。

重要人物及地方建树

应伊训，宋咸淳（1265~1274）擢湖广道在京史御，廉慎端严，为大为都御史康公天锡所器重。转江右南康太守，所至有政声，人皆服其德焉。入赘大岙叶待制家，夫人叶淑娘。建绮春阁以延社友，设馆以课子，著述为事，倘徉风月以终其身，大岙之有应，断以公为始迁焉。

应昌祚，大岙人，著有《窃吹草堂诗钞》，《路桥志略》录有《题看山草堂》《出山》《竹枝词》诗。

应显篁，清乾隆年间庠生，乾隆四十三年为塘头大户应氏谱作序。

释然云（1818~?），字永香，俗姓应，大岙人。少出家，得法于台州天宁寺。清道光中（1821~1850）中兴南山善法寺，募建殿宇，装塑佛像，赎回土田二十余亩。（《大岙应氏宗谱》）

应万德，蓬街人（一说四甲应人），武生。同治至光绪时东南乡仇教运动领袖，曾率众打入县城劫狱，攻打海门卫，法国政府派军舰3艘开往海门干涉。浙抚令台州府和海门卫镇压，应万德失败。八月十二日，总兵余亮熙下令，将应万德与弟应万林杀于船上。（民国《黄岩县新志》）

应普汉，四甲人，大夏大学毕业，抗战时期任启明乡乡长，民国三十四年任区立路桥民众教育馆馆长，路中教员。（《黄岩历代人名录》）

热心办学：应祖耀（民国十四年协助创办梅亭小学，十七年任校长）；应有谦（民国二十九年与人创立启明初级小学）；应显均（民国二十八年创立联洋第八保国民学校）；应寿亭（民国三十一年创立镇鲍中心国民学校）；应耀（民国三十六年任石曲第八、九、十保国民学校校长）；应雨初（民国三十六年任新桥第二十保国民学校校长）；应招唐（民国三十六年任镇山第六、七保国民学校校长）；应万盛（民国三十六年任联同第一保国民学校校长）；应万兴（民国三十六年任联同第五、六、十二保国民学校校长）。

【始迁：约南宋】

秦　姓

姓氏源流

秦姓有两大分支：一支源于嬴姓，一支源于姬姓。秦姓分布很广，以北京、江苏、山东、山西、陕西、四川、广西、河北、河南、湖北、湖南居多。少数分布于东北地区，东北地区的秦氏和西南地区的秦氏外族汉化的比较多。其次分布于安徽、贵州、浙江、福建、江西、云南、北京、广东、海南、台湾、香港、澳门等地区。

迁入及分布

《新桥管氏宗谱·居址》载："古居之者为蒋、姚、秦三姓，久不复见；近代占籍曰周曰管曰李。"按管氏迁入元季，往上推，周氏约为元初，秦以上则迁自宋代。

新桥秦氏井

《新桥管氏宗谱·居址》又载："邨北有古井，相传秦氏所凿，久湮复开，水重而甘，是通山泉，盖赤山之脉东来，相距数里为小山，联属而南，岚光掩映，水脉潜通也。"管作谋《新桥八景·古井涵清》曰："穿凿当年道姓秦，秦人已没井随堙。一经管氏重开浚，井畔雕栏又一新。"

【始迁：南宋】

方　姓

姓氏源流

出自姬姓，以字为氏。周宣王有大臣方叔。见《诗经·小雅·采芑》云："方叔涖止。"

神农炎帝十一世孙即八代帝榆罔长子曰雷，黄帝伐蚩尤时，雷因功被封于方山（今为河南省禹州市），雷受封于方山后，称方雷氏，子孙以地为氏，分为雷姓和方姓。源于姬姓，出自西周后期周宣王时大夫姬方叔将军，他智勇过人。奉命南征，平定过荆蛮的叛乱，为周室的中兴立下了大功。因此，后世不少方姓宗谱采用了"周大夫方叔之后"之说。

迁入及分布

石曲方氏　其系分自福建莆田，再迁于台州仙居，宋代三迁于黄岩洋屿（今属路桥区），遂占籍焉。有曰天成，子宙，孙伯奇。伯奇子五，曰国馨、国璋、国珍、国瑛、国珉。国珍明初赠资善大夫广西等处行中书省左丞，卒于南京邸第。子孙转居黄岩石曲，名其里曰前方，自是黄岩石曲始有方氏焉，有明社屋。石曲外诸方，散处远近不下十余村，若前方、后方、沧前、泉井、南栅、竹场、鉴洋诸处，远至玉环，皆联其派。（《石曲方氏宗谱》）

境内方姓还分布在路桥旗杆里、石曲、长浦、胡田施、闸头方、西岸王、泉井。

祠堂、宗谱、族训

方氏大宗祠在方林村，其建房占地面积有三亩五分余。

《石曲方氏宗谱》始修于清乾隆，咸丰年间重修，光绪年间三修。四修于民国期间。五修于 2011 年。

《前洋方氏家谱》民国初年方道芝参与修辑。

方氏祖训精炼八字：立等、守法、进取、光宗。

重要人物及地方建树

方天成，国珍曾祖，宋代始迁洋屿。赠资善大夫、江浙等处行中书省左丞上护军，追封河南郡公。妻陶氏，追封越国夫人。

方宙，国珍祖父。赠荣禄大夫、江西等处行中书省平章政事柱国，追封越国公。妻潘氏，追封越国夫人。

方伯奇，字震亨，元代从洋屿迁居方家村。国璋、国珍父亲。赠银青荣禄大夫福建等处行中书省平章政事上柱国，追封越国公。妻周氏，追封越国夫人。

方国璋（约1315~1362），洋屿人。出身佃农盐民，以贩盐浮海为业。元至正八年（1348），参与其弟方国珍起义，元派江浙行省参政朵儿只班剿捕，反被方氏兄弟抓获。朵儿只班为其上书说情，朝廷授方国璋仙居县丞（上任时间约在至正九年下半年），清除陈年积案，民悦吏服。十年下半年方氏兄弟复叛。十一年八月，朝廷派大司农达识铁木儿到黄岩招降方氏兄弟。十二年四月，方氏兄弟复反，攻占黄岩城。十三年江浙行省左丞帖里帖木儿招安方氏兄弟，授国璋广德路治中，未赴。乃立巡防千户所，授千户，赐五品服。十五年，国璋为元廷督运漕粮至大沽，有旨升台州路千户所为万户府，授国璋亚中大夫上万户，佩金符，赐金系带。十六年张士诚陷平江，江浙行省檄方国珍率舟师往讨。十七年，国珍出兵昆山，国璋领次子方行攻入太仓。张士诚被迫降元。元廷命国珍、国璋罢兵，录其功升国璋通奉大夫、防御运粮都元帅、衢州路总管，赐袭衣、宝刀、御马，镇守台州。十八年之后，红巾军起义如火如荼，中原道闭，元廷使臣之往来，要求庆元方国珍出船，平江张士诚出粮，由海道运粮至京，国璋送迎无缺。朝廷赏国璋，升他为福建行省参知政事，又升为资善大夫同知行枢密院事。十九年春，朱元璋占领衢州、婺州后，遣使招谕方国珍兄弟；元廷也拉拢方氏兄弟，升国璋荣禄大夫江浙行省右丞。方国璋劝说朱元璋降元，朱元璋态度暧昧。二十年，元察罕帖木儿大举进攻起义军，形势急转直下，朱元璋惊慌，派遣千户王华挟三千金附国璋海舟至燕京通好。朝廷遣尚书张昶回台州，将转道婺州趋集庆（今南京）见朱元璋。二十一年（1362）二月，朱元璋部苗将王保、刘震、蒋英杀婺州统帅胡大海，持首级越苍岭到仙居来降，方国珍不纳。二月二十一日，方国璋率百余骑至仙居，设宴款待王保等，送金币，劝其约束苗兵。当夜四更，王保偷袭方营，矢石如雨，方国璋持矛力杀10余人，矛折中矢而亡。朱元璋遣使致祭，元廷赠他"银青禄大夫江浙等处行中书省平章政事上柱国封越国公谥荣愍"。(《台州市路桥区志》)

张翥《大元赠银青禄大夫江浙等处行中书省平章政事上柱国追封越国公谥荣愍方公神道碑铭》："至正二十二年二月二十一日，荣禄大夫江浙等处行中书省右丞方公没于师，其年六月，江浙行省以事闻于朝，赠银青荣禄大夫江浙等处行中书省平章政事上柱国，追封越国公谥荣愍。其幕僚萧德吉状公行事，越海来请为碑表于神道。惟方氏其先家台之仙居，后徙黄岩灵山乡塘下里。曾祖天成，赠资善大夫、江浙等处行中书省左丞上护军，追封河南郡公。祖宙，赠荣禄大夫、江西等处行中书省平章政事柱国，追封越国公。考伯奇，赠银青荣禄大夫福建等处行中书省平章政事上柱国，追封越国公。通阴阳历数之说，乐善好施，家隶尝以小斗出米以予人，公闻，立剖而谴之；人以贫投者，必周之；尝道遇群龟蹒跚秽坎中，延颈仰望，公亟以版度之出，是夕梦玄衣人来谢，其潜德多类此。有五子，公其次也，讳国璋，字国璋，生而颖异，越国每拊之语人曰：'是儿必兴吾宗。'既长，状貌魁伟，力学强记，有才识。时公上徵须繁且急，越公春秋高不能任劳事，黄岩为望州，有司饕沓，苟弗及，苛责不旋踵，公酬应趣办，未尝使越公闻也。家素约，乃致力著逐，生业日厚，中外族党济其乏，存其孤，岁饥，振其乡里，而媚公者多欸之。有王复囚逻卒夜帅其徒斧阓入，尽掠公赀而入海，适海运舟遇，复掠之，千户德流于实见执。公之弟今江浙行省平章国珍，乃合族人乡丁数百人，敛兵治械，逐而击之，王就擒，奉德流于实归。参政朵儿只班以闻，授公仙居丞，人赏各有差。公夙负其才，又官乡邑，民间利病所素习，剖牒谳狱，听决精审，民悦吏服，里有赀家失物，疑其宗人，诬告之。公廉得其情，抵告者罪。俗多讼讦，或杀其子指仇家，累岁不能结其案，公博以耳目，得佐谋者一二人，痛治之，严示教条，风以衰息。部使者岁再至，诿公录囚援律评事，咸适厥宜，人莫敢谒以私。公既官守，诸弟得服田里，业益富，仇公者憾益深，公躬往谕抚之。比至，则谋者势益逼，度不容居，举宗入海避之。仇者得计，遂挤公益力。有司来逐公，公得其逐者，辄礼而归之。因以状吁冤，朝廷遣左丞贴里铁木尔慰安公，公帅诸弟谢罪自陈，愿毕力海漕报朝廷。乃为立巡防千户所，即授公兄弟千户，赐五品服。至正十五年公漕抵直沽，号令严明，粮舶悉集，有旨升千户所为万户府，授亚中大夫上万户，佩金符，赐金系带一，宴劳以遣之。仍下诏禁止无得造衅衆漕事。十六年平江陷，丞相达识贴睦尔檄公总舟师往讨之，届昆山，接战数十，杀获甚众，既而平江来归款，乃罢兵还，录其功升万户府为防御运粮义兵都元帅府，既进公通奉大夫为都元帅。十七年有旨锡公袭衣宝刀御马。公倍感激，乃分兵扼温台庆元三郡，以保障海隅。明年江东畔兵，建德瞰绍兴，势殊鸱张。时南台移置绍兴，内外震动，省台驰檄旁午，公捍御多方，寇莫能犯。中原道闭，使臣之往来，海以为陆。公每具资粮，送迎无缺，凡海舟唯公号是视。前此海道中断，公遣官从浙省计未决，而户部尚书伯颜帖木儿来命公帅诸弟发船装粮于平江，公罄力董其役，朝廷赏公升福建行省参知政事。十八年升资善大夫同知行枢密院事，明年升荣禄大夫江浙行省右丞。朱玄璋侵衢婺，公计可使招来。之二年，始得其情，于是朝廷遣尚书张昶等来与公会议至台，将由婺以趋集庆。时苗军据婺州，其将王保等杀渠帅，出奔过仙居，所至纵剽，昶急与公谋。公曰：'今招安之事垂成，而苗军忽变，必入吾境，则吾民必见害，而彼闻之，将疑我怀去就。我请往谕保等，庶乱可弭。'乃引百余骑至仙居，遣属僚馈保等酒牢金币。保阳诺请约束其军，仍纵剽自如，公重遣人往戒之。是夜二月二十一也，迨四鼓，保军围营数匝，矢石雨注，公不意其变，帅麾下起力斗，手杀十数人而矛中折，遂遇害，同死者若干人。公子明巩、明敏闻难，起兵来，未至而保等间道出新昌，竟遁免，我军追弗及。事闻，赠谥褒崇，优于常典，卜以至正二十三年十月二十一日葬公涌泉之原。娶同邑於氏，封越国夫人。子三人，长明巩，今资善大夫江浙等处行中书省参知政事，好读书，通兵法，恭以下士；次明敏，今奉政大夫江浙等处行枢密院判官，知学有勇力，善骑射；次明伟，今奉议大夫浙东道宣慰副使签都元帅；女三人；庶男二人：德忠、德庆；庶女三人；孙男二人：麟、凤。公性敦笃而虑事缜密，拊士卒皆得其欢心，每论议，必俟群言毕，乃择可否从之，虽贵登三事，于乡间谦抑无矜志，仇者有悔罪来谢，待之如初，此功名之士所以为公惜也。乃志以铭曰：方古受氏，爰自姬周。辄宣中兴，方叔壮猷。叔也流泽，覃及后裔。代为名人，济美厥世。章安之胤，旷坠罔容。肇自越公，实大且茂。笃生荣愍，恢弘英发。鲸拔山耸，鹏搏风烈。大舰千艘，公董漕输。声威奋扬，扫迹入吴。皇嘉锡之，重圭叠爵。暨于诸弟，犀联玉错。新定陷逆，公护海邦。诏使协谋，致其来降。妖氛忽惊，变作于婺。公仁弗捕，往以善谕。畴谓狡谖，反攻我师。仓猝搏战，身以殉之。功虽不卒，名则不没。公有令子，克继其伐。涌泉之原，灵归孔安。岿若隧碑，过者轼旆。"

方国珍（1319~1374），洋屿人，是元末第一支起义军领袖。元至正八年（1348），方国珍与兄国璋，弟国瑛、国珉入海起义，旬日间聚众千人，劫夺海运漕粮。元廷派江浙参政朵儿只班率舟师追捕，至福州五虎门，被方国珍所执，迫其上书说降，朝廷从之，授国珍定海尉。不赴，回乡拥兵自固。十年，国珍有水师千艘，以松门港为基地。十一年二月，元廷任命江浙行省左丞孛罗帖木儿至庆元（今宁波），浙东道宣慰使都元帅泰不华至温州，合兵进讨。六月，孛罗先期至大闾洋，国珍夜率劲卒纵火鼓噪，孛罗和郝万户被执。八月，朝廷复遣大司农达识帖木儿等至黄岩招降。十二年三月底，方国珍以小舸二百突海门，在马鞍山麓杀死台州路达鲁花赤泰不华，六月占领黄岩城。十三年三月，元命江浙行省左丞帖里帖木儿、江南行台侍御史左答纳失里招谕方国珍。十月，授国珍徽州路治中，未赴。十四年九月，国珍兵围台州，从水关破城。十五年春攻占庆元（今宁波）。之后又占领温州。不久复降，任海道运粮万户，移驻庆元，为元廷运粮。十六年，张士诚渡江南下，虎视浙东；元廷命方国珍发兵征伐张士诚。十七年，国珍攻昆山，大胜，迫使张士诚降元。朝廷命国珍罢兵。十八年五月，元廷以方国珍为江浙行省左丞兼海道运粮万户，以节钺守浙东。十二月，朱元璋大军下衢州、婺州，招谕国珍。十九年三月，方国珍向朱元璋献温、台、庆元三路，遣次子关为质。朱元璋厚赐而遣回方关，授国珍福建行省平章事。十月，方国珍又接受元廷任命的江浙行省平章之职，为元海运漕粮。二十四年七月，元授方国珍为淮南行省左丞相，分省庆元。二十六年七月，元授方国珍为江浙行省左丞相。方国珍治理浙东期间，招贤纳士，兴建浙东三路儒学，兴水利。二十七年九月，朱元璋遣朱亮祖率7万大军攻台州，十月，黄岩被陷，温州失守。汤和、吴桢、廖永忠率10万水步军渡曹娥江击溃方军。方国珍降顺。明洪武二年（1369），朱元璋封方国珍为资善大夫、广西行省左丞，食禄不事官，赐第京师（南京）。洪武七年（1374）三月，方国珍卒，葬于京城东20里玉山。朱元璋亲写祭文，宋濂作《神道碑铭》。（《台州市路桥区志》）

《明史》第132卷《列传十一·方国珍》："方国珍，黄岩人。长身黑面，体白如瓠，力逐奔马。世以贩盐浮海为业。元至正八年，有蔡乱头者，行剽海上，有司发兵捕之。国珍怨家告其通寇。国珍杀怨家，遂与兄国璋、弟国瑛、国珉亡入海，聚众数千人，劫运艘，梗海道。行省参政朵儿只班讨之，兵败，为所执，胁使请于朝，授定海尉。寻叛，寇温州。元以孛罗帖木儿为行省左丞，督兵往讨，复败，被执。乃遣大司农达识帖睦迩招之降。已而汝、颍兵起，元募舟师守江。国珍疑惧，复叛。诱杀台州路达鲁花赤泰不华，亡入海。使人潜至京师，赂诸权贵，仍许降，授徽州路治中。国珍不听命，陷台州，焚苏之太仓。元复以海道漕运万户招之，乃受官。寻进行省参政，俾以兵攻张士诚。士诚遣将御之昆山。国珍七战七捷。会士诚亦降，乃罢兵。先是，天下承平，国珍兄弟始倡乱海上，有司惮于用兵，一意招抚。惟都事刘基以国珍首逆，数降数叛，不可赦。朝议不听。国珍既授官，据有庆元、温、台之地，益强不可制。国珍之初作乱也，元出空名宣敕数十道募人击贼。海滨壮士多应募立功。所司邀重贿，不辄与，有一家数人死事卒不得官者。而国珍之徒，一再招谕，皆至大官。由是民慕为盗，从国珍者益众。元既失江、淮，资国珍舟以通海运，重以官爵羁縻之，而无以难也。有张子善者，好纵横术，说国珍以师溯江窥江东，北略青、徐、辽海。国珍曰：'吾始志不及此。'谢之去。太祖已取婺州，使主簿蔡元刚使庆元。国珍谋于其下曰：'江左号令严明，恐不能与抗。况为我敌者，西有吴，南有闽。莫若姑示顺从，藉为声援以观变。'众以为然。于是遣使奉书进黄金五十斤，白金百斤，文绮百匹。太祖复遣镇抚孙养浩报之。国珍请以温、台、庆元三郡献，且遣次子关为质。太祖却其质，厚赐而遣之；复使博士夏煜往，拜国珍福建行省平章事，弟国瑛参知政事，国珉枢密分院佥事。国珍名献三郡，实阴持两端。煜既至，乃诈称疾，自言老不任职，惟受平章印诰而已。太祖察其情，以书谕曰：'吾始以汝豪杰识时务，故命汝专制一方。汝顾中怀巨测，欲觇我虚实则遣侍子，欲却我官爵则称老病。夫智者转败为功，贤者因祸成福，汝审图之。'是时国珍岁岁治海舟，为元漕张士诚粟十余万石于京师，元累进国珍官至江浙行省左丞相、衢国公，分省庆元。国珍受之如故，特以甘言谢太祖，绝无内附意。及得所谕书，竟不省。太祖复以书谕曰：'福基于至诚，祸生于反覆，隗嚣、公孙述故辙可鉴。大军一出，不可虚辞解也。'国珍诈穷，复阳为惶惧谢罪，以金宝饰鞍马献。太祖复却之。已而苗帅蒋英等叛，杀胡大海，持首奔国珍，国珍不受，自台州奔福建。国璋守台，邀击之，为所败，被杀，太祖遣使吊祭。逾年，温人周宗道以平阳来降。国珍从子明善守温以兵争。参军胡深击败之，遂下瑞安，进兵温州。国珍恐，请岁输白金三万两给军，俟杭州下，即纳土来归。太祖诏深班师。吴元年克杭州。国珍据境自如，遣间谍假贡献名觇胜负，又数通好于扩廓帖木儿及陈友定，图为掎角。太祖闻之怒，贻书数其十二罪，复责军粮二十万石。国珍集众议，郎中张本仁、左丞刘庸等皆言不可从。有丘楠者，独争曰：'彼所言均非公福也。惟智可以决事，惟信可以守国，惟直可以用兵。公经营浙东十余年矣，迁延犹豫，计不早定，不可谓智。既许之降，抑又倍焉，不可谓信。彼之征师，则有词矣，我实负彼，不可谓直。幸而扶服请命，庶几可视钱俶乎？'不听，惟日夜运珍宝治舟楫，为航海计。二十七年明祖破平江，命参政朱亮祖攻台州，国瑛迎战败走。进克温州。平（征）南将军汤和以大军长驱抵庆元。国珍率所部遁入海，追败之盘屿，其部将相次降。和数令人示以顺逆，国珍乃遣子关奉表乞降曰："臣闻天无所不覆，地无所不载。王者体天法地，于人无所不容。臣荷主上覆载之德旧矣，不敢自绝于天地，故一陈愚衷。臣本庸才，遭时多故，起身海岛，非有父兄相藉之力，又非有帝制自为之心。方主上霆击电掣，至于婺州，臣愚即遣子入侍，固已知主上有今日矣，将以依日月之末光，望雨露之余润。而主上推诚布公，俾守乡郡，如故吴越事。臣遵奉条约，不敢妄生节目。子姓不戒，潜构衅端，猥劳问罪之师，私心战兢，用是俾守者出迎。然而未免浮海，何也？孝子之于亲，小杖则受，大杖则走，臣之情事适与此类。即欲面缚待罪阙廷，复恐婴斧钺之诛，使天下后世不知臣得罪之深，将谓主上不能容臣，岂不累天地大德哉。"盖幕下士詹鼎词也。明祖览而怜之，赐书曰：'汝违吾谕，不即敛手归命，次且海外，负恩实多。今者穷蹙无聊，情词哀恳，吾当以汝此诚为诚，不以前过为过，汝勿自疑。率众来归，悉从原宥。'国珍乃谒和于军门。和送国珍等至建康入朝，明祖面让之曰：'若来得毋晚乎？'国珍顿首谢。授广西行省左丞，食禄不之官。数年后疾革。遣内史问所欲言，国珍曰："臣荷陛下厚恩，无以为报。唯子孙庸鲁，不省人事。愿上曲加保全。"言毕而逝。明祖悯之为文，使祭葬。官其子礼广洋卫指挥佥事；关虎贲卫千户所镇抚。先是公病时，属诸子无归海滨，可求京城外之地埋。遂葬于城东二十里玉山之原。命翰林学士承旨宋濂为《神道碑铭》。濂谓隋大业末，海内纷纭，汪华聚众保民，据有歙、宣、杭、睦、婺、饶六州之境，虽屡受隋爵，及唐高祖有天下，遂封府库籍民数以归职方，擢为歙州刺史，殁于长安，其事与国珍似，无大远者。而我国家天宠，所被视唐则有加焉。旧志云：'元纲已坠，方氏道逢臂力，卒能保全三郡，归命真人，不揣血刃，其勋庸不可泯云。'今按方氏海上乱民也，迹其抗师拒命，焚毁官亭民舍，维时邑民受其荼毒者，何异绿林黄巾之惨，而顾推其后此归命之功可谓不揣其本而齐其末矣。汪华聚众保民未尝杀一无辜，焚一城郭也。然犹谓之据有六州，方氏而不获保道领歙，而比之汪氏保障功勋抑亦过矣。"

方国瑛，国珍弟。元至正八年，参与兄国珍起义。《元史·顺帝》："（至正）十三年……冬十月……庚戌……授方国珍徽州路治中，国璋广德路治中，国瑛信州路治中，督遣之任，国珍疑惧，不受命。"方国珍占据浙东三路后，以国璋、国瑛守台州；国璋死后，侄明敏协助国瑛守台州。十九年（1359），朱元璋遣使招安方国珍，授国瑛福建行省参政，印留而不用。二十六年（1366），元廷授他江浙行省平章政事。《元史·顺帝》："二十六年……秋七月……丙戌，以方国珍为江浙行省左丞相，弟国瑛、国珉，侄明善，并为江浙行省平章政事。"至正二十七年九月，朱元璋将朱亮祖进攻台州，国瑛拒战失败，奔黄岩。十月，朱亮祖兵至黄岩，国瑛烧廨宇，遁海上，守将哈儿鲁降。十二月，与侄明善一道降朱元璋。明授国瑛行中书省参政。（《台州市路桥区志》）

方国珉，国珍小弟。元至正八年，参与兄国珍起义。十五年，国珍攻占庆元（今宁波），留弟国珉在身边，作为副手。十九年，朱元璋遣使招安方国珍，授方国珉江南行枢密院金事，国珉开院署事。在庆元期间，方国珉直接领导并参与修筑上虞海堤。二十六年，元廷授他江浙行省平章政事。二十七年，与兄国珍一道归降朱元璋。（《台州市路桥区志》）

方明善，又名亚初，路桥人，国珍长兄国馨子。元至正八年（1348），参与方国珍起义。十二月六月，方国珍占领黄岩城。十四年九月占领台州城。十五年三月入据庆元城，以方明善摄黄岩州事。十七年七月，方国珍遣李德孙攻占温州，十八年（1358）国珍派遣明善为省都镇抚分据温州。至正二十三年春，方明善调水军攻平阳州，九月城破。二十六年七月，为江浙行省平章政事。二十七年，朱元璋部下朱亮祖进兵温州，方明善拒战失败，朱亮祖追至楚门，明善降。方明善在管辖温州期间，有善政。重修温州路谯楼。乐清县东、西两渠岁久淤塞，浚治深广，两渠复通，建宝带桥其上；又浚东小河至白沙，以泄溪流，舟楫可通。（《台州人物志》）

方礼（约1338~?），又名明礼，字德庭，国珍长子。《明史·方国珍》："官其子礼广洋卫指挥金事。"《万历黄岩县志》载："明礼，名德庭，国珍子也，宣武将军广洋卫亲军指挥使，好学有文，尤善吟咏，尝奉命筑城边海，世所传方小指挥诗，皆明礼作也。"《石曲方氏宗谱》《路桥志略》载："明授宣武将军、广洋卫亲军指挥使，好学有文，善吟咏，著有《方小指挥诗》。"（《台州市路桥区志》）

方关（约1339~?），小名亚关，国珍次子，朱元璋赐名完，又称明完。

明忠显校尉虎贲卫千户所镇抚,参与建言修筑抗倭卫所,主要修筑定海等处抗倭卫所城。元至正十八年十二月,朱元璋攻占婺州,使主簿蔡元刚使庆元。《太祖实录·方国珍本传》载:"己亥(1359)三月丁巳,方国珍遣郎中张本仁以温、台、庆元三路来献,且以其子关为质,太祖曰:'古者虑人不从,则为盟誓。盟誓变而交质子。此衰世之事,岂可蹈之!凡人之盟誓交质者,皆由未能相信故也。今既诚心来归,便当推诚相与,当如青天白日,何至怀疑而以质子为哉?'乃厚赐关而遣之。关后改名明完。"至正二十七年(1367)九月,朱元璋将士进攻方国珍部,十二月国珍遣子关奉表降。归明后,洪武七年正月,朱元璋封方关为忠显校尉虎贲卫千户所镇抚。其后参与筑城防倭事。清初鄞县全祖望《鲒埼亭集》言:"而国珍子亚关,旧尝在金陵为质子,建言当筑城于沿海以防倭,太祖诏下信公施行,于是始筑定海(在今宁波镇海)等处十一城。定海城为卫,而以大嵩、穿山、霩(雨衢)、翁山四城隶之;观海城(在今宁波慈溪)为卫,而以龙山城隶之;昌国城(在象山)为卫而以石浦、钱仓、爵溪三城隶之,皆以亚关之言也。"(《台州市路桥区志》)

方行(约1339~?),又名明敏,号东轩,国璋次子,方礼从弟。自少喜读书,襟度潇洒,善谈名理,好为诗;有勇力,善骑射。元至正十七年八月,方国珍奉命讨张士诚,大败张士诚于昆山,明敏与父亲一起克太仓。张士诚降元后,元廷授明敏江浙行省参知政事,调江西行省参知政事。国珍罢兵,开治于庆元。明敏在庆元期间,与名流刘仁本、赵俶、谢理、丁鹤年等唱和。至正二十一年,其父在仙居被苗军杀死,明敏与兄明巩起兵来,未到而苗兵已退避新昌,追弗及。朱元璋从应天遣使到台州祭奠。之后协助叔父国瑛守台州。台州城及黄岩城被朱元璋部将朱亮祖攻破后,国瑛、明敏等撤到温州。后随叔父国珍降。朱元璋迁方氏家族至濠州,明敏随行。方国珍死后,朱元璋以浙东三府民心未靖,以明敏、明谦为总管,统理军务。方行参与筑抗倭城。后又因明谦事谪发明敏至云南卫所,委以千户。著有《东轩集》,宋濂作序,称"古诗俊逸超群,律诗清切婉丽"。御选《元诗》采之。《光绪台州府志》《光绪黄岩县志》等有传。(《台州市路桥区志》)

方明谦(约1347~约1396),字德让,路桥人,方国珍侄。归顺后授明威将军、广洋卫亲军指挥佥事,担负南京禁值宿警卫。时倭患东南沿海,明洪武十七年(1348)二月,朱元璋命信国公汤和巡视海防,汤和荐方明谦为副使,巡行山东至福建沿海。明谦建议:根据距离远近,在沿海设置卫所,陆上驻守巡检司弓兵，海上布置战船，由此可先御倭寇海上，继而击于岸上，后歼于城下，海陆相互配合。近海每户四丁抽一防守卫所，有倭犯境出战，无倭时屯耕，耕战结合，粮饷充足，可免客兵资费，海防巩固。在倭患最严重的浙江沿海设立卫所城59座。浙东"四民籍一"为卫所戍卒，共征集58300人。次年朱元璋赐坐骑五花马表彰，一时朝臣称颂。洪武二十年（1387），台州设立海门、松门、新河、楚门、隘顽、桃渚卫所。（《台州人物志》）

《明史·汤和传》中有关方鸣谦（方明谦）记载："既而倭寇上海，帝患之，顾谓和曰：'卿虽老，强为朕一行。'和请与方鸣谦俱。鸣谦，国珍从子也，习海事，常访以御倭策。鸣谦曰：'倭海上来，则海上御之耳。请量地远近，置卫所，陆聚步兵，水具战舰，则倭不得入，入亦不得傅岸。近海民四丁籍一以为军，戍守之，可无烦客兵也。'帝以为然。和乃度地浙西东，并海设卫所城五十有九，选丁壮三万五千人筑之，尽发州县钱及籍罪人赀给役。役夫往往过望，而民不能无扰，浙人颇苦之。或谓和曰：'民讟矣，奈何？'和曰：'成远算者不恤近怨，任大事者不顾细谨，复有讟者，齿吾剑。'逾年而城成。稽军次，定考格，立赏令。浙东民四丁以上者，户取一丁戍之，凡得五万八千七百余人。"

方延祺，路桥人，道光六年（1826）设石曲长生会。（《路桥志略》）

方来，字善初，石曲人，文翰子，生活在清光绪年间，工书法绘画篆刻，善诗文，参与分纂光绪《台州府志》"风土""方外""杂事"等四卷；著有《瓦缶鸣集》六卷、《双清集》八卷、《丹崖》六卷、《俗砭》二卷、《西球札记》八卷、《丛谈》六卷、《续丛谈》四卷、《忆语》八卷、《光绪太平县志》四卷；三修《石曲方氏宗谱》六卷。（《石曲方氏宗谱》）

【始迁：宋末】

尤 姓

姓氏源流

（一）出自沈姓。

（二）源于仇姓，古代尤、仇古音同，且皆为怨义。

迁入及分布

安溶尤氏　为南宋诗人尤褒后代。尤褒在宋乾道九年任台州知州，再传至令闻，其子志学，授福建侯官知县。景炎二年（1277），"志学扶父之柩由海上北归，中途遇大风巨浪，船几致沉没。数天之后风息倚岸，弃船陆行，夜寓泽国，遂家焉。此为尤氏迁台之始。志学之子鹏举，南宋迪功郎，浙南副都元帅，值宋将终，元兵盛起，即弃印授，携夫人暂迁东瓯，亦居浙南台州黄岩之安溶，后仕元，驰赠朝列大夫。"鹏举定居安溶后，为尤氏三世祖（实为安溶一世祖），生德安。德安生4子：文新、文致、文庆、文贵，为五世。五世大房之孙从安溶分迁太平，为太平尤氏始迁祖；五世二房之孙由安溶分迁台州之江下，为江下尤氏始迁祖；五世三房之孙分迁蔡家桥（淮龙桥）、临海大田松山头、大石下马崔、李师埭、黄岩桥亭等处。五世二房后代分迁长浦、石柱殿等地；四房之孙分迁黄岩之沙门（鉴湖山北）、天台西门外（《尤氏族谱》）。

宋嘉定《赤城志》卷九《秩官门二》："绍熙二年（1191），台州知军州事尤褒，十月三日以承议郎知。"

长浦尤氏　即为五世二房文致后裔分迁而来。元末方国珍长女，适长浦下尤某，封吴兴郡马。

李蓍埭尤氏　为安溶尤氏五世三房文庆之孙分迁而来。

境内尤姓还分布在王桥，保全老屋里，山北尤，鲍龙尤家里，古基坦，峰江下尤等地。

族训

尤氏家训六则：（1）孝父母；（2）友兄弟；（3）和夫妇；（4）教子孙；（5）睦乡里；（6）安事业。

重要人物及地方建树

尤煦春，号晓园，新桥人，同治戊辰岁贡。（《黄岩历代人名录》）

尤兆侯妻，王氏，安溶人，节妇。（《黄岩历代人名录》）

【始迁：南宋景炎间】

吴 姓

姓氏源流

吴氏世出泰伯，至五世周璋封吴，后世以国为氏。

吴全智游台见仙邑山水奇秀，自处之遂昌卜迁仙之下砾，后分松上、中、下三宅。最著者如吴芾、吴津、吴洪、吴机，皆爵列通显、名高阀阅，邑侯所署折桂里是也。

迁入及分布

湖头凤洋吴氏 宋景炎间（1276~1278），吴景潜从仙居折桂里迁入黄岩湖头凤洋，为湖头（横街天赐湖）、凤洋（新桥前吴）吴氏始祖。子道本子孙蕃衍，析派分支散居上马院、下马院、邑城、司前、西乡、沙地、黄岩溪、路桥、三荡、乐清十六都、太平若黄、南岸以及玉环楚门诸处。

沙头吴氏 与湖头吴氏同宗，分迁时间不详，明宏治五年、万历八年、清乾隆三十六与湖头合修宗谱，之后分开。

下洪洋吴氏 吴浚于宋季由仙居迁居下洪洋，余不详。

金清—霓山吴氏 元末吴德大从石塘迁金清，吴祥二迁霓山沙头。

（湖头吴氏、霓山吴氏均为仙居宋龙图阁直学士吴芾之后，景潜、德大为堂兄弟。）

吴嵩《吴氏宗谱序》："宋季行五公自安州迁黄岩之天长，赘居石塘朱氏，至始祖德大自石塘迁金清，高祖祥二迁霓山之沙头，号曰霓隐。"

安溶吴氏 始迁于吴九山。《安溶吴氏宗谱》各《序》载，宋季，行五（一说德大）赘居石塘朱氏，历传数传至德大公由石塘迁金清，又历数传至九山公迁安溶，为安溶始祖。

吴氏集中地还有洋宅西,上下马院、凤阳章、凤阳铺、新桥街、金清街、浪矶山等地。

祠堂

湖头凤洋吴氏祠堂旧建于天泗湖之西,曰"西园"。清嘉庆辛未毁于飓风。道光间吴一志倡议改建凤山之西麓,坐东面西。左邻社庙,右抱古井。湖头凤洋吴氏新祠堂重建于1997年,位置在天星湖公园之东、古井旁边。

霓山吴氏祠堂明弘治年间由吴嵒父子为创建。清光绪三十年(1904)修建落成,董事吴天迪、吴天钦、吴天祥。1997年,以吴宝法为首,在吴学正(首捐)、吴希友(出树)、吴加林、吴正玉、吴度云、吴继伯、吴清文等协助下,择地重建;至2016年,建成台门、厢房。

霓山吴氏宗祠

宗谱

湖头凤洋、沙头吴氏宗谱于明弘治五年(1492)、万历八年(1580),清乾隆三十六年(1771),先后三修,与沙头合修;然后分开各自单独修谱。

湖头凤洋吴氏宗谱与沙头吴氏宗谱分修后,于道光乙酉(1825)、同治四年乙丑(1865)、光绪二十九年(1903)先后重修。《道光谱》为十七世吴峰所修,《同治谱》为十七世吴会申所修,《光绪谱》为十八世吴观周,十九世廷铨、澄扬,二十世克复等所修。民国二十九年(1940)庚辰,由二十世裔孙吴奉璋(号伯阶)重修,民国三十年(1941)吴逊侯竣工。

霓山吴氏宗谱由明代吴喦为主修纂。

家训庭训

《湖头凤洋吴氏宗谱·家训》：

"忠于事君；孝顺父母；恭敬长上；和妻子；信朋友；戒好讼；戒非为；戒角力；戒赌博，戒酒色。"

《安溶吴氏宗谱·祖训》：

"大小宗子为祭主，族众禀承当公同培植助其不足，匡其不逮，毋令贫薄；子孙有赢余者宜捐置义资以训子弟；子孙奋志读书而苦有不给者，族长房长当量取公产余资以济膏油之缺；子孙有厄于水火盗贼灾祲不能自存者，族长当同族众议周；子孙有混迹娼优鬻身隶卒者，有游手游食尚事嫖赌者，族长会同亲房分别惩治；子孙有不忠不孝淫蒸伦者，有及身为贼盗者，族长会同亲房打逐出祠，倘后有改行干蛊者，仍许归宗与祭。"

重要人物及地方建树

吴喦(1436~1517)，字元白，号一恒，霓山人。明成化七年辛卯(1471)举人，成化十七年辛丑(1481)王华榜进士，出任南直凤阳府宿州灵璧(壁)县知县，逐妖僧，破奸杀案，破抢劫案，政绩卓著。当时朝廷重进士，凡进士出身的知县很快会得到迁升。而吴喦屡次得到表彰嘉奖，却从未提出调迁的事，三年一任，一当就是三任九年。九年是个极限，解任还部台。明朝典令规定：凡在外当官九年，无过错者，锡诰敕封其本人及父母妻子。于是由接任知县访察具奏，部台核实上报，明孝宗弘治皇帝敕封吴喦官进阶文林郎，妻子夏氏为孺人，同时也一并敕封他的父母。按惯例升为松江府通判，专管粮食储运。管粮食的人容易贪腐，粮长下乡催粮，粮食必折为银子计算，比原先多交许多。吴喦废除折银交纳方法，直接交粮食，并亲自日夜监收，解除了民众额外负担。松江运米到京城，运输银两被粮长与船主预先分领，坏粮长及坏船主往往花费掉大部分，送到地交纳后船工得到一张欠券。吴喦改进办法，计程分段付给船工银两，勤力的给予一定奖励，怠惰的扣除部分工钱，上不损官，下不亏民。开始有人怀疑不方便，再次实行觉得方法不错，因此成为定制。上司下来查盘仓库，苏州仓库钱粮数混乱不清，而松江仓库钱粮清清楚楚，原因是松江仓库吴嵩必亲自称量封记，不少一钱，不少一勺，由于管理得法，仓库老吏皆严格服从不敢违背。再升宁国府同知。解决矛盾提倡和谐，居官宽平，坚持"杀不辜，宁失不经"，出色地审理了大量疑难案件，纠正了一批冤假错案，邻境有不明之狱，必求吴嵩办理，多所全活，被尊为一代清官。职司清戎，例以军多为最，嵩刚正不阿，痛恨买军起解之弊，曰："宁使不及数，而绝不可以虚数害人也。"弘治十年（1497），以微疾告老还乡，恩例进阶朝列大夫。吴嵩家居二十年里，足迹不入官府。他把自己当官剩下来的俸禄，支助宗族姻党故旧，修家谱，建祠堂，立乡约亭、创社学，延名师教育吴氏子弟。（《霓山吴氏宗谱》）

霓山吴嵩墓

吴九成，安溶人，乾隆、嘉庆间人，与山下杨叔贤一首重造安溶石桥。（《安溶吴氏宗谱》）

吴邦耀，安溶人，九成裔孙，与山下杨东初一道，道光十一年重修安溶石桥，中间因乱停工，至同治年间竣工。光绪十一年乙酉（1885）同吴英梅、金维春重筑社庙，十三年丁亥（1887）同李楚生、郑崧庭重修龙兴堂，二十二年丙申（1896）同杨筱夫办江左保甲，二十三年丁酉（1897）同吴禹门修理宗祠，二十五年己亥（1899）同吴伊甫修安溶一带石路到三溪而止。（《安溶吴氏宗谱》）

吴雷（1833~1905），字希霖，号雨田，金清腰塘吴家人。清咸丰四年（1854）秋，台风海溢沿海田舍荡然无存，积尸遍野。吴雷规划并出资，自咸丰六年（1856）动工，在金清三塘河入港口建五丰闸，每日到工地督导，至咸丰十年建成，历时4年。今五丰闸仍发挥作用。同治十三年（1874），吴雷出资雇工围筑浪矶山塘，每受暴风雨和海潮袭击，屡筑屡塌，吴雷变卖家产支付费用，至光绪二十年（1894），历时20年，筑成自太婆岙山嘴至剑门港口，长4千米许的海塘，围田约2000亩。并建成雨田闸和吴闸。人乐其地，聚集成村。吴雷还创建金清书院，并在书院内建文昌阁。《民国黄岩县志》《台州市志》有传。

吴松甫，名翰臣，禹门子，安溶吴氏，清末贡生。弃举种树，勤俭持家，家业渐兴，置良田营华屋。光绪年间监贡生。宣统三年，岁饥米贵，与父亲一道举办平粜数月；同年，与杨铭鼎一道办本地保安队；民国元年，与杨铭鼎一道，兴修下泾牖秀峰桥、丹水桥。（《安溶吴氏宗谱》）

吴奉璋（1886~1952），名学楷，字克森，号伯阶，职名奉璋，湖头吴氏第二十世，新桥前吴（凤洋）人。光绪后期科举废，入法政学校。性刚而和，遇不平事敢于与上司据理争论，而对待朋友邻居鲜有重言。廉介故人不敢干以私，重义轻利，故不因私而忘公义。入同盟会为会员，民国初期任京城地院推事时，办理一桩巨案，有人以贿巨万进者，峻拒之。生平尝谓"人生须有立命知命，道德心一定要坚定，凡事必求自己，人定或可胜天，知命则忮求之念悉泯。所谓退一步想，天空地阔是也。"仕途得失不以为意，对于那些乘机钻隙者则不屑为队。属下警员书吏发现有贿赂者，即绳之以法，不稍贷。山西军某副官宠妾杀妻潜葬之事，伯阶得知某检察官率吏警往验，副官遣兵来阻验，并逮检察官入司令部，自午至晚始释归，伯阶公听说大怒："吾为法曹争正义，何畏哉！"亲自前往上级要求法办，最后惩治了那个副官。夫人姓陈，温恭淑慎，井臼亲操，事姑甚孝，教子有方，勤俭持家，喜周人急，邻里穷困来借贷者，无不慷慨给予，从不要求归还。

吴迪臣（1901~?），名学霈，字克雨，号迪臣，职名秉瑜，湖头吴氏第二十世。性廉介精明干练，不辞劳悴，故历任法院书记官，均为当道所器重，而办理监狱尤得哀矜之旨，获得司法行政部传令嘉奖。抗战军兴，大名危急时携洋四千余元走数百里解送高等法院，途中遇溃兵强之拉纤，设法摆脱，卒奉原款以缴高院，盖末世所难能者也。

吴汶（1910~1981），吴汶，一名吴文，金清腰塘人。1935年毕业于复旦大学新闻系。1937年留学日本东京大学。"七七"抗战开始，毅然归国，为解决沪、杭一带避乱回黄岩学生的学习问题，由张宗峄出资举办战时实习高中，校址设梅梨巷，吴汶受聘任校长，就读百余人，闻名国内。后补习高中改名上海君毅中学黄岩分校，吴汶仍任校长。后又任温岭中学、黄岩中学（1946年8月~1949年7月）校长。中华人民共和国成立后任教于天台中学，后任教台州中学并兼任台州文联秘书长；后又赴沪在华东军政委员会文化部工作，曾出版新诗集《菱塘岸》。工书，小楷尤为秀丽。遗稿有《碧箩书屋誊稿》《晚晴集》《晚晴后集》等古体诗词选集。

【始迁：南宋后期】

陆　姓

姓氏源流

陆氏奉宋大儒陆象山为宗祖。

迁入及分布

霓山陆氏　据《霓山陆氏三修宗谱序》所载，陆文迥于宋季由霓山始迁横塘第三至，为西房，文通为东房。东房：金清镇花园新村、勤丰街、下盟、二塘、黄琅海燕村、海南村，五丰闸陆家里，镇丰村、黄琅白沙村，三坨村，卷桥四水村，霓岙村，先锋徐家里，上塘村；路桥良一村；另有黄岩、椒江、温岭等。西房：横街百洋，金清镇上，大帝爷上，下梁三金，卷桥大浦，黄琅海燕，新市街，温岭各处。

下洋叶陆氏　陆天养，明中叶自天台来黄经商，迁居下洋叶，支分泾南梁、胡桥、院桥、西合、鼓屿、方山下及乐清三江。（民国《黄岩县新志》）

境内陆姓还分布在卷洞桥，金清二塘等地。

祠堂

霓山陆氏旧祠堂坐东朝西，正透三间，二边盘桐各二间，1952年土改时分给村民。1985年由宗人买回南边盘桐二间，2002年买加北边二间。2003年拆旧建新。

宗谱

《霓山陆氏宗谱》已经五修。有元至元七年（1270）、元贞元年（1295）、泰定三年（1326），清乾隆元年（1736）、乾隆四十六年（1781）等序。

《下洋叶陆氏宗谱》初修于清光绪二十九年（1903），民国三十三年（1944）续修，均作为分支修于天台陆氏。

重要人物及地方建树

陆天养，明中叶自天台来黄经商，迁居下洋叶。（民国《黄岩县志·氏族》）

陆雨辰，下洋叶人，民国五年卖田南乡宾兴。（《黄岩历代人名录》）

陆弼臣，下洋叶人，民国五年卖田南乡宾兴。（《黄岩历代人名录》）

陆锜，民国十九年任第三区（横街区）区长。（《黄岩历代人名录》）

第五编 元代迁入

茅姓 韩姓 丁姓 董姓 杜姓 池姓 唐姓 管姓 缪姓

【始迁：宋末元初】

茅　姓

姓氏源流

（一）周公第三子茅叔封于茅，建立了茅国（在今山东省金乡县西北）。春秋以后，茅国被邹国灭亡，茅国公族子孙就以国名为姓，世代相传姓茅。《世本》记载："周公第三子茅叔封于茅，子孙以国为氏。"望出陈留、晋陵。

（二）郡望堂号，汉置东海郡，现在江苏省邱州市。

迁入及分布

茅林茅氏　始祖茅克春，字位芳。九世茅庆鼎，字国生，号治安，宋末自乐清迁居黄岩东乡大路（今路桥长浦茅林）。十三世茅兆渊从茅林迁居院桥水家洋。（《茅林茅氏宗谱》）

修谱

《茅林茅氏宗谱》，清光绪乙酉（1885）、民国三十四年（1945）重修大路茅氏宗谱。最新宗谱是2008年重修。

重要人物及地方建树

茅庆鼎，字国生，号治安，宋末元初自乐清迁居黄岩东乡大路（今路桥长浦茅林）。（《茅林茅氏宗谱》）

《茅林茅氏宗谱》："茅庆鼎，字国生，号治安，宋末自乐清迁居黄岩东乡大路（今路桥长浦茅林）。"

《（民国）黄岩县新志·氏族》："水家洋茅氏：茅克春，汴梁人，宋南渡随跸为临安令，遂籍杭，元时九世治安为黄岩幕僚，乃迁邑南大路茅。"

茅伟卿，路桥利民皂厂负责人。（《黄岩历代人名录》）

茅国友，民国三十六年（1947）任石曲第十四保国民学校校长。（《黄岩历代人名录》）

【始迁：宋末元初】

韩　姓

姓氏源流

（一）以邑为氏，出自姬姓。据《通志·氏族略》所载，周成王分封其弟叔虞于唐邑（山西翼城），因邻晋水，叔虞之子燮（音谢）继位后，称为晋侯。晋穆侯之孙毕万爱封于韩原（陕西韩城），其后遂有韩氏。

（二）以国为氏。战国七雄之一韩国，三家分晋后，于前403年由周威王承认为诸侯，建都阳翟（今河南新郑市）。前230年，韩国被秦国攻灭。国族后人有的以韩为氏。

迁入及分布

龙泾韩氏　宋末，韩诚甫避元之乱，从山东迁黄邑龙泾岸定居，即今路桥区新桥镇长泾村。龙泾韩氏主要居地有：大房居下韩（新河镇东合村），二房居中韩（新桥镇长泾村），三房居上韩（新桥镇韩家村）。

横街韩氏　韩启虹于清嘉庆元年（1796）自宁波山北鸣鹤场来黄经商，设肆于横街，孙韩桂英自横街转迁应家。

族训

《龙泾韩氏·家规》：

〇洁祖祠。盖祖祠乃先灵栖托之所，不可稍污。污则勿洁，虽荐以俎豆馨香，神其享之乎，必时加增修洒扫，庭内不许牛马妄入，所以妥神灵而展孝思也。

〇重修谱。夫家乘者，生娶卒葬并志于中，是千百世瓜瓞所得延，即亿万代血食所修关，且一本之亲，易于稽查，不至视若路人，宜必珍藏勿轻续纂勿替，所以承宗祧而长发其祥也。

○全世系。世系为先人支派相重，不娶不继，原有一定之礼，年十六至十九为上死伊父正生一子未娶而死依天伦继之有兄弟在祀田轮祭足矣。外房不得争夺，若设螟蛉子，支图不用，红线所以警乱宗而重同姓也。

○序纲常。纲常为一家阃范，宜立父传下，悉以嫡母出从长次书之。如庶出长，仍书于嫡子之后，为其嫡子主祭，庶子不主祭故也。至于房屋坐位，亦然，但产业宜以均分，祀田当在所同值，所以正名分而绝争端也。

○明勤耕。切思冻饿由乎怠惰，饱暖由于勤劳，或以游手游食，一入赌场，吾恐东作无闻，西成失望，偶逢荒年，衣食有缺，辄启盗心，遗臭祖宗，不得入谱，惟必勤耕，乃得仰有事而俯有育也。

○严课读。尝闻子孙虽愚，经书不可不读，无论富贵功名，多从此得，即野民稍诵诗书，颇识礼义，言语之中，和雅可亲，不启口角，奇祸亦足保身，苟能家寒奋志，公产助其上达，所以耀宅第而光祖宗也。

○切亲谊。周礼重姻睦之道、恤苦怜宾，自古常理。凡族中有老幼无依最可怜悯者，宜本恻隐之心，代为孝养抚字，并内有孀妇，愈当助其青年守志，即男在年近四十无子，亦当助其买妾，所以协情义而成美善也。

○整族风。三姑六婆实淫盗之媒，出入宜严，内外或有匪僻之行者，逐其出族，至于年少为僧，罪在家长，世传订明中年出家自坐不孝，后顾以归家，又宜受之兄弟同分田业，所以端闺范而全血食也。

重要人物及地方建树

韩辉，民国二十九年（1940）与人创立启明初级小学，县参议员。

韩镜涵，民国二十八年（1939）启明乡四甲村合作社社长。

韩发裕，民国时期邮政四甲村信柜、电报所负责人。

【始迁：宋末元初】

丁 姓

姓氏源流

（一）出自姜姓。据《元和姓纂》《万姓统谱》《通志·氏族略》等资料所载，姜太公之子伋，谥号为齐丁公，子孙以其谥号为氏，称为丁姓。

（二）出自丁侯的后裔。据《姓氏考略》所载，丁侯为殷商诸侯，周武王讨伐殷纣时丁侯因不从而被周所灭，其祖孙散居各地，部族仍以丁为氏。

（三）出自子姓。周朝封商朝遗民微子启于宋国（今河南省东部和山东、江苏、安徽省间地），国人宋丁公的子孙以其字号"丁公"为氏，称为丁姓。

（四）出自他姓所改或其他少数民族改姓、赐姓而来。

迁入及分布

峰江丁氏 丁嘉谋，唐末后晋天福年间从福建闽南迁居太平。南宋景炎间（1276~1278）遭变四散，后有嗣宗迁居紫皋，为大房；文孟迁居小屿，为二房；明善迁居老屋丁，为三房；明信迁居红台门，为四房；本仁迁居白峰岙，为五房。（《黄温丁氏宗谱》）

霓山丁氏 丁昭科，字君登，号可甲，元代人，自太平迁居霓山洋遂，为霓山丁氏。（《黄温丁氏宗谱—世系》）

黄施洋丁氏 丁明哲，字叔机，号禄，元代人，配盛氏，遗业坐落黄施洋，子孙居其地。（《黄温丁氏宗谱—世系》）

安容丁氏 丁宗安（1408~?），字彦照，见白峰安容之田肥饶，平荡有山有水，可耕可读，宜遗后嗣，遂创室置业，家焉。（《黄温丁氏宗谱—世系》）

红台门丁氏大房 丁孟背，明初人。其次子仲世生于弘治十五年。（《黄温丁氏宗谱—世系》）

境内丁姓还分布在峰江前张、保全坝头、保全上洋、缪家、簟里王、打网桥、围里丁、洋屿殿、五塘等地。

宗祠、宗谱

峰江丁氏宗祠位于白枫岙古道上。

明万历三十一年癸卯（1603）赐进士第中顺大夫礼部郎中邑人蔡宗明为境内丁氏宗谱作序。

白枫岙丁氏祠堂

峰江丁氏族谱一修于清乾隆三十二年（1767），五修于民国三十年（1941），六修于1994年，共九册。

重要人物及地方建树

丁世龄，字少永，号竹洲，仕至迪功郎，与兄竹坡交游于直院徐似道渊子及虞似良仲房，往来吟咏。

丁奠邦，字荣治，红台门人，乾隆年间岁贡。

丁渠塘，石曲人，庠生。

1950年，当地人民解放军驻军急需用电，主动与鸿升布厂老板丁俊卿联系，借给他新人民币2000元，重新开启鸿升电厂发电，厂址设在南栅斗宫里（文昌路磨石桥附近），安装经过改装的一台45马力的木炭机，配32千瓦的直流发电机低压直配。8月开始发电，向南送至下里街，向北一直到邮亭福兴桥处，总长约2千米。

【始迁时间：元代】

董　姓

姓氏源流

一、出自己姓：相传颛顼的己姓之后，裔鬷䰣有个儿子叫董父，帝舜就任命董父为豢龙氏，让他专门养龙。他的后代便为董氏。

二、出自姬姓：以官为氏。春秋时，周朝有大夫辛有，辛有有两个儿子在晋国任太史，他的子孙世袭晋国史官，称董氏。

迁入及分布

元末起义军首领方国珍妻两董氏，其一名董妙清。则董氏居境内时间至少在元代之前。

阳屏董氏　迁入时间莫考，清乾隆壬子修谱。按其始迁后10代始修谱算，一代按25~30年算，至少在二三百年前，1995年修谱有30余世，亦至少有七八百年时间，其始迁应该在宋末元初，与方国珍妻董氏相符。按其迁入居住时间至少在宋元期间。董氏境内分布在白枫桥、路桥、桐屿、桥头施等地。

祠堂

祠堂原在白峰梅山前。

宗谱

《阳屏—山前董氏宗谱》自乾隆壬子（1792）修后二十八载嘉庆己卯（1819）再修，前有六修。1995年重修。

重要人物

董树屏,山前人,庠生。(《山后许氏宗谱》)

董德新,山前人,廪生。(《山后许氏宗谱》)

董薰,山前人,光绪二十三年(1897)岁贡。(《黄岩历代人名录》)

董荣寿,山前人,光绪年间庠生。(《山后许氏宗谱》)

地方建树

民国十四年(1925),(梅)梅山后许与亭屿共建梅亭小学,董祝三支助三十元大洋。(《山后许氏宗谱》)

【始迁：南宋后期】

杜 姓

姓氏源流

杜氏出自祁姓，尧帝后裔，以国为姓，始祖杜伯，祖籍西安。

台州杜姓为唐代三朝宰相杜佑后裔，因为他的孙子杜羔在唐乾符年间，遇上黄巢之乱，为求安宁从河南迁居到黄岩柏岙，这是台州杜姓的始祖。

杜羔的孙子杜由柏岙迁居杜家村，将溪河称为"樊川"，住宅称为"杜曲"。

杜羔的第五世孙垂象是宋代进士，杜羔的第十二世孙杜范与叔公杜烨为同科进士，杜范后来当上丞相，他的第六个儿子为避元兵之乱，从黄岩迁居临海桐屿广营。

经过近千年的繁衍，台州杜姓之宗亲分支众多，共有三十余处，分布在绍兴、宁波、金华、福建、广东、陕西等省内外，在台州主要聚居在黄岩、临海、天台等地。

迁入及分布

桐屿街道杜岙杜姓为杜曲杜氏分支，相传迁于元初。

杜氏祖训

一、戴恩崇德，奉行忠义，有仁孝的伦理精神；
二、聪颖豁达，才思敏捷，有深厚的文化内涵；
三、性格豪爽，耿正豁达，有刚烈的浩然之气；
四、刻苦耐劳，诚实守信，有优良的先祖遗风。

重要人物及地方建树

杜小方，民国三十二年（1943）任启明乡食盐公卖店经理。（《黄岩历代人名录》）

杜秉正（1912~?），螺洋乡人。1936年毕业于清华大学外国语言文学系。1937年肄业于清华大学研究院外国语言文学研究所。1938年至1947年任黄岩县中、杭州高级中学英语教师。1947年至1952年任清华大学外国语言文学系讲师。1952年调至北京大学西洋语言文学系，历任讲师、副教授，现任教授。并兼任教育部外语教材编审委员会委员，北京市公共英语教学研究会理事，《大学英语》编辑委员。主要译作有：《革命浪漫主义诗人拜伦》（北京大学学报），《海盗》（拜伦选集之一）、《可林斯的围攻》（拜伦选集之二）、《该隐》（拜伦选集之三）（均为上海文化工作社出版）。论著及教材有：《英语句子中词语的分隔和关联》（《外语教学与研究》），高等学校试用教材《英语》三册（人民教育出版社）及《学习辅导》三册（北京大学出版社，中央电视大学曾采用为教材），北京大学试用教材《英语》四册及《学习指导》四册（北京大学出版社），高等学校试用教材《大学英语：语法与练习》四册（上海外语教育出版社）（以上二、三、四项教材是与人合编或主编的）。(录自《黄岩县志通讯》1987年第1期)

杜雪贞（女），殿马乡邵岙人，省立医药专校毕业。（《黄岩历代人名录》）

杜仁高，桐屿区人。黄岩县第一届人民代表大会代表。（《台州市路桥区人民代表大会志·名录》）

【始迁：元大德年间】

池　姓

姓氏源流

（一）出自嬴姓，始成于战国时候的秦国。战国时，秦国有个王族名叫公子池，他是秦国的大司马。他的家族繁盛，其后代就以他的名字为姓，遂成池姓。

（二）以居住地为姓。

迁入及分布

清洋池氏　南唐留守池钦贤因乱弃官隐居黄岩竹岭，元大德时（1297～1307），十六世允珏因其子端特入赘清洋陶驸马家（推算应为陶煜姊夫），从竹岭迁居清洋白旗浦，即为清洋始祖。嗣是苗裔发祥，瓜延瓞蔓，与陶姓并为当地大姓。

境内池姓还分布在泉井街等地。

祠堂

池氏原有宗祠，明万历间重修。清康熙三年甲辰（1664）燹于兵灾。

重要人物及地方建树

池端特，元大大德时（1297～1307）入赘清洋陶驸马（陶煜）家，从竹岭迁居清洋白旗浦，为清洋池氏始祖。（《清洋池氏宗谱》）

池崇春，字涵青，崇约弟，出罗洋余元挺门下，雍正中岁贡，有诗名。（《黄岩历代人名录》）

池化麟，字正修，坝头人，乾隆二十年丙子科（1755）武举人。

清光绪《黄岩县志》："（武举人）乾隆二十年丙子科：池化麟，字正修，坝头人，诸生，宾变子，隆纯笃，事继母某，以孝闻，有程秉颖女被人贩卖，讼于官，化鳞捐赀代赎；陈朝贵妹以贫将为尼，化鳞理论得加厚恤，遂得配偶。"

《黄岩历代人名录》："池化麟，字正修，坝头人，宝燮子，陈朝贵妹夫，乾隆二十一年武举。"

池颖，字德颖，号桂森，坝头人，乾隆五十三年（1788）武举人。温州守营守备。（《黄岩历代人名录》）

池朝鳌，坝头人，咸丰末署瑞安左营守备，咸丰十一年（1861）粤贼陷黄岩被害。（《黄岩历代人名录》）

池安海（1889~1971），字梦洲，以字行，坝头桥人，宁波巡警学堂讲武堂结业，辛亥革命时参加浙军光复南京战役，任浙军骑兵连连长，后任浙江省政府庶务员、庶务科长。（《黄岩历代人名录》）

【始迁：宋末元初】

唐 姓

姓氏源流

（一）出自"祁"姓，以国名为氏。据《通志·氏族略·以国为氏》所载，唐氏，祁姓，亦曰伊祁，尧初陶唐之后。尧初封唐侯，其地中山唐县是也，舜封尧之子丹朱为唐侯。至夏时，丹朱裔孙刘累迁于鲁县，至周朝改为唐公，周成王灭唐，以其地封叔虞，号曰唐叔。然后迁唐公于杜，降爵为伯，今长安杜城是也。故唐氏为尧帝之后。

（二）据《三国志·郭淮传》所载，陇西羌族有唐氏。

迁入及分布

根据《新桥管氏宗谱》记载，元初黄岩城关人管于祖（龙泉管氏第十三世、黄岩管氏八世），因配长浦唐氏，迁居长浦。可见唐氏先于管氏居长浦。时间约为宋末元初。

重要人物及地方建树

唐鸣韶，嘉庆十三年受聘续修《中央林林氏家谱》。（《黄岩历代人名录》，摘自民国《黄岩县新志》）

唐赓，字劭补，号尚卿，又号夔谱，螺屿人，同治九年（1870）举人，曾为清献书院山长。（《黄岩历代人名录》）

唐明理，路桥唐明理皂厂负责人。

唐再生，螺屿人，民国二年（1913）助田南乡宾兴。（《黄岩历代人名录》）

唐再生，螺屿人，黄埔军校毕业。（《黄岩历代人名录》）

【始迁：元代】

管　姓

姓氏源流

黄帝后裔有叫弃者，生于山西运城稷山，被尧举为农师，被舜命为后稷。后稷传十五代，至姬昌（即周文王），号有百子，正妻太姒有十子，长子伯邑考被商纣王杀掉，次子姬发在父亲死后，灭掉商朝，建立周王朝。武王劳顿成疾去世，由他的儿子姬诵继位，称成王。成王年幼，由他的四叔姬旦摄政，称周公。武王封三弟叔鲜于管、五弟叔度于蔡。管叔鲜怀疑姬旦要篡位，联合蔡叔度和商纣之子武庚，发动叛乱。周公杀了武庚和管叔，流放蔡叔，以国为姓的管氏就式微了。成王三传至穆王。穆王封自己的一个庶子于管城（今河南郑州），管仲出于此支。管氏奉管仲为鼻祖。

李唐以来，金陵管氏特盛。五季天下大乱，管福避乱括苍龙泉，为龙泉一世。宋代龙泉第六世师瑶迁至黄岩城关州前，为黄岩州前一世。之后，自黄岩城关至东浦、长浦、新桥，此为境内管姓之宗。

迁入及分布

长浦管氏　元初黄岩城关人管于祖（龙泉管氏第十三世、黄岩管氏八世），因配长浦唐氏，迁居长浦，为长浦管氏始祖。

新桥管氏　元顺帝至正元年（1341），黄岩东浦人管新涵（龙泉管氏第十四世、黄岩管氏九世）科租至新桥，爱其山水明秀，土田肥美，遂徙居焉，为新桥管氏始祖。

境内管姓还分布在下马堂、中庄、火烧王、良种场、后周、金清四荡等地。

祠堂

长浦管氏祠堂在路南街道南岸村。重建于21世纪初。

长浦管氏宗祠

新桥管氏大祠堂原址在新桥镇老屋里（五凤楼）东南，始建于清乾隆二十九年甲申（1764），由亨立、亨交、嘉美、嘉锡、嘉南董其事，祀新桥管氏始迁祖管新涵，重建于嘉庆十五年庚午（1810），道光二十六丙午（1846），思韶谋划，其嗣振声、颂声捐资重修成之。新祠堂重建于21世纪初，在后洋管。小祠堂祀明代高士管静山，乾隆三十九年甲子（1774）创建，祠堂内有宗塾，祠塾合一。光绪十八年创建贤宇公祠。民国五年丙辰创建思诚公祠。民国九年庚申创建若川公祠。

新桥管氏宗祠

宗谱

《新桥管氏宗谱》共有谱序十五篇，前六篇作于明代之前，序一、序二为龙泉谱序，序三至序六为东浦谱序。从序七开始作于清代，至序十，均为东浦、长浦、新桥合修。至清嘉年间重修，始单独修谱，由嘉钏、嘉赠、嘉寅、吉平、吉士、吉明、世宁、吉经、庆宽往返黄岩，由庆允、庆荣、庆奎3人主钞，延山农纂修，半载拾成。第十一修由族长鹏九主持，云坡、赓堂兄弟协助，邑禀生黄鐻（云海）润色、作序。第十二次修谱以询野及若川为主修，咸丰八年由天台佾生庞浓修作序。第十三次修谱以惠农为主，光绪二十五年由岁贡陈钧作序。改革开放后重修2005年，由新桥中学退休教师陈良定作序。再修于2017年，由第十九世管彦达作序。

家训族训

管氏家训：近贤远恶，正直清白，严己宽人，谦躬感恩。

《新桥管氏·族训》：

〇孝父母。事亲必先意承志，不论贫富，各随力量以尽厥职。粗声暴气以拂父母之心，怠惰闲游不顾父母之养，此天地间第一罪人。

〇亲兄弟。同胞如手足。争财产，锱铢必较，视若寇仇，乖伦灭纪，必伤父母之心。敬兄友弟，待人亦无不善。

管万宪为管氏第十三世，纯煆长子，年轻时入庠，父去世时，弟才六岁，万宪放弃继续进取，督理家政，为培育少弟而身兼父师，待弟结婚，子侄成人，与弟析产，任弟自择，余下薄田数亩方自取。

管作谋为管氏第十六世，云坡长子，父死时年仅十六岁（虚岁），二弟作霖只有五岁，小弟汝雪只有三岁。作谋放弃科举，担负起家政，全心培养两个弟弟，致使二弟作霖在同治年间考中举人。光绪年间钦旌"孝友"。

〇睦族。族之人，祖之子孙也，族之祖，吾之祖也。知吾祖非独有吾一人，则知吾祖子孙不可不睦矣。凡吾族人，善相劝过，相规吉相，庆凶相吊，苦相恤，忿相容，不间于逸言，不疏于怨隙，奕世守之勿替，斯真为礼义之族矣。

〇重祠堂谱牒。长至之日，合族至祠堂，祭毕，即令通文之人，将规条逐项朗诵，听者各宜静肃，不得喧哗。

〇课读。族中子弟当教，六七岁便令读书学字，增加学问，陶镕德性。

他日得成功名作官吏，必为良士廉吏；即或功名不遂，亦不失为醇厚谨慎君子。

〇安居乐业。士农工商，各有本业，勤则修，惰则隳，凡士须先德行，次文艺，勿因读书识字有刁玷行止。农者不得窃田水、侵疆畔，欺赖佃租；工者不得作淫巧、售敝伪器物；商者不得纨绔冶游，酒色浪费。至赌博一事，会倾家荡产，绝对禁止。

重要人物及地方建树

管于祖，龙泉管氏第十三世、黄岩州前管氏第八世。原名回祖，字殷生，另字俊良，配长浦唐氏，为长浦管氏第一世。（《长浦管氏宗谱》《新桥管氏宗谱》）

管新涵（1290~1383），龙泉管氏第十四世、黄岩州前管氏第九世、东浦管氏第四世。字原育，号承化，曾掌管万石区，洁己奉公，丝毫不染，惠及一乡，人咸敬服之。由于廉洁奉公，元至正初年（1341），州衙派他到新桥征收租赋，他爱新桥山水明秀，土田肥美，遂把家从城关东浦徙居到新桥。他与当时的名士李孝光（乐清人）、陈德永（黄岩城关人）、陶煜（清洋人）都是朋友。元顺帝征诏天下遗贤到京城来，当时破格被征有30余人，其中有管新涵和李孝光。李孝光去了，管新涵没有去。（《新桥管氏宗谱》）

管静山（1624~1693），名时球，字怀仁，号静山，新桥管氏第十世，生于新桥管氏古居绿筠园阁之东厢。幼颖异，五岁大父授以《尚书》，终岁能背诵，且晓其大义。崇祯六年甲戌，年十一岁，赴邑试，知县刘若符以"童子"为题命赋诗，应声曰："至圣门墙峻，非人不敢来。互乡童子美，一见即成才。"知县大喜，赏纸笔，擢为第五，寻有疾无法郡试。十余年后改朝换代，遂绝意科举。顺治推荐征辟，数至门不就。性至孝，母病中，夜露祷于庭即愈；事胞兄曲尽弟道，析产后食物有佳品必以奉处。乡邻友朋间无遗行，谨小慎微，清声遐播，延聘师席无虚岁，启迪后进，讲解有方，多所造就，贫者不敢其修脯，且赠以膏火纸墨之费。著有诗集《绿筠园集》十二卷，毁于飓风。（《新桥管氏宗谱》）

管思诚（1777~1841），（第十四世）名顺澜，字庆观，号阜墀，自号思诚，贡生，职名思韶。

《新桥管氏宗谱·世系》："字庆观，号阜墀，自号思诚。贡生，部讳思韶，貤封修职佐郎，诰赠奉政大夫，晋赠中议大夫。子二女三，长适路桥禀生黄鑣，次适四甲应监生应镇煊，三适石曲庠生方正雍。民国五年衣下子侄建专祠于镇北桥内。"

《新桥管氏宗谱·传志》："公名思韶，一名顺澜，字庆观，号阜墀。生平学以诚为本，故又自号思诚。为人天性笃挚，幼读书颖悟绝人，早通大义，然体素弱善病。太翁万宪公惧其为钩深索隐所致也，不令卒业，既而令改习武，公练熟弓马，必欲得榜上名，以慰亲意，且副壮怀。居无何，病益甚，太翁忧之，令辍业，援例贡太学，公意虽不欲，然无如之何，惟自恨而已。居家孝二亲，先意承志，如恐弗及。……自奉俭素，然好施不倦，置宾兴田百二十亩，收租出息以为秋闱之费，士林赖之。复仿范公义田之法，捐田三十亩，滋息以助族中贫穷不能丧葬婚嫁者。里中嶽岳宫、关庙旧矣，公领众捐资振兴，祀事香火，焕然一新。"

管振声（1800~1847），名士春，字资恒，号云坡，廪生，职名振声。初任湖州府学训导，再署教授，任官不名一钱，惟以兴教恤士为务。有诸生为前教授所黜，君廉知其非罪，自出俸钱为之营复，湖人至今称道之。其在分水，则奉职之外，尤以医得民，民求医者，坐堂户恒满，君悉心诊视，自朝至日仄，未尝以倦辞，有贫者给药资，又自制良药，愈人疾无算。咸丰年间，以管振声为首创办新桥文昌会。

《新桥管氏宗谱·世系》："士春，字资恒，号云坡，原字德恒。廪生，部讳振声。诰封奉政大夫，晋赠资政大夫。历任训导、教授、教谕。有《诗稿》载居址编及艺文内编。生于嘉庆庚申年（1800）十一月十一日，卒于道光丙午年（1846）十月廿九日。配金太夫人，金大田侯选千总、乾隆壬子榜举人玉堂公三女，有行传挽诗载传志门。续配张太夫人，土屿邑庠生张基公女，有行传。"

《新桥管氏宗谱·传志》载黄鑣《署分水教谕云坡管君传（讳振声，十五世）》："君之自分水归也，缙绅生徒，送者数十百人，如去慈父母焉，把袂依依，冀君再至，及河干舟次，各鸣咽流涕道旁，老幼如堵，皆黯然莫能声。……同里尤公，封公执友也。病疫卒，俗畏疫染，虽亲戚皆避去。屍在室莫能殓。君闻之，径排闼入，为之栉发浴体，具衣衾焉，然后去。人莫不服君之勇。族昆弟有负债不能偿者，忧涕欲死，君询其所负仅十余金，立出己资代偿之，人莫不多君之侠夫勇与侠，今人所称为才者也。"

管翰飞（1829~1906），道光二十九年己酉（1849）科本省乡试中式右榜第三十二名举人。同治丙寅（1866）以剿徐匪功保举署黄岩镇中营守备。

管作霖（1843~1902），一名取敏，字汝颖，号慰农，一号惠农，新桥管人。清同治四年乙丑（1865）与族兄管哲人创办新桥"文昌阁"，同年考中举人，为兵部职方司郎中。八年（1869）创办"扶雅书院"。光绪十四年至二十三年（1888~1897），任四川省邻水县知县，加同知衔，中间两度为四川乡试同考官。在四川期间，以振兴文教为己任，捐廉4000金建玉屏精舍，储书197部，另设敦仁等义塾5所。三十二年（1906）钦旌"孝友"。著有《埙吟草室诗文集》等。

管穰（1865~1920），一名协丰，字登平，号少农，新桥管人，作霖长子。光绪三十年（1904），在其父创办的扶雅书院基础上，与族人管敬舆、管少铭各助巨款，创办"私立扶雅中学堂"，为路桥区境内最早的中学校，以扶雅书院旧产及金管宾兴田产为常年经费，公推穰为监督。宣统元年（1909）三月任黄岩教育分会副会长，六月选为省咨议局议员，九月选为常驻议员。1913年1月当选为浙江省第一届议员。5月任黄岩县议会监事长。管穰先后多次任扶雅中学校长。1914年由教育总长汤化龙特奖"惠我青年"匾额一方、金质一等嘉祥章。1915年，浙江巡按使屈映光奖给"经亨颐勋章"，8月奉大总统袁世凯批令奖给"五等嘉禾章"。1916年9月，仍任浙江省议会议员。

管纶（1872~1932），（新桥管氏第十七世）名协纲，字纪平，号赓甫，其为庠生魁首，庠名纶。有《述学》载于《新桥管氏宗谱·艺文》内。其《过崇国寺访从还师不遇闻已物化》："古寺萧条傍晚晴，万松深处一钟鸣。清池水月空中色，瑶岛天花静里生。竹径虚留锄药地，藤床剩有说玄情。禅房寂寂人何在，荒草残阳野鸟声。"

管绍谟（1878~1948），字康文，号子显，军名绍谟，新桥人。清宣统二年由浙江陆军八十二标考送学兵营三期毕业，由中士递升至排长。辛亥革命从朱瑞攻克南京，于民国元年1月被委为八十四标三营后队队官，得二等金色奖章。1914年9月奉大总统令补授陆军步兵少校，获二等奖章。1918年4月，任（浙江）缉私第六营营长。1919年6月奉浙江督军杨善德任命为第一师校官，11月奉大总统令奖给六等文虎章。1927年4月奉东北联军总指挥贾任命为第一旅旅长兼副师长。7月奉陆海空军总司令蒋改编为授直鲁军第三师，任副师长。1930年10月奉河北先遣军司令胡任命为本部参议。父殁后隐居乡里。

管震民（1880~1962），祖居长浦，移居南栅头，毕业于北京京师大学堂博物科，奖给举人出身。1923年冬赴仰光任缅甸华侨中学校长。1934年在南洋槟屿钟灵中学任国文教师，后任校长。由于家乡被日军占领，管震民无法回国，遂定居马来西亚，1962年去世。主要作品有《绿天庐吟草》及《绿天庐诗文集》等。

管协篇（1886~1925），名赞魁，字学平，军名协篇，新桥人。辛亥革命以炮兵正车长从朱瑞攻克南京，后任连附。（《辛亥革命中的黄岩志士》）

管受谦（1885~?），管穰长子，字康度，号坦存，民国九年任扶雅中学校长。

管守谦（1889~?），管穰次子，受谦弟，民国三十年任扶雅中学校长。

管竹筠（1890~?），管衡长子，北京农学院毕业，民国三十五年任扶雅初级中学校长，新桥邮政代办所负责人。后任新桥中学校长。

管介侯（1891~?），管衡次子，东吴大学毕业，扶雅中学教员。

管观韶（1895~1967），字康典，职名慎徽，号观韶。就读于扶雅中学，毕业后留校做校长室文书。1932年转入黄岩县中。与吴奉璋有交情及书信往来。在黄岩中学，任校长室文秘兼英文教师。中华人民共和国成立后任俄文、语文教师。1961年退职回家。

张友仁院士在2000年黄中校庆中说："我读过三所中学，相比之下，深感黄岩中学的教师质量在当时全国来说，都是上乘的。黄岩中学有一批高质量的教师，所以才能培养出许多优秀的学生。那时，管观韶老师夫妇就住在那里。管观韶先生是我1936年夏入黄中之前的家庭教师。他那时是黄中的英文教师兼学校的文牍。他在自己家中曾经接待过英国传教士，所以英文水平得到提高。那年暑假，他住在我家（在小北门），教我们英文、国文、古诗、书法等。教学期间，经常有黄中的工友送学校收到的文件来请他处理。学生除我以外，还有张莲芳、张友岳、马华霖、喻公盛和柯元乔等，他们后来也都考入黄中读书。他擅长书法，行书尤佳，还会中医。我曾请他号脉和开中药方。"（《黄岩中学2000年校庆专刊》）

管听石（1898~1987），新桥人，名道中，字听石，扶雅中学毕业。1927年下半年筹办新桥小学，自任校长；1929年进上海东亚大学插班国学系四年级；1931年至1932年任杭州民生中学教务主任、代理校长；1932年11月任扶雅初级中学校长，曾聘中共地下党员叶中和陈吉任教；1835年辞去扶雅中学校长职务，去上海光华大学读书；1936年毕业后，进入上海商务印书馆当编辑；1937年回家为母奔丧；1938年上半年，在仙居横溪的民生中学任教务主任，被正式批准加入中国共产党；1941年抗战期间，地下党负责人不断被捕、叛变，无法在台州立足，前往福建暨南大学任教；1943年被叛徒出卖，返台州温岭中学任教，被逮捕，关押在黄岩牢中，转押至天台街头浙东行署，经家里营救，在未出卖组织前提下，写了悔过书释放出狱；1944年回黄中任教；1946年上半年，恢复党籍，到新桥中学任教；1946年8月调台州中学任教；1951年1月调台州农校任教；1952年8月调杭州大学任教。后受错误处理。十一届三中全会后，1982年3月落实政策，享受离休待遇。（《黄岩文史资料》）

管照临（1917~2014），浙江省立第六中学毕业，曾担任陈安宝家庭教师。后在长沙信托局工作。

管彦福（1927~2010），安国弟，1943年从扶雅中学考入黄岩中学（因日机骚扰，迁址西乡灵石书院）。1946年国立英士大学经济系财政专业毕业，工作于上海合作金库。1949年5月合作金库迁往香港，彦福转入华东革命军政大学，随中共浙江桐乡县委工作组从事土改工作。1951年调到青年团浙江省委宣传部，任"浙江青年报"编委。1956年加入中国共产党。十一届三中全会后，调中国人民银行浙江分行工作。1981年任浙江银行学校校长兼党委书记。1986年任浙江人民银行金融研究所所长。1989年任北京《金融时报》驻浙江记者站站长。1990年离休。

管敏仁（1933~2022），新桥人。管安国长子。由扶雅中学考入黄岩中学，毕业于南京大学。工作在武汉华中农业科学研究院，系副研究员。长期从事研究水稻高产栽培，水稻育种技术，水稻所需水量及灌溉制度，水稻工厂化无土肥水育秧及秧苗机插配套等技术。学术论文曾发表于《湖北农业科学》等杂志。主要著作有《中国稻作学》一书。

管敏义（1934~2017），新桥人。管安国次子，中共党员，历史系教授。1953年毕业于黄岩中学。考入北京师范大学历史系。1959年，分配到宁夏吴忠中学任教。1980年调入宁夏大学历史系，任副教授，硕士研究生导师。1987年调至宁波师范学院历史系任教授。1988年并入宁波大学，任古籍整理研究室主任。先后曾发表《怎样标点古书》《医古文语法知识》《吕氏春秋译註》《如何句读标点古书》《句读考》《从古籍整理谈起》论文和专著，主编《浙东学术史》等。

管式勤（1938~2020），新桥人。上海同济大学毕业。主持和负责设计的重大工程项目几十项，有虹桥国际机场和浦东国际机场、新亚洲城大厦、中美金融大厦等。撰写并发表多篇专著及有关论文。曾获国家科技进步二等奖一项、科技成果一等奖一项、上海市优秀设计一等奖三项等。获得国务院特殊津贴和上海市建设功臣等荣誉。曾任上海现代建筑设计集团华东建筑设计研究院资深总设计师、教授级高级工程师、上海市建设科技委员会委员、上海市雕塑委员会委员、上海市建筑防火委员会委员。

居址遗迹

爱吾庐（五凤楼）

《新桥管氏宗谱·居址》载："其以新桥名者何？邑之水自西北趋东南三十余里，至浦口歧而东，又迤逦而七八里通十字泾，得大桥二，西曰上新桥，东曰下新桥，二桥之间成里居焉，遂以名其址。南狭而北赊，纵广五里许，四面皆水。非独有此二新桥也，东南界蔡洋有盘古桥，东界凤洋有小二桥，北界田际有后洋桥，西尽十字泾逾泾为蒋僧桥，凡东西北水外皆他境。其地盖去城四十五里矣。"

爱吾庐为新桥管氏原始居地，原称老屋里，亦称五透里。始建于乾隆年间，该建筑坐北朝南，总体布局呈长方形，东西长达51米，南北纵深为99米，占地面积11689平方米（含围墙内园地）。2005年公布为第五批省级文物保护单位。

爱吾庐（五凤楼）

新桥文昌阁创建到重建

新桥文昌阁为新桥管氏族人管作霖、管哲人为首，偕同东蓬林氏、前洋缪氏、新桥李氏、金田金氏等于清同治四年（1865）所建。光绪八年（1882），管作霖在文昌阁内建书院，取名"扶雅"。光绪三十年（1904），作霖之子管穰改办为"扶雅中学"。1914年，教育部颁发"惠我青年"匾额一方，以褒扬管穰捐资兴学事迹。

民国三年（1914年）教育总长汤化龙奖给扶雅中学校长"惠我青年"匾额一方

上"五等嘉禾章"式样

左"惠我青年"匾额执照

新中国成立后，改扶雅中学为黄岩县新桥中学。由于年代倾坏及新桥中学校舍改造需要，于1990年将文昌阁拆除。

2018年2月13日（农历戊戌年十二月二十八日），在新桥镇党委主持下，新桥镇乡贤联谊会成立，决定筹资在原址上重建新桥文昌阁。经过两年多努力，2020年9月新桥文昌阁落成，成立新桥古镇重要地标。

重建新桥文昌阁

新桥文昌阁夜景

【始迁：元代】

缪 姓

姓氏源流

据《元和姓纂》及《通志氏族略以谥为氏》所载，春秋时期，秦穆公谥号为缪（同母），后裔以谥为姓。

迁入及分布

洪洋缪氏 陈伯杰，钱山二世，元代人，娶洪洋缪氏（《钱山陈氏宗谱》）。可见洪洋缪氏在元代已存在。

缪昌期（字际时，号文园），兰陵人，登明万历进士，官翰林春坊，不愿与魏忠贤为伍，辞官隐处，徙居台南。长子肇洪（字一凤，号见洲），游至洪洋，见地美风淳而居；次子肇运（字士连，号少榘）由洪洋迁居四衕桥；三子肇逵（字士达）由洪洋迁居柏岙，二世完贤复居四衕。（《洪洋缪氏宗谱》）

前洋缪氏 在新桥长洋村，明代自温州长洋前洋缪迁入。分迁到保全乡。

祠堂、宗谱、族训

洪洋缪氏宗祠初建于乾隆四十三年（1779），位于洪洋村中部南官河青龙浦沿岸，坐北朝南，占地二亩四分七厘。原有四周平房廿四间，中间有一天井。原有祀田七十多亩，轮收田四亩八分，大宗祠田三亩五分，出租其收入全部用于每年清明、冬至两节。聚集各地缪姓长辈见儿孙，进行三天扫墓祭祀、做戏等活动。每年冬至，凡六十岁以上的每位缪氏男性老人还可以从宗祠中令到两斤老人肉。

《洪洋缪氏宗谱》于清乾隆四十三年戊戌（1778）聘汪泮林续修，道光三十九年己酉（1849）由九世孙缪垣三修，民国八年聘陶梦松四修。2008年五修。

洪洋缪氏族训：孝父母以端本行，和兄弟以慰亲心，敬长上以广恩爱，教子弟以树人才，务勤俭以修职业，睦邻里以守贞良，崇正典以保身家，屏左道以端心术。

重要人物

缪协恭，洪洋人，乾隆时期国学生，仗义疏财，有声乡里。（《洪洋缪氏宗谱》）

缪丹墀，洪洋人，协恭长子，嘉庆年间贡生。尚气谊、重然诺、济人困；建茶亭、修社庙。试用知县孙学锦为其写《传》。（《洪洋缪氏宗谱》）

缪瑜圃（1779~1842），名珣，字聚琮，洪洋人，丹墀子，嘉、道年间贡生。排难恤贫，助烹茶。嘉庆二十年大疫，族有家五人病亡，无措殡殓之资，瑜圃独任其事；又有贫而未葬者，择地埋之。（《洪洋缪氏宗谱》）

缪煜，字琢亭，洪洋人，瑜圃次子，道光年间邑庠生。立"树本会"供给宗人贫无食者，在石曲设"崇文会"募收字纸，建桥道、修茶亭、赈荒歉。（《洪洋缪氏宗谱》）

缪革堂，同治四年（1865）协助管作霖创建新桥文昌阁。（《新桥管氏宗谱》）

缪启鹏，路桥人，同治十二年（1873）捐田置洪洋义塾。（民国《黄岩县志》）

缪萼楼，洪洋人，邑庠生。（《洪洋缪氏宗谱》）

缪鹰明，号颉云，黄施洋缪人，邑庠生，为《新桥管氏宗谱》作《矩楼记》。

缪桂甫，民国二十八年（1939）创立保全第二保国民学校。（《黄岩历代人名录》）

缪振河，民国三十四（1945）年任保全中心国民学校校长。（《黄岩历代人名录》）

缪恭国，民国三十四年任保全第二保国民学校校长。（《黄岩历代人名录》）

第六编 明代迁入

包姓　官姓　龚姓　章姓　屠姓　卢姓　鲍姓　施姓
葛姓　谢姓　苏姓　潘姓　孙姓

【始迁：明初以前】

包 姓

姓氏源流

春秋时，楚怀王封他的小儿子兰为上官邑（今河南省滑县东南）大夫，子兰的后代子孙遂以邑名为姓，称上官氏。

官氏源于上官氏，是上官氏的简称。

迁入及分布

按《闽浙上官氏宗谱·世系》载，官永舜长子茂光居黄岩官家里（现属路桥区金清镇双沥村），为官家里派始迁，其玄孙温闺为二十一世，生于明嘉靖二十二年癸卯（1543）。则上推其曾祖茂光为十八世，应该生活在明前期。

重要人物及地方建树

包彝古，名昶，以字行，号兰雪，石研人，以明经荐修《永乐大典》，竣事，授蕲水知县，尝上书请立建文，后谪戍甘肃。有诗别其子曰："诸儿奉母归东浙，阿父从征渡北江。只为圣朝家国事，百年骨肉泪双双。"著有诗集，不传（《府志·孝义》《万历黄岩县志》《光绪黄岩县志》《路桥志略》）。后代迁下包。

包谕，彝古子，《路桥志略》卷六上《文（内编）》载有包彝古《自戍所谕子书》记其事。

【始迁：明前期】

官 姓

姓氏源流

春秋时，楚怀王封他的小儿子兰为上官邑（今河南省滑县东南）大夫，子兰的后代子孙遂以邑名为姓，称上官氏。

官氏源于上官氏，是上官氏的简称。

迁入及分布

按《闽浙上官氏宗谱·世系》载，官永舜长子茂光居黄岩官家里（现属路桥区金清镇双沥村），为官家里派始迁，其玄孙温闰为二十一世，生于明嘉靖二十二年癸卯（1543）。则上推其曾祖茂光为十八世，应该生活在明前期。

宗谱、族训

《闽浙上官氏宗谱》，由台州黄岩下梁（今属路桥区金清镇）、天台街头、临海黄沙三家官氏追溯福建清流源头而修的谱牒。有明万历二十八、崇祯八年《谱序》，清代有康熙六年、同治十一年、光绪四年、光绪十一年《谱序》。1998年重修。

上官氏家训六条：崇祀以敦孝思，孝悌以肃家规，睦邻以息争竞，耕读以务本业，择配以选良家，赈济以活贫穷。

重要人物及地方建树

官茂光，闽浙上官氏第十八世，约生活在明前期，始居下梁官家里。（《闽浙上官氏宗谱》）

官温闰，字世闰，生嘉靖癸卯（1543）。

官乾亨，下梁沥北官家里人，光绪四年（1878）参与修《闽浙上官氏宗谱》黄岩官氏支派部分。

官维丙，别号寿亭，路桥人，民国十年（1921）县议员，民国十七年（1928）任土地清丈案东南乡士绅代表，民国二十年（1931）任圣范乡乡长，抗战期间任圣屿乡乡长。（《黄岩历代人名录》）

官诚福，圣屿乡后洋官人，上海法学院法律科毕业。（《黄岩历代人名录》）

官希明（1893~1985），路北洋官人，黄岩县劳动模范，第七届县人民代表。自幼好学，在收旧书担中发现一本《幼幼集成》医书，自学岐黄之术。某日杨某子高热不退，日渐病重，希明综合辩证后开方，亲自为其煎药，服药后2天痊愈。后经杨某推荐，成为陆大坐堂医师。中华人民共和国成立后在家行医，义务看病，不收分文。旁人看他经济贫困，用竹签编号为看病人挂号，收取1角钱解决其基本生活。1958年起，先后坐诊桐屿区中医联合诊所、路桥人民公社医院、路桥区卫生院。擅长妇科，每日接诊病人40至70人次，常给穷病人垫买药。（《台州市路桥区卫生志·人物》）

【始迁：明洪武、永乐年间】

龚　姓

姓氏源流

为共氏所改。据《古今姓氏书辨证》所载：其先共氏，避难，加龙为龚。其时约在战国末年秦汉之际。

迁入及分布

长浦龚氏　迁入时间约为明初洪武、永乐年间（1368~1426），龚仁朗由临海康谷迁居长浦街西南角。龚仁朗生卒年未载，依据第六世存耕生于正德三年戊辰（1508），卒于嘉靖十四年乙未（1535），按平均25~30年一世推算，与始迁祖相差130~150年左右，则始迁祖应在洪武年间迁入。

宗谱、族训

《长浦龚氏宗谱》，有清康熙四十五年丙戌（1706）谱，嘉庆十六年辛未（1811）谱，同治五年丙寅（1866）谱，民国七年谱。民国三十八年（1949）谱。

龚氏族规：兴勤劳，高品行，崇教育，尚节俭，谨祭祖，立公议，孝父母，敦夫妻，禁游惰，通礼仪，助缓急，周贫困，睦亲邻。

重要人物

龚永宣，字邦足，号澹园，长浦人。生活在清同治间。年弱冠，便出外货殖，客游数载，效陶朱，富甲一方。临事有定识，慷慨乐施，捐资创建文昌阁，董其事。其后偕族人重建祠堂。配管氏，淑慎端庄。勤俭慈和，相无教子，贤著一方。（光绪《黄岩县志》《长浦龚氏宗谱》）

龚华志，民国时期长浦人，耕读起家，旋入商业，事业成功，选为商会委员常经会会员及东南区油业主任，立福利社，排难解纷，见穷困之士、疮

瘝之众，勇于赈济。施药施棺，义塚义圹，俱竭资而谋，不遗余力。续修民国时期宗谱，四月告成。(《长浦龚氏宗谱》)

《路桥十里长街》："龚合兴肉皮店位于路桥牌前，店主龙华志，解放前为路桥油商业同业公会常务理事。龚合兴为老字号，信誉很好，制作的肉皮，原析原档，不浇冷油，很受小贩欢迎。"

【始迁：约元明期间】

章 姓

姓氏源流

黄帝赐姓给他十二个出色儿子，其中有任姓。任姓后来很昌盛，又分成十个姓，据《左传》记载，有：谢、章、薛、舒、吕、祝、终、泉、毕、过，此十姓。

另一支章姓是炎帝的后代，炎帝后代姜子牙的后裔被封鄣地，就在现今山东章丘。《姓氏辨证》这样介绍："系出姜氏，齐太公支孙封国于鄣，后为齐所灭，子孙去邑为章氏，望出豫章。"

北宋末期方腊起义，章渊在由临海班巷迁入黄岩临湖。

迁入及分布

凤阳（凤洋）章氏 根据民国《黄岩县新志》，凤洋章氏亦祖黄岩临湖，始祖为十八世章伯益（迁入时间约为明初）。亦有凤阳章人认为，始祖章伯益是从乐清南阁迁居新桥凤阳。（民国《黄岩县新志》《凤阳章氏宗谱》）

高桥章氏 明孝宗时（1488～1505）高桥章氏迁自临湖，始迁为仲长、仲融。（《黄岩临湖章氏高桥章派宗谱》）

东江章氏、正鉴仓三荡一甲章氏 章仁皦二十二世孙章彩自临海黄沙上炉迁黄岩章家宅，其曾孙章加思分居东江，章加俊分居正鉴仓三荡一甲，民国年间有三十四世。（民国《黄岩县新志》）

境内章姓还分布在南栅章家，湖头、泉井街、金清（三塘、五塘）等地。

祠堂、宗谱

高桥章氏祠堂，原于高桥章东古庙西辟地建祠，崇祀始迁仲长、仲融之父清居处士，而以始迁兄弟配。清乾隆间，茂世、朝通诸人善于积贮，增置祀产。同治间，渭西宗兄从事修葺堂庑大门。光绪季年，渭西子善甫重修。

《黄岩临湖章氏高桥章派宗谱》清邑庠生第二十八世子金手订草谱，同治二年癸亥（1863），由子金之子先佑完成。宣统三年辛亥（1911），由三十世善甫继修。民国二十八年（1939）己卯重修。2015年重修。

《章家—东江—正鉴仓章氏宗谱》，清咸丰十一年（1861）寄修《临湖章氏宗谱》，民国十三年（1924）寄修《江田章氏宗谱》，民国三十四年（1945），始由临湖宗人章育为之创修。《正鉴仓三荡一甲章氏宗谱》清咸丰十一年、民国二十八年均寄修《临湖章氏》。

家训族训

凤阳章氏遵循《太傅仔钧公家训》，作者为五代十国时章仔钧，世称"太傅公"。《太傅仔钧公家训》为十大知名家训之一：

传家两字，曰耕与读；
兴家两字，曰俭与勤；
安家两字，曰让与忍；
防家两字，曰盗与奸；
亡家两字，曰嫖与赌；
败家两字，曰暴与凶。

重要人物及地方建树

章文庠（1711~1766），名有钟，字君雍，号文庠，高桥章第二十五世。有田数顷，号称饶士。见族中有孤弱不能成立者扶之，有贫老不能赡给者周之。生平爱好手植嘉卉，每当四时暄妍之会，召族人与之相赏，酒食豆笾，若不计贵。（《临湖—市桥章氏宗谱》）

章廷文，名怀铎，字廷文，高桥章第二十八世。家仅中产。比长，尽力务农，稍裕，凡有益于乡，尽力为之。乾隆九年甲子（1744），乡有赌博人与其邻居交好，因输钱来向邻居借钱，被拒绝想不通而深夜上吊，被廷文发现，与妻一道将其解救下来，呼邻居而邻居害怕不应，于是廷文与妻子一道烹茗灌之，甦后，又与邻居一道给他资金让他回家。又一乡妇贫不能居，携儿子往投河，乡妇的邻居劝阻不成，于是呼廷文一道追逐而还，廷文又拿出自家衣食资助她。乡里社庙与章氏祖庙圮坏，嘉庆二十年（1822）八月，廷文首

创捐议，积极投入修葺，使之焕然重新。长寿至八十七岁去世。(《临湖—市桥章氏宗谱》)

章越，民国二十四年（1935）创立新桥第一保国民学校。(《黄岩历代人名录》)

章道鹏，民国三十一年（1942）创立圣屿乡第十四保国民学校。(《黄岩历代人名录》)

章维生，民国三十六年（1947）任下梁乡第十六保国民学校校长。(《黄岩历代人名录》)

凤阳章乡贤馆，由凤阳章氏乡贤联谊会会员捐资建成，建于 2016 年前后，里面敬奉着章氏先贤及家训，以及陈列着当地生产生活用品。

凤阳章乡贤馆

【始迁：约元明时期】

屠　姓

姓氏源流

卢姓系出齐太公姜姓，后历九世至文公之子高，高之孙傒为齐正卿，字敬仲，食采于卢，因以为氏。

迁入及分布

华屿屠氏　屠政，宋徽宗时以进士仕台州司户参军，遂家于台。至十世屠若琬娶华屿徐氏，迁居华屿，其子孙分居岩头、水淋头等处。（民国《黄岩县志·氏族》）

宗谱

《华屿屠氏宗谱》，明嘉靖二十七年（1538）、清康熙五十一年（1712）、同治十年（1871）、民国十三年（1924）均有谱。

人物

屠宇民，字天惠，华屿人，黄埔军校毕业。（《黄岩历代人名录》）

屠福民，华屿人，黄埔军校毕业。（《黄岩历代人名录》）

【始迁：约元明期间】

卢　姓

姓氏源流

起源有三：出自九黎族，是蚩尤的后代；出自子姓，是商朝王族的后裔；以职业姓，古人屠宰为业者，其后便姓屠。

迁入及分布

乌岩—下樟卢氏　唐府尹卢肆，字国音，避五代王审知乱，自闽访王方平石室，经乌岩，遂家焉。至十八世卢富进分居下樟卢（下庄卢）。

宗谱、族训

《乌岩卢氏宗谱》创修于元至正间。

卢氏祖训：兄弟生同父母，亲如手足，弟固当敬兄，兄亦宜爱弟，同怀之谊，切不可忘。推之异母之弟昆，庶出之支派，以及从兄弟、再从兄弟、同宗不为服兄弟，溯源所自，实一本之亲，理宜痛痒相关，慎毋寇仇相视。其有听妻妾言，致乖骨肉者，合族排击之。

人生世上，立品宜先。居家能为忠信之人，立朝乃为正直之士。毋论家产有无，读书当行善事。如有射利亲朋，武断乡曲，乃小善自足，不求上进，行止不端者，族长父兄痛加针砭，庶几变化气质，为宗族光。

朋友结交。立身达道，朋友无缺。可交之友，别亦实难。交朋结友，必本于义。能推心置腹、劝善规过者，乃正人君子，必应深交以求助。迷酒贪色，弄术变诈，投其所好，唆人为恶者，必坏心术而败名节，终而流为匪类。万望勤而为善，慎而远恶。

勤务本，多读书。从古至今，士达源于诗礼，宗昌实赖贤孙。家族兴旺书为本，祖宗业盛源自勤。凡我族人，必先勤农工，务根本，保衣食，求发展。各业善艺，务求精深。能作男女，身体力行。现代社会，文明发展。族人须认清形势，力趋奋进。教子女多读书，不论何业技艺，均应钻研精通。决不因家计不顾，而误子孙学业；应当学有所专，业有所持。

积善行德，保护环境。修身养性，存善施仁。念亲情以存孝养，思交往出于至诚；仁以养德，俭以洁身。山清水秀，必人稠物丰；瘠土茅荒，怎种养生存。故宗族集居之处，必须蓄植林木，保护水源，爱护耕地，修整道路；改善住房条件，修复名胜古迹，以陶冶心性，高尚情趣。发扬团结友爱、忠厚诚实之良风，济贫困，扶孤寡，恤残疾，存弱小，以礼待人。不应逞一时之气，霸道强横；为一己之私，贻害大众。不应为求子孙富贵，听从江湖术士愚弄，图占他人祖坟宅地。结私怨，兴争讼，皆不可取。积善存仁，修心养德。我以实待人，人必诚对我；人成我就，护福无穷，何乐而不为。

重要人物

卢廷雄，字家轩，桐屿人，官乍浦守备。（《黄岩历代人名录》）

卢干，金清港人，北洋大学土木系毕业。（《黄岩历代人名录》）

卢继荣，民国十七年（1928）创立竞存乡第六、七、八保联立国民学校。（《黄岩历代人名录》）

卢季善，民国三十六年（1937），竞存中心国民学校校长。（《黄岩历代人名录》）

卢英逊，城关双桂巷人，卢洛平子，长浦朱氏族裔朱文劭女婿，复旦大学化学系毕业，路桥一利酿造公司董事长，民国三十八年（1949）任县教育文化协会董事，与岳父一道对黄岩和平解放有功。（《黄岩历代人名录》）

【始迁：明永乐年间】

鲍 姓

姓氏源流

鲍叔牙，夏禹裔孙敬叔之子，春秋时齐国大夫。其父敬叔被封于鲍，叔牙开始以封邑为氏，称鲍叔牙。叔牙少时与管仲友善，管仲家贫母老，他常给以资助，遂成莫逆之交。襄公乱政时，管仲随公子纠奔鲁，他随公子小白出奔莒。及襄公被杀，小白得内援回国，被立为齐君，拟任他为上卿。他力劝桓公将囚拘的管仲开释，使之代己位，而以身下之。管鲍之交，世传美谈。鲍姓子孙也就尊这位德行高尚的鲍姓先人为其得姓始祖。

迁入及分布

路桥境内鲍氏大多居蓬街镇北面，此处曾属鲍浦乡。

蒋僧桥鲍氏　蒋僧桥鲍家祖先迁于明永乐年间（1368~1426）。

重要人物

鲍瑞田，湖头人，南乡宾兴佃主。（《黄岩历代人名录》）

鲍文六（1934~2020），桐屿小学教师。

【始迁：明嘉靖】

施　姓

姓氏源流

施氏出自姬姓。周公生伯禽，传到惠公，生施公、尾生、施伯，五代孙以施为氏。(《湖田施氏宗谱·序》)

迁入及分布

下百步沙施氏　明嘉靖时（1522~1566），施世逵（号东所）平倭寇有功，仕至千户，因严氏父子擅权，弃官避居黄之下百步沙，卜筑王马二姓之间，故顺次而名其地曰"施王马"。(湖田施氏宗谱·乾隆丙戌谱序)

第七世丰欢迁施王马，为施王马祖。(湖田施氏宗谱·迁徙表)

第九世顺衡迁湖田，为湖田施祖。(湖田施氏宗谱·迁徙表)

第十世如彩留湖田为上施祖。(湖田施氏宗谱·迁徙表)

第十世如丰迁安溶为安溶祖。(湖田施氏宗谱·迁徙表)

第十世如彰迁下施为下施祖。(湖田施氏宗谱·迁徙表)

第十一世克扬迁四府桥。(湖田施氏宗谱·迁徙表)

第十一世克拱迁冯家岸。(湖田施氏宗谱·迁徙表)

第十一世克复迁霓岙。(湖田施氏宗谱·迁徙表)

第十一世克震迁栅桥。(湖田施氏宗谱·迁徙表)

第十二世昌璧迁桐屿。(湖田施氏宗谱·迁徙表)

第十二世昌继由下施迁长泾岸另派。(湖田施氏宗谱·迁徙表)

第十二世泰旗由施王马迁玉露洋。(湖田施氏宗谱·迁徙表)

第十三世民会由施王马迁下新墩。(湖田施氏宗谱·迁徙表)

第十三世民福由施王马迁下蔡洋。(湖田施氏宗谱·迁徙表)

第十三世民赐赘玉露洋遂居焉。(湖田施氏宗谱·迁徙表)

第十四世贵和由下施迁白峰岙。(湖田施氏宗谱·迁徙表)
第十四世贵用由下施迁浪矶山剑门港。(湖田施氏宗谱·迁徙表)
第十四世贵和由下施迁白峰岙。(湖田施氏宗谱·迁徙表)
第十四世志豪由安溶迁下岙王。(湖田施氏宗谱·迁徙表)
第十六世岳三迁路桥下龙头三。(湖田施氏宗谱·迁徙表)
第十六世允明迁淋头。(湖田施氏宗谱·迁徙表)
第十六世世鼎由冯家岸迁下梁。(湖田施氏宗谱·迁徙表)
第十七世时理迁下塘港。(湖田施氏宗谱·迁徙表)
第十七世茂华、茂东迁李家洋。(湖田施氏宗谱·迁徙表)
第十七世茂大迁下路桥。(湖田施氏宗谱·迁徙表)
第十七世茂焕迁下二荡。(湖田施氏宗谱·迁徙表)
第十七世万松迁南岸雨伞庙。(湖田施氏宗谱·迁徙表)
第十七世圣木迁路桥。(湖田施氏宗谱·迁徙表)
第十八世君水迁下二荡。(湖田施氏宗谱·迁徙表)

《湖田施氏宗谱·分派》提要：
湖田施总派：湖田(在邑东乡四十里鲍步闸桥前，九世孟贤公由岱石迁此，俗名湖田施，后分三房)。
长房分派：
上施(在湖田。十世如彩公居此，俗名"湖田上施"，今分八房。)
凤架岸(在邑东南乡。十一世克拱公由上施迁此。)
海门(在临海县东乡。十四世志初公由霓桥迁此。)
二房分派：
安容桥(在邑南乡白峰桥一里许。十世如丰公由湖田上施迁此。)
三房分派：
下施(在下湖田。十世如彰公由上施迁此。今分七房。)
霓岙(在沙门阙霓山前，距下梁西去里许。十一世克复公由下施迁此。)
栅桥(在白鹤殿。十一世克震公由下施迁此。)
管塘(在邑东南乡竹桥头。十二世茂任公由栅桥迁此。)
长泾岸(在太平东北乡泽库镇下。十二世昌继公由栅桥迁此。)(注：长泾岸，在今路桥区新桥镇。)
静济分派：
施王马(在邑东南乡下百步沙。静济七世丰欢公出静济迁居王马二姓之

233

间，俗名施王马。）

玉露洋（在邑南乡白峰桥街下，旧名白露洋。静济十二世泰旗公由王马赘居叶氏，遂成族焉。今更名玉露洋。）

宗谱、族训

《湖田施氏宗谱》乾隆丙戌（1766）有《谱序》。

《湖田施氏宗谱》一修于宋庆元丁巳（1197），二修于元至元戊子（1288），三修于明永乐癸巳（1413）、宣德戊申（1428），六修于道光丁未（1847）。七修于2006年。

施氏家训：孝父母，友兄弟，诲妻妾，孝子孙，择朋友，平心气，敦品行，完国课，慎祭祀，崇节俭，止争讼，兴贤能。

重要人物

施维岳，字辅仁，施平桥人，雍正十三年（1735）武举。（《黄岩历代人名录》）

施鹰扬，湖田施人，道光二十六年（1846）武举。（《黄岩历代人名录》）

施熊能，湖田施人，道光二十九年（1849）武举。（《黄岩历代人名录》）

古迹

鲍浦（一名黄龙港），在县东四十五里湖田施之北，朱子治水利，劳民浚浦，苦怨声闻四郊。朱子欲罢工，因作诗曰："作闸与挑湖，功多怨亦多。夜梦赤面神，告曰千秋万岁后，功多怨销磨。"朱子再鼓民力，浦工竣。想此神是鲍参军（鲍照，南朝大诗人）也，因名鲍浦。（《湖田施氏宗谱》）

鲍步闸。在鲍浦朱子治水利修六闸以障潮水，元大德中重建，见《赤城新志》、省府志。

金石

陈霞《湖田铁盘》：

（序）盘在湖田大宗祠东，沉泥三尺许，形如车轮，重数千斤，八角，腹中铸二十八宿十二生辰。朱子治水利铸此以镇海口。按金为水母，混潮见铁则清，所以遏淤泥也。今考《浙江通志》：朱子治水利铸此以镇水怪。黄岩《旧志》：此地神龙出没，龙畏铁，故朱子治水利铸之以镇海口。（霞）思宋时此地海涂，潮水长退，混潮出入，朱子铸此镇海口，障浊水。光绪丙申赵守亮熙修《郡志》，命（霞）采访黄太金石。八月八日午后，与鹭河上舍宗以衡过访此盘，命村人掘土见之，大阔径约八尺有八角，施家父老说相传先祖橹到宗祠。邑令闻之来验，送转原处，旧土封之。今为施氏修谱，因思此盘一湖田之古迹也，乃作长歌以纪之。

  炎宋此地尽泥涂，混潮长退泥淤污。
  水怪神龙时出没，文公修闸谋昆吾。
  生铁铸成如轮钬，体圆角方形巧制。
  盘重数千有余斤，其阔径约八尺计。
  中铸辰宿四十字（十二生辰二十八宿），
  压龙镇怪治水精。
  按考龙性最畏铁，混潮遇之立见清。
  在昔用之障沧海，从今约计九百载。
  盘沉泥下三尺深，永久不磨今还在。
  壬申之岁八月秋，赵守兴谋志乘修。
  命我黄太访金石，八日午后祗沙丘。
  闻说盘在湖田东，及到湖田不知处。
  施家父老导我先，我步其后自东去。
  掘地见盘缅朱公，为潮铸之制器工。
  阅过金清盘有二（一在金清港五丰闸后，一在闸西北池堤），
  此盘与彼两相同。
  圣人精制久不磨，没在长堤护碧莎。
  神气光芒冲霄汉，终然造物深护呵。
  万物有成亦有毁，此物至今无缺矣。
  钱券戴烓百折磨，此与券烓争寿比。
  最喜三盘得见之，摩挲从此乐靡遗。
  备存施氏一古迹，望载家乘万世垂。

         光绪二十五年（1899）重九日陈霞作于飞红阁

【始迁：约明代】

葛 姓

姓氏源流

皋陶之子伯益助大禹治水有功，其长子大廉受封于葛（于今河南宁陵县周边），称葛伯。秦代葛婴（陈胜大将）在起义中屡立战功，却因谗言所害，遭杀身之祸，后世汉武帝为其不平，隧赐其子孙为诸县侯，由此，后人取"诸"及"葛"字，合姓"诸葛"。诸葛复姓望族居琅琊郡。秦始皇时置郡。相当于现在山东省诸城市、临沂市、青岛市一带。

始祖诸葛邦珍，字光祖，唐武德四年（621）镇守台州，爱黄岩西郊山水之秀，从江苏镇江迁居黄岩西郊葛村。宋崇宁间（1102～1106）18世后把"诸葛"恢复为"葛"。29世葛应弟，字崇禄，明嘉靖间从葛村迁居岭下葛。

迁入及分布

峰江葛氏 峰江葛氏与葛村葛氏为同一宗派。始迁时间不详。估计在明代。

祠堂、宗谱

峰江葛氏宗祠在峰江葛家村东面。

峰江葛氏祠堂

峰江葛氏宗谱其名《台州葛氏宗谱》，共十来册。

葛氏家训

事父母：孝由天性，不待训而然也。训而孝其孝仅矣。且岁月如流，西山易薄，人子岂不竭力承顺，稍慰暮年，不致临时仓促，抱憾终天。

友兄弟：兄弟不睦，父母不安。故不友即不孝，今人与他人能容，兄弟不能，何哉！兄弟如手足之情，一气不脉，则四支不仁，可谓善喻。

睦宗族：凡宗族皆原一本一身，族人析居后，一日远一日疏。若途人甚至富贵，相形鄙弃不屑，敬族收族而睦之，则干糇无失德。葛藟庇根矣。

和夫妇：阴阳和而泽降，夫妇和而家道成，贤夫人妇应相敬如宾，互敬互重。且莫轻听流言蜚唆，或一方不捡乃至脱幅反目，岂得以小加大，有伤结发之情。

敬朋友：论语云，'晏平仲善于人交，见而敬之'今夫平居间巷，互敬互重，相睦相仰。益友者，如入芝兰之室，不忘其芬。损友者，如入鲍鱼之肆，不忘其臭。皆择而敬之。

教子孙：古人云，子有美玉岂不付之雕琢。教子孙，莫大于爱国亲民，诚实忠信，尊长重道，陶成德性。予家，凡擢科登仕者，悉祖宗教育所至，葛氏书香一脉，由后世之继也。

习勤俭：予家，自迁通以来，传数十世数百年，凡粗励不充，或家资丰腴，未几消乏之，皆败于一不勤一不俭，宁教有日思无日，莫教无时思有时，当味乎其言。

存长厚：人禀中和之气而生，赋性本自善良。自末俗浇漓相沿成习。长厚之风，群英自祖以来，忠厚相传，恪守家风，凡诸善事举而行之，相葛氏之与乎。

重要人物及地方建树

葛适庵（1389～1450），生活在明中期，义民。正统九年（原文庚申，错，1444），黄岩沿海发大水，适庵出粟千余钟以助赈，郡守周公（周旭鉴，正统九年任）旌其门，语寮佐曰："如葛义民之耿介，真奇士也。"作"承恩堂"以表宠，开门塾延师课乡童，贮义田以祀祖，以田宅济宗族无依者。（《台州葛氏宗谱》）

葛慰曲，明嘉靖十二年（1533）充标下武德将军，巡海辑盗。（《台州葛

氏宗谱》）

葛宇奠，名潜文，字大川，号宇奠，约生活在清代，廪膳生。急公好义，康熙四十五年丙戌，遭潮汐，冲坏海塘内几十万亩田，田粮无法上交，宇奠请邑侯李汝麟向上峰要求缓征，等来年丰收补交。而自己则赊账恤贫。（《台州葛氏宗谱》）

葛卧陶，大广（新桥郑际）人，名字失载，号卧陶，清乾隆庠生。（《台州葛氏宗谱》）

葛大选，名孔喜，字大选。修桥梁，创道路，谋祭田增益。（《台州葛氏宗谱》）

葛友斋，民国时省银行路桥办事处主任。（《黄岩历代人名录》）

【始迁：明代】

谢 姓

姓氏源流

根据《元和姓纂》上记载，谢姓出自姜姓，是炎帝的后代。周宣王的王后姓姜，是一个以贤德著称的王后，申伯就是姜后的兄弟，以国舅的身份被封于谢，后来这一家人在失去爵位之后，子孙也按照当时的习惯，以国为氏，称为谢氏。

迁入及分布

逍岙谢氏 谢耕隐于明嘉靖十九年（1540）始居逍岙，为黄岩诸谢大宗之一。

路桥谢氏 奉明谢鹤龄（生于嘉靖三十九年，1560）为第一世。以邮亭谢家里为主要居地，分居三桥、卖芝桥外田洋王等地。《路桥谢氏宗谱》（旧序二）曰："谢氏居台州者，俱始于下渡，而居黄岩者，俱祖丞相深甫。"路桥谢氏自第三世分为五房。

新桥谢氏 约迁于清代，据说与大溪谢氏同宗。

祠堂

路桥谢氏祠堂建于清嘉庆初。

宗谱

《路桥谢氏宗谱》谱有《明万历二十三年乙未谱》《清康熙五十一年壬辰谱》《同治三年甲子谱》《民国四年乙卯谱》（2015年4月重印）。

家训庭训

《谢氏家训》要言:"孝父母,友兄弟,敬长上,和邻里,安本业,明学术,尚勤俭,明趋向,慎婚嫁,勤祭扫,慎交友,重忍耐,戒溺爱。"

重要人物及地方建树

谢耕隐,明嘉靖十九年(1540)始居逍岙。

谢鹤龄(1560~1624),字彭年,号寿亭。路桥谢氏第一世。(《路桥谢氏宗谱》)

谢贤言(1672~1790),字国爱,生康熙十一年壬子五月,卒乾隆五十五年庚戌七月,寿一百十九岁。(《路桥谢氏宗谱》)

谢堃,字永培,逍岙谢人,咸丰时岁贡。

谢德荫(1841~1894),文茂长子,名书蕉,字咸临,号绿轩,路桥谢氏第九世,(咸、同年间)邑增生,科名镇南,改名德荫。(《路桥谢氏宗谱》)"月河吟社"社员,有《辛酉二月二十五日闻贼至》诗载于《路桥志略》。

谢士骏(1864~1944),名大裁,字允成,号展甫,德荫长子,路桥谢氏第十世。(光绪年间)优生。民国初任路桥镇自治会总董,与施鸿浦筹建路桥水龙会,置10支水枪。谢士骏在路桥镇自治会总董任上,协助长浦巡检施鸿浦,疏浚南官河路桥街段,使之重新通航。"月河诗钟社"社员,有诗集《亦乐园诗草》和《亦乐园唱和集》。(《路桥谢氏宗谱》《路桥志略》)

【始迁：约明代】

苏 姓

姓氏源流
起源于周时武王封颛顼高阳氏后裔忿生于苏国，属以地为氏，后人追尊苏忿生为得姓始祖。

苏氏子孙，有乔迁至眉山、苏州、杭州等处。宋庆历间有苏舜钦，杜衍爱其才，以女妻之，遂居杜曲；隆兴中，会稽钱清里苏玭祖授黄岩主簿，大学士吴芾见其孙，以族女孙妻之，遂居后呈田头里。

迁入及分布
浦口苏氏 第一世苏时阜，字垂忠，号龙浦，田头迁居清洋，为浦口苏始迁祖。传至今已有近十七八世。以此上推，约迁于明代。

祠堂
苏氏祠堂在浦口苏。清嘉庆二十四年（1819）裔孙诚员、诚从、诚舜有《祠堂记》载于谱。

另一处苏氏祠堂有白枫岙。

白枫岙苏氏宗祠

宗谱

《浦口苏氏宗谱》，宋、元、清时期均有修辑。有宋淳祐丁未（1247）宗室赵师夏、元至正二十二年（1362）潘从善、清嘉庆二十四年（1819）增广生陶岚坡、清光绪庠生蔡骧等序。

家训族训

《浦口苏我家规》：孝父母，亲兄弟，各务一业，谊宗族，慎婚姻，建祠堂，重祭祀。

重要人物

苏兹喜，路桥下里街人，黄埔军校毕业。（《黄岩历代人名录》）

苏滋禄，南栅人，北大化学系毕业，台州师范校长，宁波师院院长。（《黄岩历代人名录》）

苏赞商，民国二十八年任横街村合作社监察人。（《黄岩历代人名录》）

苏志宝（1919~1941），横街人，新四军第6所修械所组长，1941年牺牲于江苏武进。（《路桥区志·烈士英名录》）

苏金民，民国三十六年（1947）任清济乡第廿二、廿三保国民学校校长。（《黄岩历代人名录》）

苏则法，民国三十六年任金清私立黄岩场第三盐工子弟实小校长。（《黄岩历代人名录》）

【始迁：明代】

潘　姓

姓氏源流

潘氏源于"芈"姓，为春秋时楚国公族潘崇之后，以祖名为氏。据《通志·氏族略》所载，颛顼后裔陆终生有六子，第六子名季连，赐姓芈。周成王时，封其后裔熊绎在荆山建立荆国，公元前740年，荆君熊通自封为武王，他的儿子于公元前689年改国号为楚，称楚文王。据《姓氏寻源》和《潘氏家谱》及《史记·楚世家》所载，公族子弟潘崇助楚穆王继位有功，受封为太师，其后代子孙以祖名为姓，称为潘氏。

潘姓

横街潘氏　由黄岩西乡大澧迁至横街，时间无考，约为明代。百余年后下分五房，即山后潘、沙园潘、殿前潘、石头路潘、大雄潘等。

洋屿潘氏　潘宝十六世孙庭芝、庭聘、庭实，于明季自大澧分迁洋屿大雄殿、前沙园、箕山、石路。

前洋潘氏即沙园潘氏，为横街潘氏分支。

境内潘姓还分布在泉井、新桥、左川胡、红台门等地。

庭训

潘氏家训：孝父母，友兄弟，睦宗谱，苦读书，勤耕织，正闺门，立碑志。

重要人物

潘昌元，沙园人，清乾隆前期庠生。（《路桥尚氏宗谱》）

潘江，字伯泉，白枫岙人，私立浙江法政专校法律科毕业。（《路桥志略》）

潘听泉，民国十二年（1923）创立安宝镇第八保国民学校。

潘振国，民国十二年创立安宝镇第八保国民学校。

潘阶平，民国二十年（1931）任白枫桥乡乡长，民国二十五年间任峰江乡乡长、县参议员。

潘先舜，民国三十一年（1942）横街积谷仓管委会委员。

潘声教，民国三十一年横街积谷仓管委会委员。

潘荫台，民国三十六年（1947）峰江乡第十、十一保国民学校校长。

潘文锦，民国三十六年峰江乡第十六、十七保国民学校校长。

潘玉文（女），王念劬妻，民国三十七年（1948）夫妻捐建桐屿和平桥。

【始迁：明清时期】

孙　姓

姓氏源流

孙氏起源出有四：姬姓，妫姓，芈姓，子姓。

迁入及分布

店头—上倪孙氏　有迁自黄岩县城孙氏的。孙功和于元季自宁波迁居黄岩东郭，越九世，伯宾转迁上倪后孙；乾隆间孙以道自店头转迁路桥。（民国《黄岩县新志》）

孙为大姓之一。集中地还有保全孙家、横街孙家等地。

宗谱、族训

《店头—上倪孙氏宗谱》存二卷，系道光十年（1830）裔孙僧毓金创修。

孙氏家庭要事：早眠早起，不误事机。节省衣食，使留有余。遇有大事，用之者舒。毋好赌博，习染日久，心志荡然；大则伤身，小则伤财。屋宇器具，宜勤修葺。公家之物，万宜珍惜。定时饮食，争分别礼节。敬惜米谷，敬惜衣服。勿谓有余，暴殄天物。

第七编 清代迁入

顺治年间松门迁入路桥十八姓，符姓，柯姓，季姓，卓姓，毛姓。

顺治年间松门迁入路桥十八姓

顺治十八年(1661)十月,清廷撤临海、黄岩、太平、宁海四县沿海30华里内居民入内地。松门十八姓:任、李、张、连、茹、闻、斗、季等来路桥居住,其中茹居南山,季居石曲,连居弓桥外。(《路桥志略》)

【始迁：清代】

符　姓

姓氏源流
符姓源流单纯，出自姬姓，周族始祖后稷的后代，以官名为氏。

迁入及分布
符氏迁入黄岩时间在元代。之后符氏有迁居境内稠溪、白石、下马堂（今称上马）等地，始迁时间不详，约为清代。

重要人物及地方建树
符德鑫，民国三十六年（1947）任竞存乡第五保国民学校校长。（《黄岩历代人名录》）

【始迁：清初】

柯 姓

姓氏源流

出自姬姓，始成于春秋。吴国有个叫柯庐（卢）的人，是吴王的儿子。他的后代就用他名字中的"柯"字作为自己的姓氏，遂成柯姓。

出自姜姓，是炎帝神农氏的后裔。为姜子牙的嫡系子孙，源出齐国。

北魏柯拔氏改姓柯，其后世子孙称柯氏。

迁入及分布

桐屿柯氏 为委羽山柯氏分支，委羽柯氏唐代由临海义城迁来，迁居黄岩邑城横街时间是在明成化年间。迁居桐屿时间大概在清初，光绪《十修谱序》里，讲到九修谱中，计有四帙，有桐屿谱一帙。

西洋叶、上倪、金清诸柯氏为同一族。

祠堂

柯氏桐屿房祠堂在桐屿街。民国五年（1916）毁于火。祠基计南北有店面十二间，议造店以租。于民国六年购桐屿山塘平屋三间以作祠堂而奉木主。祀田计租谷一十八石。（《黄岩柯氏宗谱》）

柯氏金清祠堂在金清，正厅五间，公议举总理一，协理三人，经理祀产，每年叔房再交出洋十二元，季房东房四席，仲房四席，并宰猪一口，东房、西房各承肉十八斤，仲房际二斤，季房承七斤，余颁年老与助祭者。（《黄岩柯氏宗谱》）

安溶有"湖头柯氏祠堂"。

安溶湖头柯氏祠堂

宗谱

《黄岩柯氏宗谱》一共修过十二次。前四次修的时间无考，第五次为明万历四十一年，第七次为康熙戊辰年，第八次为乾隆丁卯年，第九次嘉庆己巳年，第十次光绪庚辰年，第十一次民国庚申年，第十二次为2004年。光绪《十修谱序》里，讲到九修谱中，计有四帙，有桐屿谱一帙，所存谱八卷附家集五卷为族人骅威辑。

柯氏房谱有桐屿房、西洋叶房、金清房。家集有定初（柯璜）家集。

重要人物及地方建树

柯昕陶，号木珊，同屿人，咸丰戊午岁贡。（《黄岩历代人名录》）

柯骅威（1849～1926年），字辅周，桐屿人（《民国黄岩县志》）。三十七岁时迁居县城横街，清光绪二十三年（1897）府学拔贡。在北京结识康有为，支持"戊戌变法"，同情"六君子"，变法失败后归家。光绪三十三年（1907）任陕西乾州州判，在任3年，因父亡故回家守孝。辛亥革命后，情绪低落。1924年2月康有为游天台山，3月悄然来到黄岩探访柯骅威，登临九峰名胜，为柯《小丹邱诗存》作序，小住数天而别。

柯镇岷（1876～1925），或作进明，四十岁以后改名岷，字濂希，桐屿人，骅威子，十岁从父迁邑城横街（《民国黄岩县志》）。镇岷精研矿学、化学，应江西柯逊庵中丞之召，遍察赣省诸矿，著有《矿学应用说》1卷。光绪三十四年（1908）由廪生考取优贡。宣统改元，任黄岩县劝学所总董。鼎革后，被选为县教育会会长，于学务多所裨益（柯俊义撰《先兄行略》）。5年后游燕游吴、洛、晋。1925年4月自晋归里，仅半月而殇，年五十。民国《黄岩县志》有传。

柯璜（1878~1963），字定础，号绿天野人，桐屿人，社会活动家、书画家。1898年就读于京师大学堂（北京大学前身），后赴山西大学任博物教授。期间，柯璜创办了山西省图书馆，并任馆长，又创办了多所学校。后任北京故宫博物院古物陈列所所长，期间柯璜还执教北京师范大学和北京大学。重庆解放后，柯璜担任西南军政委员会监察委员，重庆市人民委员等职。1951年，蜀中艺专与西南美专合并为重庆艺专，柯任校长。后艺专并入西南师院美术系，柯任西南师院筹备主任，并当选为中国美术家协会理事、西南美协主席、政协四川省常务委员。不久，又被推举为全国政协委员（二届、三届）。1957年，柯璜回山西太原定居，任山西省美协主席，省政协常委。柯璜钟爱书法艺术，自称三十学书，四十学画，五十学诗。每日书写屏联二三十幅。草书颇具魏晋遗风，遒劲有力，别具一格，中国书协成立后，被推为理事。晚年喜画山水，落笔草草却布局严谨，逸气纵横。1958年，中国古典艺术出版社编印《中国画》创刊号，有古今40幅画，柯在当代人仅有3幅中占1幅。1963年11月卒于太原。（《台州市路桥区志》）

古迹

柯义祠，在桐屿，正亨公所建，并置田以给族之贫者。有记。

【始迁：清代】

季 姓

姓氏源流

据《吕氏春秋》记述，古代兄弟排行顺序为伯、仲、叔、季，春秋时的吴国公子札行四，人称季札，后世子孙于是就用其排行顺序为氏。

据《元和姓纂》记述，季姓为陆终之子季连之后。

据《通志·氏族略》《古今姓氏书辨证》上所记述，季友曾于鲁僖公时为相，有大功于鲁，其孙行父以王父字为氏，后有季孙氏，亦有季姓。

迁入及分布

《路桥志略》："顺治十八年（1661）十月，清廷撤临海、黄岩、太平、宁海四县沿海30华里内居民入内地。松门十八姓：任、李、张、连、茹、闻、斗、季等来路桥居住，季居石曲。"

大澧—上马季氏 陆终氏之子季连之后，一云鲁桓公子季友这后，明末避乱由闽省至松门，清康熙十三年，再迁本邑大澧岙，其后衣严鹤转迁前头胡、魏家村、王家岙、上马等处。[《（民国）黄岩县新志》]

宗谱

《大澧季氏宗谱》创修于光绪九年（1883）、光绪十三年（1887），朱倬云续修，计三卷。

【始迁：清初】

卓 姓

姓氏源流

楚威王有儿子叫公子卓，其后代以祖字为姓，称为卓氏。根据考证，卓氏是发源于2800多年前的楚国。又据《战国策》中有卓氏是楚大夫卓滑之后这一说法。

《姓氏考略》提到，卓姓望出西河。古代的西河，即今山西省阳城，全国卓姓人家的老家便在这里。

望族居西河郡（今山西省吕梁市）。

明末卓氏由青田（二十九世）迁入沙埠。

迁入及分布

清洋卓氏 清洋卓氏（青田三十五世）由沙埠迁入清洋，时间大概在清代初期，分春、夏、秋、冬四房，现已传至十八世，人口230人左右。

祠堂、宗谱、族训

清洋卓氏祠堂在峰江街道施家村卓家。

清洋卓氏宗谱在清末民初修谱。

卓氏"阄书"："务宜凭阄管业，不许争长较短，亦不得混乱生端等情。所分至公无私，既分之后，守己安分，克勤克俭，经营勿荒，增置良田万顷，则兄友弟恭，和气致祥。父教子而兄教弟，学诗学礼，演武修文，士农工农，各精其业。士其业必至于登名；农其业必至于积仓；工其业必至于精艺；商其业必至于盈货。如此则于身成人之名，免致为下流之辈，共为圣世之良民，勿作匪人之败类。能得光天化日庶可有见日进之上治哉，吾所愿也！"

重要人物及地方建树

卓兆汉，新桥区人。黄岩县第一届人民代表大会代表。（《台州市路桥区人民代表大会志·名录》）

【始迁：清代】

毛 姓

姓氏源流

自姬姓，以国名为氏。据《广韶》载，西周初周文王庶子叔郑受封于毛国（在今陕西省岐县、扶风一带），世称毛公，其后有毛氏。以邑名为氏，据《通志·氏族略》载，周文王之子明受封于毛邑（在今河南省宜阳一带），世称伯明，在周王室世代为卿士，任司空，其后亦为毛氏。

迁入及分布

邵岙毛氏 邵岙毛氏附属毛巷头毛氏分支。毛巷头以清康熙时毛天祥为第一支。

宗谱、族训

《邵岙毛氏宗谱》民国十二年毛宗澄创修谱。

境内毛氏遵循韶山毛氏家训：

一、培植心田。一生吃着不尽，只是半点心田。摸摸此处实无怼，到处有人称羡。不看欺瞒等辈，将来堕海沉渊。吃斋念佛也徒然，心好便膺帝眷。

二、品行端正。从来人有三品，持身端正为良。弄文侮法有何长，但见天良尽丧。居心无少邪曲，行事没些乖张。光明俊伟子孙冒，莫作神蛇伎俩。

三、孝养父母。终身报答不尽，惟尔父母之恩。亲意欣欣子色温，便见一家孝顺。鸟雏尚知报本，人子应含逮存。

四、友爱兄弟。兄弟分形连气，天生羽翼是也。只因娶妇便参差，弄出许多古怪。酒饭结交异性，无端骨肉喧哗，莫为些小竟分家，百忍千秋佳话。

五、和睦乡邻。风俗何以见古？总在和族睦邻。三家五户要相亲，缓急大家帮衬。是非与他拆散，结好不啻朱陈。莫恃豪富就欺贫，有事常相问讯。

六、教训子孙。子孙何为贤知，父兄教训有方。朴归陇亩秀归痒，不许闲游放荡。雕琢方成美器，姑息未为慈祥。教子须知窦十郎，舔犊养成无状。

七、矜怜孤寡。天下穷民有四，孤寡最宜周全。儿雏母苦最堪怜，况复加之贫贱。寒则予以旧絮，饥则授之余粮。积些阴德福无边，劝你行些方便。

八、婚姻随宜。儿子前生之债，也宜随分还他。一时逞兴务繁华，曾见繁华品谢。韩侯方歌百两，齐姜始咏六珈。大家从俭莫从奢，彼此永称姻娅。

九、奋志芸窗。坐我明窗讲习，几曾挥汗荷锄。驱蚊呵练志不休，诵读不分昼夜。任他数伏数九，我只索典披图。桂花不上懒人头，刻苦便居人右。

十、勤劳本业。天下有本有末，还须务本为高。百般做作尽糠糟，纵有便宜休讨。有田且勤乐业，一艺亦是自豪。栉风沐雨莫乱劳，安用许多技巧。

【附录：其他姓氏】

车姓

车辅，民国三十五年（1946）任路桥区署区长。（《黄岩历代人名录》）

杜姓

杜姓人物：

杜小方，民国三十二年（1943）任启明乡食盐公卖店经理。（《黄岩历代人名录》）

杜秉正，罗洋人，清华大学文学院毕业。（《黄岩历代人名录》）

杜雪贞（女），殿马乡邵岙人，省立医药专校毕业。（《黄岩历代人名录》）

邵姓

邵会品，民国三十年（1941）创立石曲第十三第二国民学校。（《黄岩历代人名录》）

邵光辉（1924~1953），螺洋人，志愿军第 27 军 81 师 241 团 2 连战士，1953 年牺牲于朝鲜。（《路桥区志·烈士英名录》）

颜姓

颜通裕，民国三十六年（1947）任金清镇颜阜昌鱼行行主。（《黄岩历代人名录》）

俞姓

俞姓捐资"新安水龙会"。

《路桥志略》："新安水龙会，光绪十九年（1893）创立。因里多火灾，醵资购置水龙，募人习用，以备不虞。后俞姓捐出存款一千元存铺生息，又有柴捐以为修理及水夫之用。"

栅桥邬姓

《栅桥邬氏宗谱》存二册，民国二十六年（1937）重修，有洑外、隔墙、亭头、九分、徐岙、十分、竹蓬、洑边、新桥管、黄沙、龙潭、山蟾岭房世传。

后　记

　　《路桥百姓源流》编写路桥区境内百姓迁入过程及大体分布、家训族训、重要人物及其对地方的重要建树。编写这样一本全面概述路桥百姓的书十分紧要。自"文化大革命"以来，大量旧谱被当作"四旧"烧毁，造成许多重要历史资料缺失。现有的地方志，除了民国《黄岩县新志稿》中有《氏族》内容外，其他并无姓氏的内容。今区档案馆以馆藏宗谱为基础编写此书，一来可以保存许多姓氏的重要信息，二来也可较为全面地观览各姓情况，作为考证考据的索引。

　　这项工作极其困难。路桥区境内约有一百余姓氏，阅读挑选宗谱资料的工程十分浩大；更大的困难还在于获得这些宗谱，要走遍路桥区各地，需要与他们沟通，获得各姓氏保管宗谱者同意，这样才能带回来仔细阅读摘录点校选用。本书在诸多单位协作下方才完成，特别是被列入区政协文史委重点研究课题，得到了区政协的大力支持。

　　区档案馆已经收集了上百本家谱（宗谱），并录成电子扫描稿。为了进一步收集宗谱，这项工作得到了王增勇、陆明英、吴仙法、陈坦然、梁治尧、吴宝法、曹伶文、郑仙才、管克敏、管康根、管培基、管宏志等人的大力协助。还要感谢夏吟（梁彩琴），她所编的《黄岩历代人名录》，为我们进一步完善本书里有关人物的部分提供了重要资料。

　　对协作单位和相关领导及地方人士的鼎力支持，我们表示由衷感谢。

编　者

2023 年 10 月